中国轻工业"十四五"规划教材
高等职业教育经管类专业平台课精品教材

经济学基础项目化教程

主　编　肖　威　李飞星
副主编　李向升　缪晨刚　柯　畅

中国轻工业出版社

图书在版编目（CIP）数据

经济学基础项目化教程 / 肖威，李飞星主编.
北京：中国轻工业出版社，2025.1. --（中国轻工业
“十四五”规划教材）（高等职业教育经管类专业平台课
精品教材）. -- ISBN 978-7-5184-5073-2

Ⅰ. F0

中国国家版本馆CIP数据核字第2024R2L900号

责任编辑：张文佳　　责任终审：许春英　　设计制作：锋尚设计
文字编辑：姜瑞雪　　责任校对：朱　慧　朱燕春　　责任监印：张　可

出版发行：中国轻工业出版社（北京鲁谷东街5号，邮编：100040）
印　　刷：三河市国英印务有限公司
经　　销：各地新华书店
版　　次：2025年1月第1版第1次印刷
开　　本：787×1092　1/16　印张：16
字　　数：400千字
书　　号：ISBN　978-7-5184-5073-2　定价：49.80元
邮购电话：010-85119873
发行电话：010-85119832　010-85119912
网　　址：http://www.chlip.com.cn
Email：club@chlip.com.cn

231125J2X101ZBW

前言

以1776年亚当·斯密出版《国民财富的性质和原因的研究》著作为标志，经济学科逐步形成完整的研究方法和理论体系，并衍生出多个学派，各种观点不断碰撞、紧密交织，在数字经济时代需要补充数据要素等新内容以促进学科更好地发展。在职业教育的财经商贸类专业人才培养方案中，经济学基础理论和分析方法的地位和作用不可替代，在专业（群）中通常以公共必修课、专业群平台课或专业基础课的形式出现，从而全面增强学生的经济学素养，实现职业教育培养服务区域发展的高素质技术技能人才目标。通过培养学生的经济学思维方式，掌握经济学原理，为进一步学习其他专业课程打下良好基础。同时学会运用基本理论和经济逻辑去分析和理解日常经济现象，理性思考和看待经济类问题。

因此，我们以“理论扎实、重在应用”的指导思想贯穿全书，理论介绍尽量简洁易懂，以当下鲜活的案例和实训内容进行知识内化，既能让学生具备较为扎实的理论基础，又能与现实案例紧密结合，达到“理论严谨、案例有趣、实训真实”的目标。团队成员具备丰富的一线教学经验，同时参考了国内外的经典教材，重点突出以下四个方面的特色。

1．体现“课程思政”特色。我们在编写过程中，落实党的二十大精神进教材，体现价值引领和育人功能。充分挖掘知识体系和技能训练中的思政元素，开设了“思政园地”专栏。“坚持社会主义市场经济改革方向”“深化对供给侧结构性改革认识”“增进民生福祉，提高人民生活品质”“推动绿色发展，促进人与自然和谐共生”等党的二十大报告内容进入教材。

2．融入当代中国马克思主义政治经济学的新成果。我们编写教材过程中，贯穿当代中国马克思主义政治经济学的主线：坚持以人民为中心的发展思想；坚持新发展理念；坚持和完善社会主义基本经济制度；坚持和完善社会主义基本分配制度；坚持社会主义市场经济改革方向；坚持对外开放基本国策等。立足我国国情和发展实践，揭示新规律、展示新特点，提炼和总结我国经济发展实践的规律性成果，培育学生经世济民、诚信服务的职业素养。

3．增加了经济学前沿知识和成果。在教材编写中，我们注重时效性，吸收了经济学领域最新的研究成果，增加了数字经济方面的新理论和新观点，最大限度地拓宽学生的思路和视野。比如在教学案例中加入了电商直播中的注意力经济学、新能源汽车“卷”出新高度、如何理解数据作为生产要素等内容，引导学生利用经济学知识去理解和分析经济学前沿问题和热点问题，不但有趣，而且大有裨益。

4．以任务为引领，突出实践能力的培养。经济学教材应充分结合现实社会经济生活的特点，收集适合职业教育学生教学使用的案例和实训素材。在学习消费者行为的内容时，我们在教材中设计实训项目，请同学们调研熟悉的品牌或企业，分析该企业如何解决边际效用递减问题，从而实现企业可持续发展。在学习生产者行为的内容时，我们在教材中设计实训项目，以分组形式进行创业策划，分析要素组合、创新商业模式。

本教材由广东轻工职业技术大学肖威和李飞星担任主编，负责全书的整体框架设计和统稿，李向升、缪晨刚和柯畅担任副主编。具体分工如下：肖威编写了项目1和项目11；肖威、吴红蕊编写项目10；柯畅编写了项目2、项目3；李飞星、谭戬玉编写了项目4；李向升编写了项目5、项目6和项目7；缪晨刚编写了项目8和项目9。此外，广西科技大学的硕士研究生吴红蕊、谭戬玉、焦琪和李明慧参与了书稿的核对与订正工作。本教材是广东省教育科学规划课题“职教本科视域下由综合职业能力到职业课程的转化问题及路径研究”（项目编号：2024GXJK1027）以及广东轻工职业技术大学教学成果培育项目“促进职普融通的‘高-本-硕’人才培养体系探索——基于‘三三三’制的人才分类培养理念与实践”（项目编号：2024JWJG04）的阶段性成果。

在本书的编写过程中，我们参考和借鉴了国内外知名的经济学教材、专著、论文以及权威网站的经济学资料，引用了相关的研究内容和成果，在此致以诚挚的感谢！

感谢合作企业——欢聚集团公共与政府事务总经理敬华、总监戚晓苏、高级经理邱李蓓、主管张颖冬以及广州威湃狮电子科技有限公司总经理黄德远在本书编写过程中的大力支持，他们提供了企业真实的案例，编写了教材中的部分实训项目。

为便于各院校教师开展教学工作，我们提供PPT、电子教案、试卷及参考答案和视频等丰富的教学相关资源。由于编者的水平所限，书中可能存在不足甚至是谬误之处，敬请各位同行和读者批评指正，联系邮箱：2016109053@gdip.edu.cn。

编　者

课程导学视频

目录

项目1 经济学基础知识

学习目标……1
思维导图……1
任务1.1 经济学的认知……3
任务1.2 经济学的主要内容……10
任务1.3 经济学的研究方法与工具……13
任务1.4 经济学与生活……16
小结……18
练习与实训……19

项目2 需求、供给与弹性

学习目标……21
思维导图……21
任务2.1 认识需求……23
任务2.2 认识供给……28
任务2.3 均衡价格的决定与变动分析……32
任务2.4 弹性及其应用……36
小结……43
练习与实训……44

项目3 消费者行为

学习目标……46
思维导图……46
任务3.1 基数效用……48
任务3.2 序数效用……53
任务3.3 消费者行为理论的运用……61
小结……66
练习与实训……67

项目4 生产者行为

学习目标 …… 70
思维导图 …… 70
任务4.1 企业的基础知识 …… 72
任务4.2 企业的生产决策 …… 79
任务4.3 成本与收益 …… 87
小结 …… 96
练习与实训 …… 96

项目5 福利经济学与市场效率

学习目标 …… 99
思维导图 …… 99
任务5.1 认识福利经济学与剩余 …… 101
任务5.2 影响福利变动的常见因素 …… 105
任务5.3 市场效率与公平 …… 110
小结 …… 112
练习与实训 …… 113

项目6 不同市场结构下的厂商均衡

学习目标 …… 115
思维导图 …… 115
任务6.1 完全竞争市场下的厂商均衡 …… 117
任务6.2 完全垄断市场下的厂商均衡 …… 122
任务6.3 垄断竞争市场下的厂商均衡 …… 127
任务6.4 寡头垄断市场 …… 130
小结 …… 133
练习与实训 …… 134

项目7 政府在市场中的作用

学习目标 …… 136
思维导图 …… 136
任务7.1 市场失灵与政府干预 …… 138

任务7.2　信息不对称……140
任务7.3　外部性……143
任务7.4　公共产品……146
小结……149
练习与实训……149

项目8
国民收入核算

学习目标……151
思维导图……151
任务8.1　国民收入核算基础知识……153
任务8.2　国民经济运行与收入决定……163
任务8.3　总需求与总供给……171
小结……176
练习与实训……176

项目9
宏观经济政策

学习目标……179
思维导图……179
任务9.1　宏观经济政策概述……181
任务9.2　财政政策……186
任务9.3　货币政策……190
任务9.4　宏观经济政策的协调与局限……197
小结……199
练习与实训……200

项目10
失业与通货膨胀

学习目标……202
思维导图……202
任务10.1　失业的类型及影响……204
任务10.2　通货膨胀的成因与成本……209
任务10.3　失业与通货膨胀的关系：菲利普斯曲线……216
小结……219
练习与实训……220

项目11

经济周期与经济增长

学习目标 …… 222
思维导图 …… 222
任务11.1　认识经济周期 …… 224
任务11.2　理解经济增长 …… 231
小结 …… 242
练习与实训 …… 243

参考文献 …… 245

项目1

经济学基础知识

学习目标

知识目标

了解经济学的主要内容和研究方法；理解市场机制及市场运行模型；重点掌握稀缺性、机会成本、生产可能性曲线、微观经济学、宏观经济学等概念。

能力目标

能运用机会成本和生产可能性曲线分析现实问题。

素质目标

准确理解机会成本内涵，展现学生“只争朝夕、撸起袖子加油干”的良好精神面貌；准确理解中国经济制度的发展历程；准确理解中国建立的社会主义市场经济制度的内涵，着力提升“四个自信”。

思维导图

- 项目1 经济学基础知识
  - 任务1.1 经济学的认知
    - 经济学的概念及演进
    - 经济学的基本假设
    - 经济体制的主要形式
    - 市场经济及其运行规律
  - 任务1.2 经济学的主要内容
    - 微观经济学
    - 宏观经济学
    - 微观经济学与宏观经济学的关系
  - 任务1.3 经济学的研究方法与工具
    - 实证分析与规范分析
    - 定性分析与定量分析
    - 机会成本与生产可能性曲线
  - 任务1.4 经济学与生活
    - 为什么要学习经济学
    - 学会经济学的思维方式

开篇案例

春节涨价中的经济学

经济学对于很多人来说，可能会觉得高深莫测。事实上，经济学并不神秘，它就来源于我们的现实生活。每逢春节假期，涨价成了不少消费者的切身体验，理发、餐饮等服务尤为明显，少则翻一番，多则有三四番，也就是我们平常说的春节价格。“春节式涨价”背后的经济学道理是什么？我们一起来探究。

从经济学角度看，最根本的原因是供求不平衡，准确来说是供不应求。临近过年，按照中国人的传统，大家都想回家陪伴亲人过个好年。各大城市及经济较为发达的城市，会有成千上万的人奔向三、四线城市或农村，当地的劳动力转移，导致供给减少，人力成本大幅度提高。再加上消费者辞旧迎新，想要整理好个人形象迎接新春，洗车、理发、购物等需求不断增加，此时供求不平衡现象愈加突出。在市场的调节作用下各种生活服务便都纷纷涨价。

“春节式涨价”是市场作用下的正常现象，大多数消费者对涨价表示理解。可有些商家借机肆意涨价，“趁节打劫”，这是非常不理性的行为，政府的相关部门对扰乱市场秩序的商家会进行查处和惩罚。这种只顾眼前利益而忽视长远利益的商家也终将会被市场淘汰。

启发思考

1. 案例中，市场经济的运行与政府的干预之间会有矛盾吗？
2. 生活中处处都有经济学，同学们还能举出哪些例子？

从古到今，人类的大多数活动都是围绕经济问题进行的，生存和发展始终是各个国家关心的热门话题。进入21世纪，经济失衡、贫富对立、经济停滞、贸易冲突、失业和通货膨胀等问题，仍然是各国所面临的难题。特别是碰到一些疾病的全球性大流行，不但对各国政府的治理能力提出了严峻的挑战，更是对各国综合经济实力的考量。

经济学的知识和原理可以运用到人们生活的各个方面，大到国家，小到家庭，都会面临很多的经济问题。例如：大学毕业后，选择工作还是进一步深造？有限的收入如何进行购买组合才能够让自己最满意？面对心仪的商品是立刻购买还是等到商店促销的时候再来购买？这些都可以用经济学的工具和方法进行分析。所以，无论你是否是经济相关专业的同学，学习经济学都会大有裨益。

任务 1.1　经济学的认知

“经济”一词来源于希腊语“oikonomos”，原意是“管理一个家庭的人”。这说明经济和家庭管理有很多相似之处。管理家庭会涉及家庭成员的分工、收入当中多少的比例用于消费或储蓄、如何尽可能让每个家庭成员的需要和欲望都得到满足，这就需要在不同家庭成员之间进行资源的配置。

同样地，一个社会也面临许多决策。一个社会必须决定将要做哪些工作和由谁来做这些工作。通过社会分工，有些人需要去生产粮食、衣服等生活必需品，有些人可以去设计手机，有些人则可以提供家政服务。一旦社会分配人们去做各种工作，社会还应该分配给他们生产的物品和劳务量。

1.1.1　经济学的概念及演进

最早对经济方面的表述可以追溯到古希腊。苏格拉底是古希腊“三贤”之首，是柏拉图和色诺芬的老师。苏格拉底与孔子类似，“述而不作”，经济伦理思想在他的思想体系中并不占重要地位。古希腊思想家们主张，一定数量的财富对于人们还是必要的。那么，人们占有财富数量的合理界限在哪里呢？苏格拉底确立的界限是，“每人财产的数量”应以“足够维持其素朴即生存需要的生活为度”[①]。色诺芬是最早使用“经济”一词的学者，他在著作《经济论》中，论述了以家庭为单位的奴隶制经济管理，如何使具有价值的财富得以增加。他特别强调农业的作用，对财富和分工有独到的见解，对法国重农学派产生了很大的影响。柏拉图在《理想国》一书中主要考察社会分工的必要性，他认为分工是出于人性和经济生活所必需的一种自然现象。亚里士多德是最早分析商品价值形态和货币性质的学者，他在《政治学》和《伦理学》等著作中论述了商品交换的历史发展和货币作为交换媒介的职能。

古罗马的经济伦理思想来源于古希腊的哲学和经济伦理学。代表人物是伊壁鸠鲁、卢克莱修、芝诺、西塞罗和瓦罗。古罗马对于西方经济思想的最重要贡献来自它的法理思想。古罗马商品货币关系较发达，当时法学家们已研究了商品买卖、借贷、债务和其他义务等，承认私有财产地位，保障签订契约的自由，确认债权者有役使债务者的权利，这些对后世经济思想产生了较大的影响。

随着生产方式的产生和发展，相应衍生出重商主义学派、边际效用学派、制度学派、新古典经济学等流派。经济学体系的基础为起源于西方的微观经济学和宏观经济学，一般合称西方经济学。综合诸多学者的不同看法，我们给出较为认同的经济学概念：**经济学是**

① 孙婧毅．古希腊和古罗马的经济伦理思想研究[D]．武汉：武汉大学，2013.

研究在生产资源稀缺性的假设条件下，人和社会如何进行选择，如何通过资源配置和利用达到利益最大化，并将生产成果在人群中进行分配的一门学科。

针对资源配置问题，经济学研究可以归纳为三个方面。

一是生产什么以及生产多少。资源是稀缺的，生产粮食的同时必须放弃棉花的生产，决策者面临选择。在资源充分利用的情形下，也要考虑两种产品的数量的不同生产组合。

二是如何生产。生产需要要素的投入，而且是多种生产要素的组合。在给定资源约束和生产要素价格的前提下，生产者也要考虑生产要素的组合是否是最低成本、最有效率的。

三是生产出来的产品如何分配。生产出来的产品如何在不同阶级和各个成员之间进行分配，这是为谁生产的问题。

同样，针对资源利用问题，经济学研究也可以归纳为三个方面。

一是如何使稀缺的资源得到充分利用，如何能使产品的产量达到最大。这就是一般所说的“充分就业”问题。

二是在资源既定情况下，为什么产量会有波动。如何用既定的资源生产出更多的商品，即如何实现更好的经济增长。

三是以货币为交换媒介的现代社会，货币购买力的变动会对资源配置和利用产生怎样的影响。这也是通常所说的“通货膨胀”问题。

因此，稀缺性会引起资源配置和资源利用的有效性问题，把经济学定义为研究稀缺资源配置和利用的科学是比较恰当的。

1.1.2 经济学的基本假设

经济学分析是建立在一系列假设条件之上的。现实世界非常复杂，而且经常处于不断变化当中。经济学家为了专注于要说明的事物特征，就常常会假设其他条件不会变化。这与数学中的假设条件类似，先假定某一或某些因素不变，再分析其他因素的运动变化规律，通过这种方式比较客观地反映事物的运动本质。可以说，经济学假设是了解和研究经济学的必要前提。在具体研究中，西方经济学的假设有三个。

（1）资源稀缺性假设

资源稀缺性假设是指相对于人们永无止境的欲望和需求，资源总是不够的。**欲望**是世界上所有动物最原始的、最基本的一种本能。从人的角度讲是心理到身体的一种渴望、满足，它是一切动物存在必不可少的需求。欲望的基本特点是它的无限性，一种欲望被满足后，又会产生新的欲望。

趣味知识

不知足诗

明末清初有一个叫钱德苍的人写了一本奇书《解人颐》，里面有一首打油诗把人的贪欲描绘得淋漓尽致。

终日奔波只为饥，才方一饱便思衣。
衣食两般皆具足，又想娇容美貌妻。
娶得美妻生下子，恨无田地少根基。
买的田园多广阔，出入无船少马骑。
槽头扣了骡和马，叹无官职被人欺。
县丞主簿还嫌小，又要朝中挂紫衣。
做了皇帝求仙术，更想登天跨鹤飞。
若要世人心里足，除是南柯一梦西。

正如马斯洛的需求层次模型（图1-1），通常被描绘成金字塔内的等级。从层次结构的底部向上，需求分别为：生理（食物和衣服）、安全（工作保障）、社交（友谊）、尊重和自我实现。这种五阶段模式可分为不足需求和增长需求。前四个级别通常称为缺陷需求（*D*需求），而最高级别称为增长需求（*B*需求）。当低层次的需求得到满足后，人们便开始追求更高层次的需求；从需求的内容看，人们的需求具有多样性，当一个方面的需求得到满足后，便开始追求其他方面的需求。

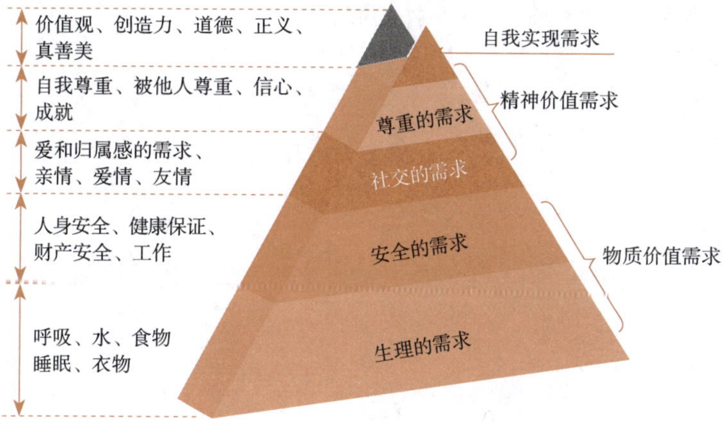

图1-1　马斯洛的需求层次模型

资料来源：晋华英.《无问西东》所折射的经济学原理[EB/OL].（2018-01-31）[2023-07-28]. https://www.sohu.com/a/220058136_100018286.

相对于人们需要的无限性而言，经济物品，或者说生产这些物品所需要的经济资源总是有限的，这种经济资源的相对有限性就是稀缺性。特别要强调的是，这里所说的稀缺性不是指资源绝对数量的多少，而是相对于无限的欲望而言，再多的资源也是不足的。稀缺性是人类社会面临的永恒问题，只要有人类社会，就会有稀缺性，而经济学正是产生于稀缺性的存在。

趣味知识

经济学十大原理

经济学家曼昆在教科书《经济学原理》中把经济学研究的问题概括为十大原理。

第一，人们面临权衡取舍。为了得到一件喜爱的东西，人们通常不得不放弃另一件喜爱的东西。做出决策就是要求人们在一个目标与另一个目标之间权衡取舍。

第二，某种东西的成本是为了得到它所放弃的东西。人们在做决策时会比较行动方案的成本和收益，但很多情况下，某种行动的成本并不是那么明显。

第三，理性人考虑边际量。在很多情况下，人们通过边际量来做出最优决策，而"边际变动"是指对现有行动计划的微小增量调整。

第四，人们会对激励做出反应。由于理性人通过比较成本与收益做出决策，所以他们会对激励做出反应。在分析任何一种政策时，人们不仅应该考虑它的直接影响，而且还应该考虑它通过激励发生的不太明显的间接影响。

第五，贸易可以使每个人状况都变得更好。贸易使每个人都可以专门从事自己最擅长的活动，通过与其他人开展贸易，人们可以以较低的成本获得各种各样的物品与服务。国家和家庭一样，也能从相互贸易中获益。

第六，市场通常是组织经济活动的一种好方法。亚当·斯密在《国富论》中指出：家庭和企业在市场上相互交易，他们仿佛被一只"看不见的手"所指引，并带来了合意的市场结果。

第七，政府有时可以改善市场结果。只有当政府落实规则并维护对市场经济至关重要的制度时，"看不见的手"才能施展其魔力。另一个原因是：尽管"看不见的手"是强有力的，但并不是无所不能的。

第八，一国的生活水平取决于它生产物品与服务的能力。几乎所有生活水平的变动都可以归因于各国生产率的差别。同样，一国的生产增长率决定了平均收入增长率。

第九，当政府发行了过多货币时，物价上升。通货膨胀是经济中物价总水平的上升，究其原因是一国政府发行了大量本国货币时，货币的价值就下降了。

第十，社会面临通货膨胀与失业之间的短期权衡取舍。经济中货币量增加刺激了社会的整体支出水平，从而增加了对物品与服务的需求。随着时间推移，需求的增加会引起企业提高物价，但同时，它也鼓励企业雇用更多的工人，意味着更少的失业。

——资料来源：N. 格里高利·曼昆. 经济学原理[M]. 8版. 梁小民，梁砾，译. 北京：北京大学出版社，2020.

启发思考

1. 你认为这十大原理是否涵盖了经济现象的各个方面？
2. 你能否运用这些原理来解释身边的社会经济现象？

（2）理性人假设

“理性人”也称为“经济人”，是在一定约束条件下，他的行为总是以实现自身利益最大化为目标的人。理性人假设是进行现代经济分析和把握经济规律的重要工具。在西方经济学看来，这些假设是“天然”存在的，是无须证明的“公理”“原理”和“方法”。这些假设是西方经济学理论体系赖以建立的基础，也是西方经济学最核心的命题，它们构成了西方经济学体系的逻辑起点①。

这种理性人和出现在英国古典经济学家亚当·斯密的《国富论》中的“经济人”实际上是同样的意思，但亚当·斯密的“经济人”指的是“人”，主要指资本家和企业家，而理性人假定则包括经济活动的所有参与者，既包括资本家、企业家、消费者和生产者，也包括政府②。

理性人的假设，我们可以从两个方面理解。一方面，由于经济问题的复杂性，没有适当的假设，就不能正确地认识经济规律，也不可能制定切实可行的经济政策。如果没有理性人这个假设，现代经济学的分析就无从谈起也无法开展研究。另一方面，理性人假设只是认识经济规律的一个工具，并不是提倡人人自私自利。因此，我们在学习过程中，应该准确认识理性人的假设，不能认为经济学主张人们自私自利，这就进入了一个很大的误区。

（3）完全信息假设

完全信息是指市场参与者都能够掌握足够使自己交易得以顺利进行的信息。完全信息假设在微观经济学中占有重要的地位。如果信息是完全的，那么市场价格机制才会是有效的，资源才能实现最优配置。

换而言之，市场上的每一个买者和卖者都掌握与自己经济决策有关的一切信息。这样，每一个消费者和每一个厂商都可以根据自己所掌握的完全信息，作出自己的最优经济决策，从而获得最大的经济利益。消费者在决策时清楚了解生产者的成本、生产过程、产品质量等信息，生产者也了解消费者的偏好、收入水平、心理预期等信息，双方根据充分、完备和对称的信息做出决策，以实现利益的最大化。由此可见完全信息假设在微观经济学中所占的重要地位。

---

①《西方经济学》编写组．西方经济学[M]．2版．北京：高等教育出版社，2019．

② 高鸿业．西方经济学[M]．8版．北京：中国人民大学出版社，2021．

1.1.3 经济体制的主要形式

经济体制是资源配置和资源利用的基本方式。在现代社会，有两种基本的经济体制：一种是计划经济体制，即有关生产和分配的所有重大决策由政府做出，政府按指令性计划来配置与利用资源；另一种是市场经济体制，即由经济活动的当事人对生产或消费自主做出决策，并通过市场机制来配置与利用资源。

市场经济与计划经济的差别主要表现在三个基本问题上。第一，决策机制不同。市场经济条件下，决策由参与经济的众多个体独立分散作出；计划经济条件下，选择的决策由中央机构集中作出。第二，协调机制不同。市场经济条件下，由价格来协调众多个体的决策，使这些决策一致；计划经济条件下，是通过自上而下的行政命令来贯彻决策。第三，激励机制不同。市场经济的激励以个人物质利益为中心，计划经济的激励以集体主义的精神为中心。

由于两种基本的经济体制各有利弊，目前，世界上绝大多数国家都在使用以市场为基础，辅之以政府干预的混合经济体制。

思政园地

建立社会主义市场经济体制

1992年10月12日至18日，中国共产党第十四次全国代表大会在北京举行。大会确定我国经济体制改革的目标是建立社会主义市场经济体制。1993年11月，党的十四届三中全会审议通过《中共中央关于建立社会主义市场经济体制若干问题的决定》，把十四大提出的经济体制改革目标和基本原则进一步具体化，制定了建立社会主义市场经济体制的总体规划，其基本框架为：在坚持以公有制为主体、多种经济成分共同发展的基础上，建立现代企业制度、全国统一开放的市场体系、完善的宏观调控体系、合理的收入分配制度和多层次的社会保障制度。我国经济体制改革开始向着建立社会主义市场经济体制的目标整体性推进。

改革带来了供给能力的提升和物质的丰富。1992年之后，我国全面放开粮食购销价格和经营。不仅是粮食，交由市场定价的范围几乎涵盖所有的生活资料。1993年，我国取消粮票，实行了40年的粮食统购统销制度宣告终结，百姓生活曾经离不开的粮票、油票等各种票证进入历史博物馆（图1-2）。

按照党中央关于建立社会主义市场经济体制的要求，国务院先后作出一系列部署，加快推进财政、税收、金融、外贸、外汇、计划、投资、价格、流通等方面的体制改革步伐。国有企业改革是建立社会主义市场经济体制的中心环节，也是难点所在。这一时期，国有企业改革开始从以往的放权让利、政策调整进入到转换机制、制度创新阶段。

上述改革和调整，从实际步骤上加快了由计划经济体制向社会主义市场经济体制转轨的步伐，市场在资源配置中的基础性作用得到明显增强，全国呈现出改革开放全面推进、经济建设迅猛发展的景象。

——资料来源：新华网.【百个瞬间说百年】1993，建立社会主义市场经济体制[EB/OL].（2021-12-08）[2023-07-28]. http://www.news.cn/politics/2021-12/08/c_1211478958.htm.

图1-2　计划经济时代的票证

资料来源：来自彩云之南. 昆明人的老时光记忆——票证时代的春节[EB/OL].（2021-02-03）[2023-07-28]. https://zhuanlan.zhihu.com/p/349087166.

启发思考

计划经济、商品经济、市场经济这三者有什么区别和联系？

1.1.4　市场经济及其运行规律

市场经济是指通过市场配置社会资源的经济形式。我国改革开放40多年取得的显著成就，已经向世界展示了一个不断让市场经济展现生机和活力的社会主义市场经济的发展模式。市场经济规律主要分为**价值规律、竞争规律和供求规律**。

（1）价值规律

价值规律是商品生产和商品交换的基本经济规律，即商品的价值量取决于社会必要劳动时间，商品按照价值相等的原则互相交换。在社会主义经济中，价值规律的作用主要表现在三个方面：一是价值具有调节生产和流通各部门社会劳动力总量比例分配的作用；二是价值可以激励生产企业不断提高技术，提高劳动生产率，改善管理，从而促进社会生产力的发展；三是价值也具有引导消费、更好地满足需求的作用。

（2）竞争规律

竞争规律是指商品经济中不同经济主体之间为最大限度地实现自身经济利益而进行竞争的客观必然性。竞争规律在流通领域中的作用体现在三个方面。一是促使企业提高经营素质。经营者之间存在竞争行为，对此它们只有适应市场的变化，不断开拓创新、占领市场，才能立于不败之地。二是促使市场活跃与繁荣。在竞争压力下，商品生产者与经营者尽力满足市场需要，寻求有利时机开发潜在市场，开发新产品、扩大服务领域，力争在竞争中取胜，这种良性竞争促进市场的快速发展和资源充分利用。三是优胜劣汰，推动经济发展。竞争和优胜劣汰是一个不断运动的过程，经营不善、效益低下的经营者会被市场所淘汰，客观上推动社会经济的发展。

（3）供求规律

供求规律是指商品的供求关系与价格变动之间的相互制约的关系，它是商品经济的规律。商品供给和需求是不断变动的，商品价格是引起这种变动的主要经济变量。价格是供求之间的连接点，价格变动引起买卖双方福利的变动，从而引起商品供求的变动。反之，供求的变动同样会引起商品价格的变化。它们之间相互作用、相互影响、相互决定。商品供求规律的作用主要体现在：一是供求规律可以调节生产和消费；二是供求规律支配着商品价格的变化；三是供求规律支配着商品的流量和构成；四是供求规律支配着商品流通的方向和速度。

任务 1.2　经济学的主要内容

现代经济学的基本内容可以划分为微观经济学（Microeconomics）和宏观经济学（Macroeconomics）。

1.2.1　微观经济学

（1）微观经济学的含义

微观经济学以对经济个体的行为分析为基础，研究现代西方经济社会市场机制的运行和对经济资源的配置作用。

在理解微观经济学的含义时，我们要注意以下四个方面。

①研究对象是个体的经济行为。家庭和企业是组成经济的最基本单位。家庭是经济中的消费者和生产要素的提供者，企业是经济中的生产者和生产要素的需求者。在微观经济分析过程中，我们通常假定家庭和企业经济行为的目标是实现自身利益的最大化，即家庭（消费者）如何把有限的收入分配于各种物品的消费，以追求效用最大化；厂商如何把有限的资源用于各种物品的生产，以追求利润最大化。

②解决的是资源配置问题。资源配置问题就是前文所讲的生产什么、如何生产和为谁生产的问题。如何使资源配置达到最优是研究的主要内容。微观经济学从研究单个经济单位的最大化行为入手来解决社会资源的最优配置问题。因为如果每个经济单位都实现了最大化，那么，整个社会的资源配置也就实现了最优化。

③价格理论是中心。微观经济学的中心理论实际上解释了英国古典经济学家亚当·斯密“看不见的手”原理。在市场经济中，家庭和企业的行为要受价格的支配，生产什么，如何生产和为谁生产都由价格决定。价格像一只“看不见的手”，调节着整个社会的经济活动，通过价格的调节，社会资源的配置实现了最优化。

④研究方法是个量分析。个量分析是研究经济变量的单项数值如何决定。比如在面对

多种商品的时候，消费者如何通过对商品数量的选择组合，在预算约束的条件下，实现效用的最大化。它研究的是单个消费者的行为分析。

（2）微观经济学的研究内容

①供求与价格。研究某种商品的需求、供给及其影响因素，中心内容是在供需的作用下，均衡价格如何决定。不同商品的供给量或需求量对价格、收入、相关商品价格的变动反应程度不一样，利用弹性的分析方法可以说明价格变动与收益的关系。

②消费者行为理论。面临预算收入的约束，消费者必须考虑如何将有限的收入分配到不同商品的消费上，以实现效用最大化。

③生产者行为理论。研究生产要素投入与产量之间关系的生产理论，即生产者如何把有限的资源用于各种物品的生产上，实现利润最大化。

④成本与收益。研究短期成本中的变动规律及其相互关系，以及长期成本中的规模经济与学习效应等。

⑤市场结构理论。研究企业在不同结构市场上的行为与市场均衡。如果说均衡价格理论是研究完全竞争市场上的价格决定问题，这一部分就是研究不同市场上的价格决定问题。

⑥收入分配问题。研究劳动、资本、土地和企业家才能等生产要素价格的决定，以及效率与公平的思想。

⑦市场失灵与政府干预。传统的微观经济学以完全竞争、完全理性与完全信息为前提。但在现实中，由于公共产品、外部性、垄断与信息不对称，市场不总是能实现最优资源配置，导致出现市场失灵的现象。政府通过干预，能在一定程度上解决市场失灵的问题。

1.2.2 宏观经济学

（1）宏观经济学的含义

宏观经济学以整个国民经济为研究对象，通过研究经济中各有关总量的决定及其变化，来说明资源如何才能得到充分利用。

在理解宏观经济学的含义时，我们同样要注意以下四个方面。

①宏观经济学研究的对象是整体经济。宏观经济学研究整体经济的运行方式和规律，从总体上分析经济问题。研究对象不再是经济中的各个单位，而是由这些单位所组成的整体。

②宏观经济学解决的是资源利用问题。宏观经济学把资源配置作为既定的前提，研究现有资源未能得到充分利用的原因、达到充分利用的途径，以及如何增长等问题。

③宏观经济学的中心是国民收入决定理论。宏观经济学把国民收入作为最基本的总量，以国民收入的决定为中心来研究资源利用问题，分析整个国民经济的运行。国民收入决定理论被称为宏观经济学的核心，其他理论都运用这一理论来解释整体经济中的各种问题。

④宏观经济学的研究方法是总量分析。总量是指能反映整个经济运行情况的经济变量。一类是个量的总和，例如，总消费是各个家庭消费的总和，总投资是各个企业的投资

总和。另一类是平均量，例如，价格水平是各种商品和劳务的平均价格。因此，宏观经济学也被称为“总量经济学”。

（2）宏观经济学的研究内容

①国民收入决定理论。国民收入或称为国内生产总值（GDP）是衡量一国经济资源利用情况和整个国民经济状况的基本指标，这是宏观经济学的核心。

②宏观经济政策。宏观经济理论是为国家干预经济提供理论依据，而宏观经济政策则为这种干预提供具体的措施。一般包括政策目标、政策工具和政策效应。

③失业与通货膨胀理论。失业和通货膨胀是各国经济中最主要的问题。宏观经济学把失业与通货膨胀和GDP联系起来，分析其原因及其相互关系，以便找出解决这两个问题的途径。

④经济周期与经济增长理论。经济周期指国民收入的短期波动，经济增长指国民收入的长期增长趋势。这一理论要分析国民收入短期波动的原因，长期增长的源泉等问题，以期实现经济长期稳定的发展。

⑤开放经济理论。开放经济理论是分析一国国民收入的决定与变动如何影响别国以及如何受到别国的影响，同时也要分析开放经济条件下一国经济的调节问题。

1.2.3 微观经济学与宏观经济学的关系

微观经济学和宏观经济学在研究对象、解决的问题、中心理论和研究方法上存在差别，但作为经济学的不同组成部分，它们之间又有着密切的联系。

（1）微观经济学与宏观经济学是互为补充的

微观经济学在假定资源已实现充分利用的前提下，分析如何达到最优配置的问题；宏观经济学在假定资源已实现最优配置的前提下，分析如何达到充分利用的问题。它们从不同的角度分析社会经济问题。从这一意义上说，微观经济学与宏观经济学不是相互排斥的，而是相互补充的，它们共同组成经济学的基本原理。

（2）微观经济学与宏观经济学的研究方法都是实证分析为主

一般来讲，微观经济学与宏观经济学都是以社会经济制度作为既定的前提，研究在这一制度下的资源配置与利用问题。这种只研究具体问题，不涉及价值判断的方法就是实证分析。从这种意义上说，微观经济学与宏观经济学都属于实证经济学的范围。

（3）微观经济学是宏观经济学的基础

整体经济是单个经济单位的总和，微观经济学应该成为宏观经济学的基础。例如谈到总需求，是指在每一价格水平下，一国所有家庭、厂商等经济主体需求的总和。整体经济是单个经济单位的集合，一国经济的整体状况也会深刻影响着每个经济单位。

任务 1.3　经济学的研究方法与工具

每门学科都有自己的研究方法和工具，经济学也不例外。

1.3.1　实证分析与规范分析

实证分析方法研究经济问题时不带价值判断，只研究经济本身的内在规律，并根据这些规律，分析和预测人们经济行为的效果。也就是说，实证分析方法是通过对客观经济现实的描述和分析，说明经济现象和经济过程“是什么”的方法。实证分析方法使经济理论可用事实来验证，具有客观性。但实证分析方法的弊端是忽略价值判断，不考虑结果是否可取。

规范分析方法研究经济问题时以一定的价值判断为基础，提出某些标准作为分析处理经济问题的标准，并研究如何才能符合这些标准。规范分析方法是从某种价值判断标准出发，研究社会经济活动“应该是什么”及“怎么做”才能符合给定标准的方法。所谓价值判断，是指对某一经济事务好或坏的判断。规范分析方法考虑结果的可取性，但用它研究经济问题所得出的结论因价值观的差异而不同，具有主观性，且无从验证。

实证分析方法与规范分析方法各有利弊，二者互为联系，互为补充，常常结合使用。实证分析方法是规范分析方法的基础，规范分析方法是实证分析方法的前提。一方面，人们要运用实证分析方法对经济事务进行分析、推理、归纳，得出其特点和规律，并预测其未来趋势；另一方面，人们又必须运用规范分析方法，即根据一定的价值判断标准对经济活动的目标和政策做出选择。一般而言，目标层次越低的经济问题，其研究的实证性越强；目标层次越高的决策问题，其研究的规范性越强。

经济学中运用实证分析法分析经济问题形成理论时，运用了各种分析工具。

（1）均衡分析法

19世纪末的英国经济学家马歇尔把力学中的均衡概念引入经济学中，指经济中各种对立的、变动着的力量处于一种力量相当、相对静止、不再变动的状态。

均衡分析法可分为局部均衡分析法和一般均衡分析法。局部均衡分析法用于考察在其他条件不变的情况下，单个市场均衡的建立与变动，其考察对象是单个市场，可以是单个消费者、一家厂商或一个行业，因此可以用来分析消费者均衡、生产者均衡、某种商品的均衡价格决定等。一般均衡分析法是把所有相互联系的各个市场看成一个有机整体，在各个市场的相互关系中考察单个市场如何实现均衡的分析方法。

（2）边际分析法

边际分析法是指利用边际数量来分析经济变量的相互关系及其变动规律的方法。所谓边际数量，是指自变量每增加一个单位所带来的因变量的增量。边际分析法是微分理论在经济学中的具体运用，是最常用的一种经济学分析工具。经济学中常见的有边际效用、边际产量、边际收益、边际成本、边际消费倾向等。

知识点滴

边际主义

边际主义也称为边际革命。19世纪70年代边际效用学派的出现被认为是经济学中爆发了一场全面革命的标志。这场革命使经济学从古典经济学强调生产、供给和成本，转向现代经济学关注的消费、需求和效用，主要代表人物是英国经济学家杰文斯、法国经济学家瓦尔拉和门格尔。

边际革命包含两项重要内容，即边际效用价值论和边际分析方法的广泛运用。边际分析的方法实际上是一种数学分析方法，也是运用数学中的微积分去观察经济问题。这种方法刚开始并不被更多的人接受，认为经济学是一种理性的、逻辑的科学，不可能用数学方法去“精确”测定，只能用演绎法或归纳法。随着时间的推移和经济研究的实践，特别是经济资源“稀缺性”的提出，越来越多的人接受这种方法，运用边际分析的方法去观察经济问题。

“稀缺论”认为，财富的增长，人类福利的增进不是经济增长的自由展现，而是经济资源的最优配置；不是一切增量投入都是可取的，只有把增量投入与增量产出联系起来分析才是可取的。在这种理论的影响下，经济学家提出了边际生产力、边际成本、边际收益、边际替代率、边际消费倾向等概念和范畴，极大丰富了经济研究的内容。所以，边际分析的广泛使用是经济学研究的重大变革。

启发思考

为什么说边际分析是经济学中的一场革命？你是怎么理解“边际”概念的？

1.3.2 定性分析与定量分析

定性分析是说明经济现象的性质及其内在规定性与规律性，定量分析则分析经济现象之间量的关系。许多经济现象是可以用某种标准来衡量的，可以表示为一定的数量，各种经济现象之间量的关系可以更为精确地反映经济运行的内在规律。因此，实证经济分析中特别注意定量分析，这也是经济学中广泛运用数学工具的原因。

经济学中数学的运用主要表现在两个方面：一是运用数学公式、定理来表示或推导、论证经济理论，这就是一般所说的数理经济学。二是根据一定的经济理论，编制数学模型，并将有关经济变量的数值代入这种模型中进行计算，以验证理论或进行经济预测，这就是一般所说的计量经济学。定量分析使经济学更能运用于实际。数学是经济学的重要分析工具，这一点应该加以注意。

1.3.3 机会成本与生产可能性曲线

（1）机会成本

经济资源的稀缺性决定了每一个社会和个人必须作出选择。当一种经济资源同时存在多种用途时，将一种经济资源投入某一特定用途之后，所放弃的在其他用途中所能得到的最大收益即机会成本，选择就是用有限的资源去满足哪方面需求的决策。基于这种观点，有些经济学家认为，经济学就是一门研究选择的学科。

在资源有限的条件下，为了得到某种东西而放弃的另一种东西就是作出决策的机会成本，机会成本即选择的代价。举例说明：每位同学即将完成大学学业时，至少面临两种选择：一是找到合适的工作，发挥自己的专业特长，从学校向职场转变；二是选择继续深造，学更多的知识，拿到更高的学位。一旦你选择了第二个方向，那意味着你要考虑到不能工作没有收入的情况，这就是继续深造的机会成本。

运用机会成本需要满足以下三个前提条件：一是资源本身具有多种用途；二是资源可以自由流动且不受限制；三是资源能够被充分利用。

（2）生产可能性曲线

我们可以用生产可能性曲线的概念来说明稀缺性、选择和机会成本。生产可能性曲线是指在一定的技术条件下，用既定资源能生产的各种产品的最大可能产量组合的轨迹。

假定一个社会用全部资源生产两种物品：粮食和棉花。如果只生产粮食可以生产15万吨，只生产棉花可以生产5万吨。这些资源可以生产很多种产品的组合，有些组合棉花多一些，有些组合粮食多一些，但资源都是以最大的利用效率来生产。假设这个社会在决定粮食与棉花的生产时，提出了A、B、C、D、E、F六种组合方式，则可以由表1–1来表示。

表1-1 生产可能性组合

产品组合	棉花 / 万吨	粮食 / 万吨
A	0	15
B	1	14
C	2	12
E	4	6
F	5	0

根据表1–1的数值，我们可以在坐标上表示出来（图1–3），其中横轴代表棉花的产量，纵轴代表粮食的产量。在图中，*AF*线是在资源既定的条件下能达到的粮食与棉花最

大产量的组合，被称为生产可能性曲线或生产可能性边界。这条曲线还可以称为转换线，即为了多生产一单位的棉花，需要减少多少单位粮食的生产；或者为了多生产一单位的粮食，需要减少多少单位棉花的生产。生产可能性曲线把区域划分为两个部分，在H点，意味着现有的资源并不能实现这个生产组合；在G点，则说明资源没有充分利用。只有在生产可能性曲线上面的点，才是资源全部充分利用，不同的点说明两种产品的产量组合不同。

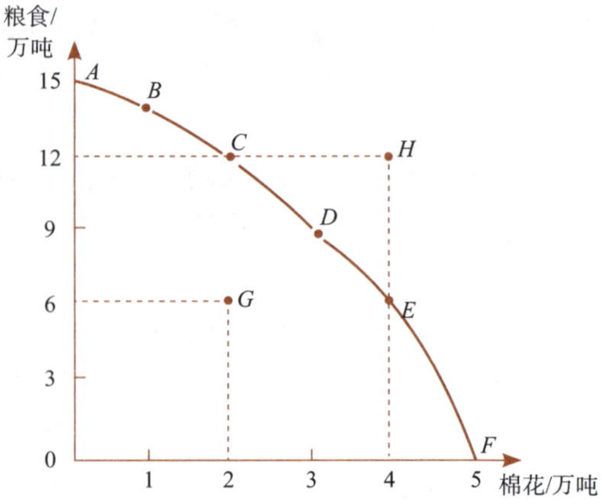

图1-3　生产可能性曲线

任务 1.4　经济学与生活

1.4.1　为什么要学习经济学

作为财经商贸类的专业学生，经济学是必修的基础课程，掌握必要的经济学知识是下一步学习和今后职业发展的重要基石。但学习经济学的作用不限于此，它与我们的生活息息相关。

（1）学习经济学有助于理解你所生活的世界

有许多经济问题会激起你的好奇心：为什么经济发达的大城市房价那么贵？为什么生猪的价格会反复波动？为什么国家会采取限价措施，有些商品限制最高价格，有些商品却限制最低价格？为什么说绿水青山就是金山银山？一个国家的经济发展程度和生活水平是由什么决定的？为什么国家缺钱的时候要发行国债，而不能通过印制货币来解决？通过学习经济学，或许能让你更好地理解身边的经济问题。

（2）学习经济学有助于做好个人决策

人的一生会面临很多不同的选择，需要做出很多决策，而经济学恰恰就是一门关于选择的课程。人们所拥有的时间、精力和财富是有限的，如何利用稀缺资源，取得更多更满意的回报，是每个人需要面对的问题。比如你和小伙伴去电影院看一场刚上映的电影，看了二十分钟后，你觉得这部电影不好看，这个时候你是选择继续观看下去，还是起身离场呢？如果懂得经济学“沉没成本”的含义，或许可以帮助我们做出更好的决策。

（3）学习经济学有助于理解政府政策

市场并非万能，在运行中会出现诸如市场垄断、经济波动、就业不足等现象，这些问题都需要政府采取适当的措施进行干预，学习经济学知识可以帮助你更好理解政府的政策及其影响。比如政府制定“最低工资标准”政策，目的是保护低收入人群的权益，确保他们能够获得基本的生活保障和尊严，也是政府调节经济活动、促进社会公平的重要手段和工具。但同时，我们也要理解，如果最低工资标准过高，企业的经营压力会加大。为此，需要科学测算最低工资标准的合理幅度，充分评估最低工资标准调整给各类企业人工成本带来的影响和风险。

1.4.2 学会经济学的思维方式

经济学具有很强的实用性，因此也被称为“经世致用”之学。但学习经济学课程，并不是让我们成为经济学家，更重要的是掌握和运用经济学的思维方式和分析工具。经济学是一门社会科学，既然是科学，那么它就有自己的语言和思维方式。诸如需求、供给、弹性、消费者剩余、机会成本、比较优势、外部性、信息不对称、均衡等，都是经济学的基本语言。

常见的经济学思维方式主要有：供给与需求、成本与收益分析、边际思维、均衡思维等。以边际思维方式为例，“边际”指的是额外、边缘、追加之意，在经济学中指某个变量每增加（或减少）一单位的量带来的效用，在数学上是微积分中的导数。由于每个边际决策都会产生相应的成本和收益，在存在边际效用（收益）递减规律下，理性人决策的原则是边际收益大于边际成本，直到边际收益等于边际成本。比如对航空公司来说，每个航班多一位乘客带来的边际成本非常低，带来的边际收益却非常高，所以航空公司出售部分廉价机票是理性的决策，因为可以提高乘坐率而增加净利润①。

趣味知识

电商直播中的注意力经济学

《中国互联网络发展状况统计报告》显示，截至2024年6月，中国网民规模达10.9967亿人，互联网普及率达78.0%。根据《中国网络表演（直播与短视频）行业发展报告（2023—2024）》显示，截至2023年12月，我国网络直播用户规模达8.16亿人；截至2024年3月，国内MCN（Multi-Channel Network，多频道网络，是一种新的网红经纪运作模式）机构数量超2.68万家，相较2023年增加约2800家；截至2024年5月末，我国网络表演（直播）行业主播账号累计开通超1.8亿人（多平台非去重数据）。电商直播已经成为商家增长的新引擎，作为一种新的经济形式，注意力是直播电商们的关键，如何抓住、生产和维护消费者的注意力是直播

① 张鑫. 经济学思维方式到底有哪些？[EB/OL].（2023-04-17）[2023-07-27]. https://m.yicai.com/news/101732244.html.

电商的重要内容。在网络信息爆炸的时代，直播电商的竞争实质是对消费者注意力的竞争，直播电商参与竞争的过程，从某种意义上来讲，就是吸纳消费者注意力的过程。作为注意力经济的重要形式，直播电商借助互联网信息技术的发展而方兴未艾，逐渐成为人们电商消费的重要渠道。

在注意力的生产阶段，直播电商使消费者的注意力具有了交互性和价值性，他们可以通过直播电商拓展既有社会关系网络，寻求具有相似社会属性和生命历程群体的互动和认同，重新获取并赋予生活以价值和意义，形成新的社会认知和生活方式。

在注意力的转化阶段，注意力作为一种稀缺资源，在电商直播中是联结产品与消费者的中介，直播电商通过突出消费者主体性的逻辑，通过强调直播符号意义的生产，促成注意力向消费行为的转化。

在注意力的延续阶段，消费者在直播中的消费行为是建构消费者社会认同的重要方式，通过象征性消费显现其所认同的社会身份，通过情感性消费体现其对直播的参与和信任。

——资料来源：王艺璇，安真真. 注意力经济：电商直播中消费者注意力的生产与控制[J]. 中国青年研究，2021（02）：14-21，有删改.

启发思考

1. 观察电商直播的头部主播，总结他们是如何吸引消费者注意力的？
2. 从你个人角度出发，你认为“注意力经济学”对你的影响有多大？

小结

经济学是研究资源配置与利用的科学。经济资源的稀缺性是相对人们需要的无限性而言的，资源配置的选择性可用机会成本和生产可能性曲线来说明。

在现代社会中，人们采用计划和市场两种基本经济体制来解决资源配置与资源利用问题，世界上绝大多数国家都在使用以市场为基础，辅之以政府干预的混合经济体制。

经济学的基本理论由微观经济学和宏观经济学两个部分构成。微观经济学研究单个经济单位的经济行为及相应经济变量单项数值的决定，以解决资源配置问题，其中心理论是价格理论；宏观经济学研究整体国民经济各有关总量的决定及其变化，以解决资源利用问题，其中心理论是国民收入决定理论。

经济学的分析方法有实证分析方法和规范分析方法，分析的工具主要包括均衡分析法、边际分析法和定性定量分析法。

练习与实训

一、选择题

1. 资源的稀缺性是指（　　）。
   A. 不可再生资源越用越少　B. 世界上的资源终将被消耗完
   C. 世界上大多数人生活在贫困中　D. 资源相对于人们的需要总是不足的
2. 在马斯洛的需求层次模型中，希望与他人建立情感联系是属于哪个方面的需求？（　　）。
   A. 安全需求　B. 尊重需求　C. 社交需求　D. 自我实现
3. 现有一户家庭，拥有10万元资金，处置的方式有三种：一是存放银行，预计年获利2 000元；二是购买理财产品，预计年获利3 500元；三是开办小超市，年获利20 000元。如果家庭选择购买理财产品，那么机会成本为（　　）。
   A. 2 000元　B. 3 500元　C. 20 000元　D. 不确定
4. 计划经济（　　）。
   A. 以集中决策为主　B. 以分散决策为主
   C. 以分散决策为主，集中决策为辅　D. 建立在私有产权的基础上
5. 属于微观经济学研究内容的是（　　）。
   A. 经济增长
   B. 总需求和总供给决定资源总量和价格总水平
   C. 价格总水平的长期变动趋势
   D. 不同市场的价格和数量相互联系和制约决定资源如何配置
6. 下列属于宏观经济学研究内容的是（　　）。
   A. 农产品价格波动　B. 一般物价水平的上涨
   C. 家庭的消费决策　D. 企业的投资决策
7. 生产可能性曲线反映了（　　）。
   A. 社会使用既定资源所能生产商品的最小数量组合
   B. 社会使用既定资源所能生产商品的最大数量组合
   C. 边际替代率递减
   D. 边际替代率递增
8. 下面关于实证分析与规范分析，正确的是（　　）。
   A. 规范分析是客观事实的描述　B. 规范分析比实证分析更为科学
   C. 实证分析解决“是什么”的问题　D. 实证分析解决“应该是什么”的问题
9. 过高的最低工资标准会导致年轻人的失业率增加，这种描述属于（　　）。
   A. 实证分析　B. 规范分析　C. 边际分析　D. 均衡分析
10. 以下说法正确的是（　　）。
   A. 通货膨胀对个体影响较大，这是属于微观经济学内容

B. 市场经济是完美的，所以不需要政府的干预

C. 宏观经济学的中心理论是国民收入决定理论

D. 经济学所说的理性，是指人们不会做出错误的判断

11. 由政府来决定资源配置和资源利用方式的经济制度属于（　　）。

A. 计划经济　　B. 市场经济　　C. 混合经济　　D. 商品经济

12. 学习经济学的主要作用在于（　　）。

A. 成为经济学家　　B. 可以在股票市场获得高收益

C. 可以进入政府部门工作　　D. 理解你所生活的世界

13. 关于定性分析与定量分析，下面理解正确的是（　　）。

A. 定性分析可以精确地反映经济运行的内在规律

B. 实证经济分析中特别注意定量分析

C. 定性分析要求要建立数学模型

D. 定性和定量只能选其一

14. 经济学中个人理性假设认为，每个人都追求（　　）。

A. 个人名誉最大化　　B. 社会利益最大化

C. 个人收入最大化　　D. 个人利益最大化

15. 下列哪一项不是市场经济的运行规律？（　　）。

A. 生存规律　　B. 价值规律　　C. 竞争规律　　D. 供求规律

二、实训实践

1. 生活中处处有经济学，尝试观察身边的现象，并能从经济学的角度加以分析。

2. 某同学可以在一个小时内读10页的经济学教材或20页的小说，他每天抽出5个小时来学习，请画出他阅读经济学和看小说的生产可能性曲线，写出函数式，分析他多读5页经济学教材的机会成本。

3. 假如你得到学校2万元的“校园创业基金”贷款，你可以规划出几种方案来使用这笔资金？请对这些方案的收益进行分析，阐述选择最佳方案的依据。

项目2

需求、供给与弹性

学习目标

知识目标

了解市场供求的一般原理；掌握需求定理、需求弹性及其应用；掌握供给定理、供给弹性及其应用；掌握供求定理及其应用。

能力目标

能根据供求关系理论分析经济问题；能利用供求弹性理论解释相关的社会经济现象。

素质目标

培养关注国家经济政策的意识，初步形成市场竞争思维；培养独立、客观、较强的思辨能力和实践能力。

思维导图

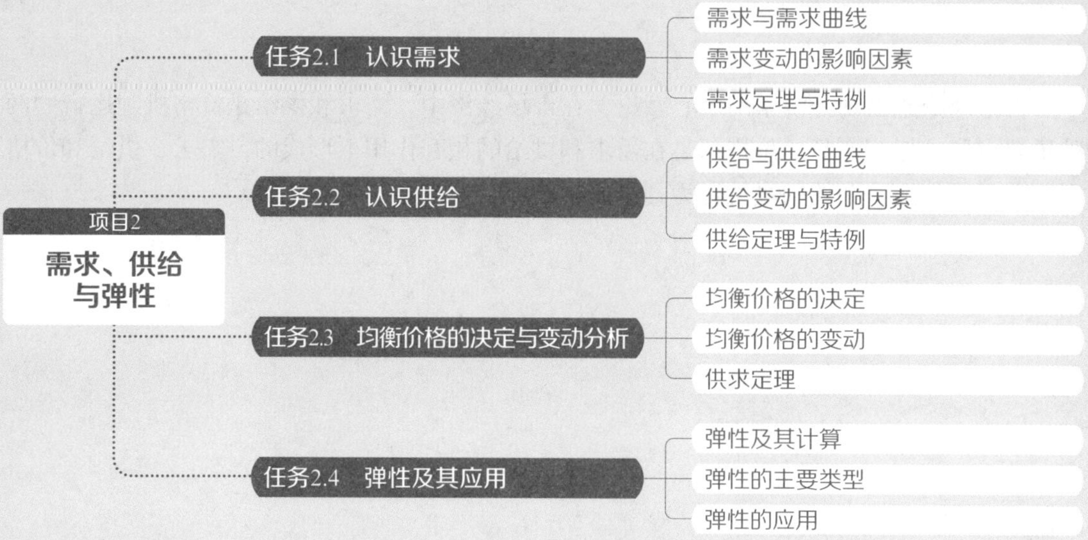

开篇案例

从畅销到滞销，梅州的柚子到底怎么了？

众所周知，柚子在南方地区十分受欢迎，尤其到了秋冬季节，气候干燥，皮肤容易干裂且易上火，而柚子恰好可以解决这一系列问题。广东梅州是有名的柚子种植产地，按往常秋季，柚子正当时，应该卖得很火热才对，而这几年梅州的柚子却卖不动了。

2011年10月10日，一条“梅州桃尧沙田柚滞销，谁来帮帮他们！”的微博引人关注，微博称果农曾伯自产优质柚子十万斤，却面临滞销的困境，希望社会各界爱心人士伸出援手，帮忙渡过难关。在梅州，像曾伯一样面临柚子丰产不丰收问题的果农不在少数。几乎每户果农家的果仓里都堆满少则几万斤，多则几十万斤的柚子。

农业部门的工作人员表示，桃子、梨、苹果、柚子都丰产，水果之间的竞争压力越来越大，竞争越来越激烈，这种情况下消费者对于柚子购买空间就会越来越小。加之，这几年柚子的种植面积较10年前增长了25%，每年柚子的总产量也都在呈现稳定增长的趋势，所以柚子从畅销水果变成了滞销水果，价格不断创新低，一些果农甚至宁愿柚子烂在树上也不愿意雇人去采摘。

为此，当地政府高度重视，主动为果农牵线搭桥，农业部门专门组织了农产品促销团到广州、新加坡等地与采购商对接、洽谈，想方设法帮助果农解决柚子滞销问题。

启发思考

1. 案例中，为什么柚子丰产不丰收？
2. 生活中类似这样的例子，你还知道哪些？

价格理论是微观经济学的中心理论，在市场经济中，需求和供给是价格机制运行的两种重要力量。任何商品的价格都是在需求和供给的相互作用下形成的，需求、供给和价格影响着每一个经济个体的决策行为，进而影响着经济社会的资源配置。

任务 2.1 认识需求

一种商品或劳务的市场价格是消费者需求与生产者供给之间相互作用的结果，所以，要说明一种商品的价格决定机制，就需要考察消费者的需求和生产者的供给。

本任务将从单个消费者入手，说明需求的概念及其变动的性质。

2.1.1 需求与需求曲线

需求是指消费者在某一特定时期内，在每一个价格水平下愿意而且能够购买的某种商品或劳务的数量。

商品的需求必须具备两个条件：**一是购买愿望；二是购买能力。**因此，需求是购买愿望与支付能力相统一的有效需求。这里需要强调的是购买意愿的有效性，即需要具备支付能力的有效需求。比如刚毕业参加工作的大学生，就希望在大城市的市中心买一套大房子，这仅是购买的愿望，可能支付能力尚未达到，不构成有效需求。

需求可以用需求表和需求曲线来表达。举例来看，当苹果的价格为10元/千克时，某超市需求量为120千克；当价格为14元/千克时，需求量为110千克；当价格为18元时，需求量为100千克；当价格为22元/千克时，需求量为90千克；当价格为26元/千克时，需求量为80千克，根据这些价格和数量，我们可以列出需求表，如表2-1所示。

表2-1 某超市苹果的日需求表

组合点	a	b	c	d	e
价格 P /（元 / 千克）	10	14	18	22	26
需求量 Q / 千克	120	110	100	90	80

需求也可以用图形表示。**需求曲线是表明在其他条件不变的情况下，商品价格与需求量关系的曲线。**在平面坐标系上画出表2-1中的各组数据点，连接各点，即得出需求曲线，如图2-1所示。纵轴表示苹果的价格P，横轴表示苹果的需求量Q。

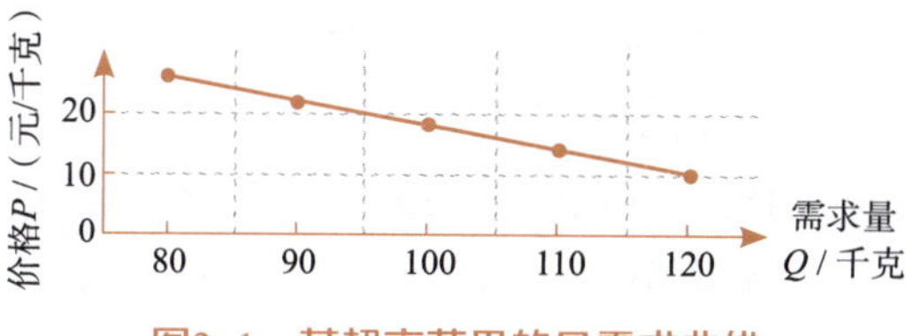

图2-1 某超市苹果的日需求曲线

如图2-1所示，需求曲线是一条向右下方倾斜，斜率为负的曲线，这表明苹果的价格与需求量之间存在反方向变动的情况。

2.1.2 需求变动的影响因素

一种商品的需求数量是由许多因素共同决定的，概括起来主要有以下几个方面。

（1）商品自身的价格

商品自身的价格是影响商品需求最主要、最灵敏的因素。一般来说，在其他因素不变的情况下，一种商品的价格越高，该商品的需求量就会越小；反之，价格越低，需求量就越大。可见，商品的需求量与自身价格呈反方向变动。

（2）消费者的收入水平

对于多数商品来说，当消费者的收入水平提高时，其购买能力就会相应地增强，从而会增加对商品的需求；反之，当消费者的收入水平下降时，其购买能力就会相应减弱，减少对商品的需求。例如：收入增加提高了消费者对名牌服装、小汽车等商品的需求。由于各种商品需求程度上的差异，市场需求对于收入变化的反应也是不同的。一般来说，生活必需品对收入变化的反应不大，而奢侈品、耐用消费品对收入变化的反应则较大。

但是，也要注意并不是任何商品的需求都与收入同方向变动。如：消费者的收入增加，对火车普通硬座的需求就会逐渐减少。**经济学上，把随着消费者收入增加，需求量相应增加的商品称为正常品；把随着消费者收入增加，需求量反而减少的商品称为低档品。**

（3）相关商品的价格

当一种商品的价格保持不变，而和它相关的其他商品价格发生变化，那么，这种商品的需求也会发生变化。

在微观经济学中，通常将商品之间的关系划分为两种：**一种是互补关系；另一种是替代关系。**

互补关系是指两种商品共同满足一种需要，它们之间是互相补充的。具有互补关系的两种商品互称为互补品，例如：汽车和汽油、电器和插座、钢笔和墨水、打印机和墨粉等。这种具有互补关系的商品，当一种商品价格上升时，对另一种商品的需求也会减少。因为汽油的价格上升，消费者对汽油的需求减少，导致对燃油汽车的需求也相应减少。因此，**一般而言，互补品之间，一种商品的需求与其互补品的价格呈反方向变动**。

替代关系是指两种商品都能独立满足人们的同一种需要。具有替代关系的两种商品互称为替代品，例如：空调与电风扇、固定电话与移动电话、牛肉与猪肉等。具有替代关系的商品，当一种商品价格上升时，对另一种商品的需求会增加。因为猪肉的价格上升，消费者会减少对猪肉的消费而增加对牛肉的消费，此时猪肉的需求减少，牛肉的需求增加。因此，**一般而言，替代品之间，某种商品的需求与其替代品的价格呈同方向变动。**

（4）消费者的偏好

消费者的偏好是指消费者对商品的喜好程度，这是一种主观心理评价，会受到广告宣传、社会时尚、个人爱好等因素的影响，也可能来自社会习俗或宗教信仰。消费者越偏好某种商品，对某种商品的需求就越大；当偏好减弱时，对该种商品的需求就会减小。例如：由于南北地区消费者食物喜好的差异性，大米在南方地区的需求量相对较高，而面食则在北方地区更受青睐。

（5）人口数量与结构的变动

人口数量与商品需求呈同向变动。人口数量的增加会使需求增加，人口数量的减少会使需求减少。人口结构的变动也会影响对某些商品的需求。例如：2016年，我国开始实施全面两孩政策，新生儿人口增加，从而导致月子中心、婴幼儿产品、早教等商品和服务的需求增加。

（6）消费者对未来的预期

消费者对未来的预期包括对商品价格水平和自身收入水平的预期。消费者预期商品涨价，会增加当期购买，现期需求增加；消费者预期商品跌价，会减少当期购买，现期需求减少，这就是人们常说的“买涨杀跌”。消费者预期自身未来收入水平提高，会增加现期需求；反之，则会减少现期需求。

（7）政府的政策

政府的政策会影响需求。如果政府采取扩张性的经济政策，如增加财政支出、降低利率、减免个人所得税等政策会刺激消费需求增加；反之，如果政府采取紧缩性的经济政策，如缩减财政支出、提高利率等政策则会抑制消费需求减少。

此外，需求还受一些特殊因素如：气候、自然灾害、疫情、战争等的影响。

知识点滴

需求量的变动与需求的变动

需求量变动与需求变动一字之差，但在经济学上的含义是不同的。

需求量是指在其他条件不变的情况下，由某种商品的价格变动所引起的该商品的需求数量的变动。在几何图形中，需求量的变动表现为商品价格—需求数量组合点沿着同一条既定的需求曲线的运动，如图2-2所示。

需求的变化是指在商品价格不变的情况下，由于其他因素的变动引起的该商品的需求数量的变动，如消费者的收入水平、相关商品的价格等。在几何图形中，需求的变动表现为需求曲线的位置发生移动，如图2-3所示。

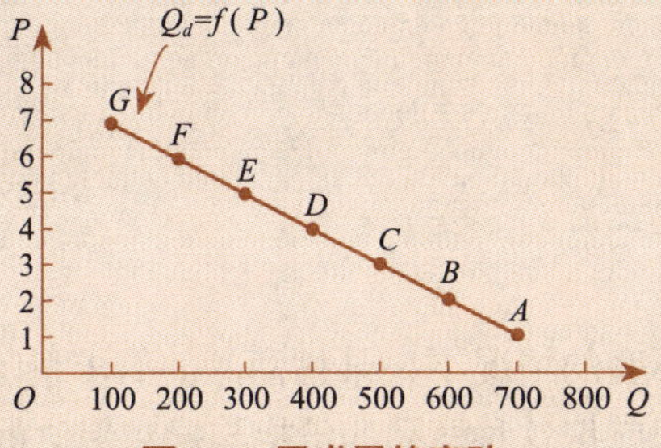

图2-2　需求量的变动

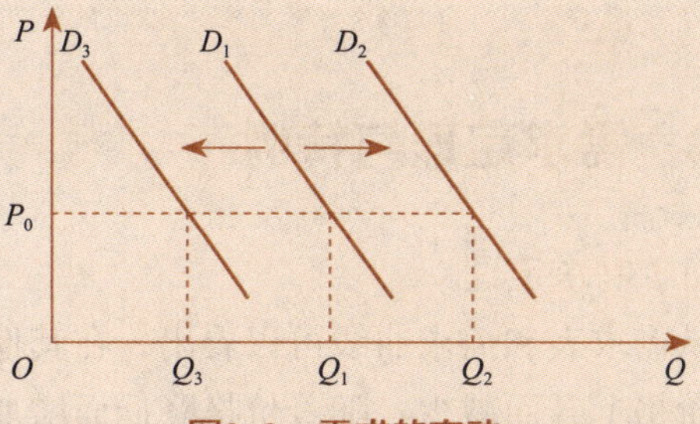

图2-3　需求的变动

启发思考

吸烟有害健康。如果想降低青少年吸烟的比例，从影响需求（量）的角度，你认为可以从哪些方面采取措施？

拓展阅读

新能源汽车“卷”出新高度

随着环境问题日益严峻和人们环保意识的不断增强，越来越多的消费者开始关注新能源汽车。近年来，我国政府也出台多项政策支持新能源汽车的发展，如优化汽车限购管理、加强汽车消费金融服务、完善充换电基础设施建设、发放消费券补贴、购置税减免等政策，为新能源汽车的发展提供了有利条件。

从产销规模看，我国新能源汽车市场发展潜力巨大。2022年，我国新能源汽车销售总量达550万辆；2023年，新能源汽车销售总量达940万辆，新能源汽车市场呈现蓬勃发展的态势，市场占有率达30%以上。

从市场规模看，随着政府政策的不断加码和消费者对新能源汽车认知度的提高，未来几年我国新能源汽车市场规模将继续保持高速增长。目前，我国已成为全球最大的新能源汽车市场，品牌和车型涵盖了高中低各个档次，车企扩充新能源产品阵容的步伐不断加快，车企之间的比拼也越发激烈，满足了不同消费者的需求的同时，“价格战”也成为新能源汽车市场上没有硝烟的战争。

从增长趋势看，我国新能源汽车市场已经从政策驱动转向市场驱动。在过去的几年中，政府通过补贴、减税等政策措施大力推广新能源汽车，带动了市场的快速增长；然而随着政策的逐步退出和市场的逐步成熟，市场需求已经成为推动市场增长的主要力量。据预测，2024年我国新能源汽车市场规模将达到新高度，预计销售规模达1 300万辆，增速40%，整体渗透率超过40%，迎来产业发展新里程。

启发思考

1. 从需求的角度看，新能源汽车与传统汽车是什么关系？
2. 新能源汽车的需求增加，对传统汽车会产生什么影响？

2.1.3 需求定理与特例

（1）需求定理

从需求表和需求曲线可以看出，在其他条件不变的情况下，某种商品的需求量随着商品的价格上升而减少，随着价格降低而增加。我们就把这种**商品的价格与需求量之间的反方向变动关系称之为需求定理。**

值得注意的是，需求定理是以“其他条件不变”为假设前提。“其他条件不变”是指除了商品本身的价格之外，其他影响需求的因素都不变。也就是说需求定理是在假定影响需求的其他因素不变的前提下，研究商品本身价格与需求量之间的关系。离开这一前提，需求定理就无法成立。比如居民收入增加时，商品本身的价格与需求量不一定呈反方向变动。

（2）需求定理的特例

需求定理指的是一般正常商品的规律，并不是适用于任何商品的普遍规律。它至少有三种例外情况。

①炫耀性商品（奢侈品）。用来显示人的社会身份的商品，其价格与需求量呈同方向变动。如：豪华轿车、珠宝首饰，这类商品只有在高价时才具有显示人的社会身份的作用，因此，价格下降时需求反而减少。

②投机性商品。包括股票、邮票等具有投机属性的商品，其价格发生波动时，需求呈现出不规则的变化。受人们的心理、预期等因素影响，有时会出现“买涨不买跌”的现象。

③吉芬商品（劣等生活必需品）。1845年爱尔兰大饥荒时期，英国经济学家吉芬观察到一件奇怪的现象，土豆的价格上升，其需求量也在持续增加，也就是说在某种特定条件下，商品的价格上升需求反而增加。这一与需求定理不一致的现象被经济界称为“吉芬之谜”，具有这种特点的商品也被称为“吉芬商品”。

趣味知识

“吉芬商品”是什么？

经济学中有个名词叫“吉芬商品（Giffen good）”。1845年爱尔兰发生饥荒，土豆价格上升，但英国人吉芬发现土豆的需求量不降反升，这一现象在当时被称为“吉芬难题”。这类需求量与价格呈同方向变动的特殊商品也因此被称作吉芬商品。

为什么会有这种特殊现象？这要从收入效应和替代效应说起。

收入效应（income effect）是指当商品价格保持不变时，由于购买力的增加而导致的对一种商品消费量的增加。替代效应（substitution effect）是指当效用水平保持不变时，由于商品价格变动而导致的对该商品消费数量的变化。

商品价格上升时，实际收入下降，因此收入效应为负，而替代效应为正。吉芬商品的特殊性在于，它的收入效应远超替代效应，因此需求曲线向上倾斜。

发生饥荒的时候，土豆价格上涨，人们就感觉到自己的实际收入在降低。而实际收入下降，消费者就更买不起肉类等价格高昂的食物，只能增加对土豆等相对便宜商品的购买，因此，需求量不降反升。

任务 2.2　认识供给

2.2.1　供给与供给曲线

供给是指厂商在某一特定时期内，在每一个可能的价格水平上愿意且能够提供出售的商品或劳务的数量。

商品的供给必须具备两个条件：一是厂商有出售的愿望；二是具备生产能力。因此，供给是出售愿望与生产能力相统一的有效供给。

供给可以用供给表和供给曲线来表达。例如，当苹果的价格为10元/千克时，市场的供给量为100千克；当苹果的价格为14元/千克时，市场的供给量为150千克；当苹果的价格为18元/千克时，市场的供给量为200千克；当苹果的价格为22元/千克时，市场的供给量为250千克；当苹果的价格为26元/千克时，市场的供给量为300千克。根据这些价格和数量，我们可以列出供给表，如表2-2所示。

表2-2　　某市场苹果的日供给表

组合点	*a*	*b*	*c*	*d*	*e*
价格 *P* /（元 / 千克）	10	14	18	22	26
供给量 *Q* / 千克	100	150	200	250	300

供给也可以用图形表示。供给曲线是表明在其他条件不变的情况下，商品价格与供给量关系的曲线。在平面坐标系上画出表2-2中的各组数据点，连接各点，即得出供给曲线，如图2-4所示，纵轴表示苹果的价格P，横轴表示苹果的供给量Q。

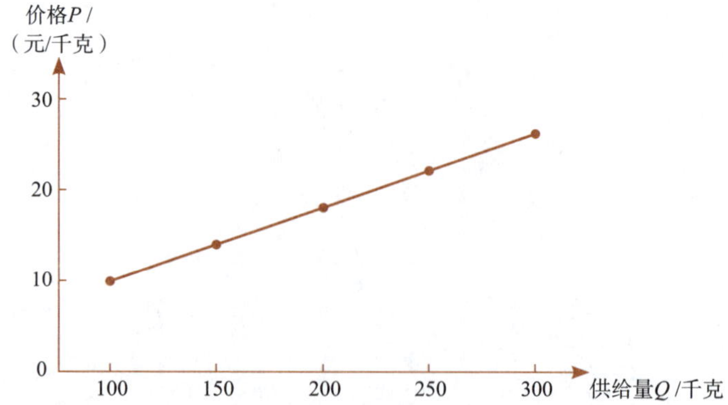

图2-4　某市场苹果的日供给曲线

2.2.2 供给变动的影响因素

一种商品的供给数量是由许多因素共同决定的，概括起来主要有以下几种。

（1）商品自身的价格

一般来说，在其他条件不变的情况下，商品的价格越高，生产者愿意供给的数量就越大；反之，商品的价格越低，生产者愿意供给的数量就越小。

（2）生产技术

在资源既定的条件下，生产技术的提高、新材料、新工艺的运用会使生产厂商现有的资源得到更加充分的利用，使单位商品的成本降低，从而导致供给增加。

（3）生产要素的价格

生产要素价格的变化直接影响产品的生产成本，从而影响供给。在商品价格不变的情况下，生产要素价格下跌，则生产成本下降，利润增加，商品的供给增加；反之，生产成本增加，利润下降，则商品的供给减少。

（4）相关商品的价格

当一种商品本身的价格保持不变，而其他相关商品的价格发生变化时，这种商品的供给也会发生变化。

一种商品的供给与其互补品价格呈同向变化。一般而言，在其他条件不变的情况下，互补品中一种商品的价格上升，厂商的利润提高、供给增加，配套使用的另一种商品的供给会随之增加；反之，则配套使用的另一种商品的供给会减少。例如：新房与装修建材为互补品，受楼市降温影响，房价下跌新房供给减少，与之配套的互补品——装修建材的供给也会随之减少。

一种商品的供给与其替代品价格呈反方向变化。一般而言，在其他条件不变的情况下，替代品中的一种商品价格上升，该商品利润提高，供给增加，替代品中的另一种商品则供给减少；反之，替代品中的另一种商品供给增加。如，作为食用油的原材料，大豆与玉米互为替代品，2008年国产大豆的价格从每吨6 000元下跌至每吨3 000元，由于大豆价格的下跌，农民纷纷放弃种植大豆改种收益相对较高的玉米，导致大豆供给减少，玉米供给增加。

（5）厂商对未来的预期

厂商预期未来某商品的价格上涨，就会增加供给；反之，则会减少供给。

（6）厂商的数量

一个行业进入的厂商越多，供给越大；反之，则供给越小。

（7）政府的政策

政府对行业的政策也会影响供给。扶持性的经济政策，如降低进入壁垒、减免税收、增加财政补贴、低息或无息贷款等都会刺激生产，导致供给增加；而限制性的经济政策，如提高进入壁垒、增加税收、提高贷款利率等，则会抑制生产，减少供给。

除此之外，供给还会受到一些特殊因素的影响，例如：气候、自然灾难、流行瘟疫、战争及市场结构等。

2.2.3 供给定理与特例

（1）供给定理

从供给表和供给曲线可以看出，在其他条件不变的情况下，某种商品的供给量随着商品的价格上升而增加，随着价格降低而减少。我们就把这种**商品的价格与供给量之间的同向变动关系称之为供给定理。**

商品的供给量与价格同方向变动的主要原因：一是某种商品价格上升后，现有的厂商愿意生产和出售更多的这种商品；二是这种商品价格上升后，会吸引新的厂商进入该商品的生产行列，这样就必然会使商品的供给量增加。

值得注意的是，供给定理也是以“其他条件不变”为假设前提。“其他条件不变”是指除了商品本身的价格之外，其他影响供给的因素都不变。也就是说供给定理是在假定影响供给的其他因素不变的前提下，研究商品本身价格与供给量之间的关系，离开这一前提，供给定理无法成立。

（2）供给定理的特例

供给定理是就一般商品而言普遍存在的定理，但它并不适用于所有商品。对于某些特殊的商品，则会存在例外。

①劳动力。劳动力的供给具有特殊性，其供给曲线是一条向后弯曲、形如弯弓的曲线。在劳动力价格即工资较低的情况下，随着工资的上升，劳动力的供给量增加；当工资提高到一定程度时，继续提高工资，劳动者不仅不会增加劳动力的供给量，反而会减少劳动力的供给量，这是因为在高工资条件下，人们更加珍视闲暇。

②不可再生商品。不可再生商品也不遵循供给定理，如：土地、古董、名画等商品，因数量有限且不可再生，其供给量不随价格变动而变动，这类商品的供给曲线是一条垂线。

③投机性商品。股票、黄金等投机性商品受心理、预期影响大，其价格波动时，供给可能出现不规则变化。

知识点滴

供给量的变动与供给的变动

1. 供给量的变动：沿着供给曲线的移动

其他因素保持不变的条件下，仅由商品自身价格变化所导致的商品供给量的变化，被称为供给量的变动。在几何图形中，供给量的变动表现为沿着一条既定的供给曲线的移动。

如图2-5所示，图中有一条既定的供给曲线，随着商品价格上升所引起的供给数量的逐步增加，点A沿着既定的供给曲线逐步移动到点E。显然，供给量的变动是用沿着既定供给曲线“价格—供给量”组合点的移动来表示的。由于这种“价格—供给量”组合点的移动都发生在既定的同一条供给曲线上，故可以认为它并不体现整个供给状态的变化。

2. 供给的变动：供给曲线的移动

在商品自身的价格保持不变时，外在的一些因素也会影响商品市场的供给数量。这些其他因素可以是生产成本的变动、生产技术的变化、相关商品价格的变动、生产者对未来预期的变化等。除商品自身价格以外的其他因素变化所导致的商品供给数量的变化，被称为供给的变动。在几何图形中，供给的变动表现为供给曲线的位置发生移动。

具体来说，在一个商品市场上，如果在任何一个既定的价格水平，其他因素的变动使得商品的供给数量都增加了，则称为供给的增加。供给的增加表现为供给曲线的位置向右移动。相反，如果其他因素的变动使得任何一个既定的价格水平上的供给数量都减少了，则称为供给的减少。供给的减少表现为供给曲线的位置向左移动，如图2-6所示。

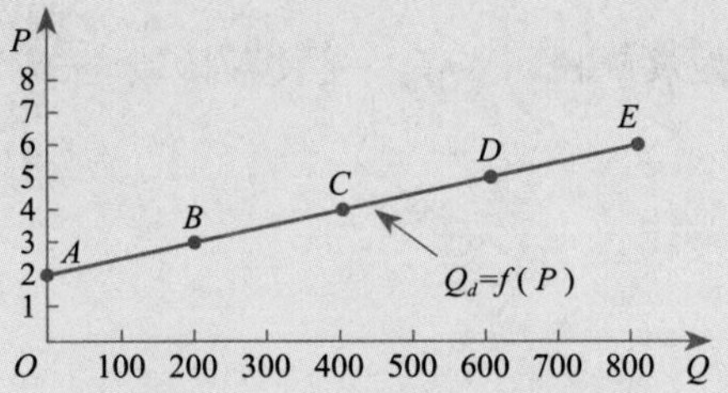

图2-5　供给量的变动

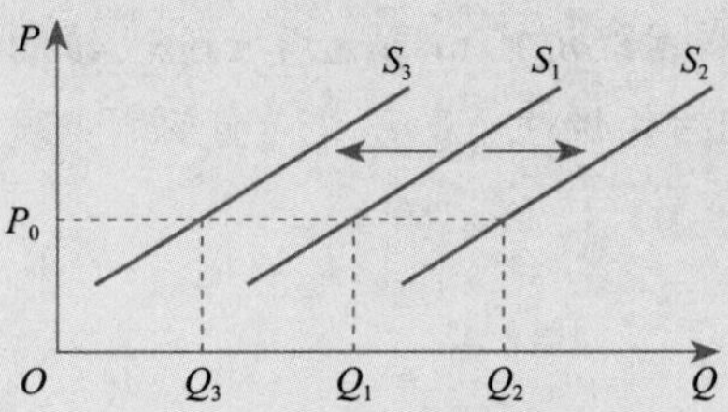

图2-6　供给的变动

思政园地

深化对供给侧结构性改革的认识

推进供给侧结构性改革，是适应和引领经济发展新常态的重大创新，是习近平新时代中国特色社会主义经济思想的重要组成部分。党的二十大报告全面总结了新时代十年的伟大变革，其中很重要的内容就是："我们提出并贯彻新发展理念，着力推进高质量发展，推动构建新发展格局，实施供给侧结构性改革，制定一系列具有全局性意义的区域重大战略，我国经济实力实现历史性跃升"。

近些年来，供给侧结构性改革取得重大进展，为经济持续健康发展打造了新引擎、构建了新支撑。习近平总书记在党的二十大报告中强调"把实施扩大内需战略同深化供给侧结构性改革有机结合起来"。新时代新征程，我们要进一步深化对供给侧结构性改革的认识和理解，用好供给侧结构性改革这一调整经济结构、转变经济发展方式的治本良方，推动经济实现质的有效提升和量的合理增长。

我国经济发展进入新常态，面临“三期叠加”的复杂局面，传统行业产能过剩、高质量产品供给不足等供给侧问题较为突出，供给结构对需求结构的适应性减弱。为提高供给结构对需求结构的适应性，习近平总书记在2015年11月召开的中央财经领导小组第十一次会议上，首次提出供给侧结构性改革，要求“在适度扩大总需求的同时，着力加强供给侧结构性改革，着力提高供给体系质量和效率，增强经济持续增长动力”。此后，“供给侧结构性改革”在“十三五”规划纲要、党的十九大报告、“十四五”规划和2035年远景目标纲要、党的二十大报告中及近些年的中央经济工作会议上被多次提及。

——资料来源：陈彦斌.《深化对供给侧结构性改革的认识》. 光明网，2023-10-11.

启发思考

1. 供给侧结构性改革的理论基础是什么？
2. 我国经济已由高速增长阶段转向高质量发展阶段，在高质量发展阶段全面推进供给侧结构性改革的意义是什么？

任务 2.3　均衡价格的决定与变动分析

在市场经济中，价格是由需求与供给共同决定的。需求量与供给量相等时的价格称为均衡价格，此时对应的数量称为均衡数量。

2.3.1　均衡价格的决定

均衡价格是指需求曲线与供给曲线交点上的价格，此时需求价格等于供给价格，需求数量等于供给数量。如图2-7所示，横轴Q表示数量，纵轴P表示价格，D是需求曲线，S是供给曲线，需求曲线与供给曲线相交于E点，由E点决定的价格P_0就是均衡价格，数量Q_0为均衡数量。

对于均衡价格的理解应注意以下三点。

①均衡价格的含义：均衡价格就是由于需求与供给这两种力量的作用使价格处于一种相对静止、不再变动的状态。

②决定均衡价格的因素是需求与供给。在完全竞争市场，需求与供给这两方面共同决定着商品的价格，这两方面的力量不存在主次之分。因此，需求与供给的变动都会影响均

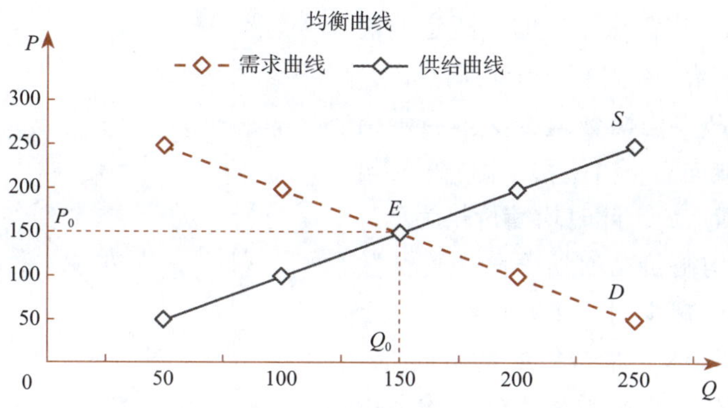

图2-7　均衡价格的决定

衡价格的变动。

③市场机制是一只“无形的手”，不断调整需求与供给，市场上各种商品的均衡价格是最后的结果。

2.3.2　均衡价格的变动

一种商品的均衡价格是由其需求与供给共同决定的，需求与供给任何一方的变动都会引起均衡价格的变动。

（1）需求变动对均衡价格的影响

需求变动是指在商品自身价格不变的条件下，由其他影响因素变化引起的该商品需求数量的变动，其变动结果表现为整条需求曲线的平移。

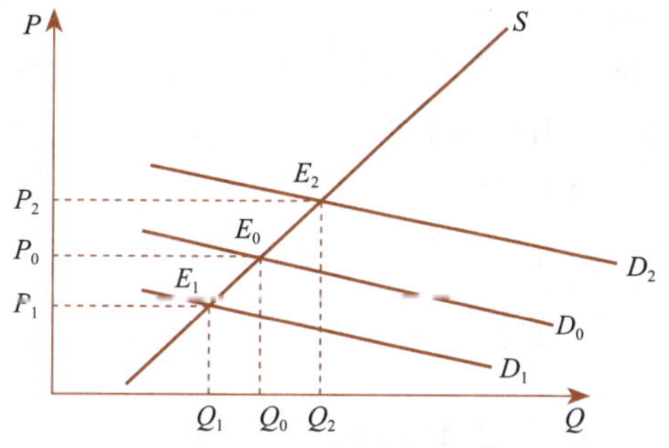

图2-8　需求变动对均衡价格的影响

如图2-8所示，当供给不变时，既定的供给曲线S与初始需求曲线D_0相交于均衡点E_0，此时均衡价格为P_0，均衡数量为Q_0。当需求增加时，需求曲线向右上方平移，由D_0平移至D_2，形成新的均衡点E_2，此时均衡价格为P_2，均衡数量为Q_2，均衡价格和均衡数量都大于原来的水平；当需求减少时，需求曲线向左下方平移，由D_0平移至D_1，形成新的均衡点E_1，此时均衡价格为P_1，均衡数量为Q_1，均衡价格和均衡数量都小于原来的水平。

结论：当供给不变时，需求变动引起均衡价格及均衡数量同向变动。

（2）供给变动对均衡价格的影响

供给变动是指在商品自身价格不变的条件下，由其他影响因素变化引起的该商品供给数量的变动，其变动结果表现为整条供给曲线的平移。

如图2-9所示，当需求不变时，既定的需求曲线D与初始供给曲线S_0相交于均衡点E_0，此时均衡价格为P_0，均衡数量为Q_0。当供给增加时，供给曲线向右下方平移，由S_0平移至S_2，形成新的均衡点E_2，此时均衡价格为P_2，均衡数量为Q_2，均衡价格有所下降，均衡数量则上升；当供给减少时，供给曲线向左上方平移，由S_0平移至S_1，形成新的均衡点E_1，此时均衡价格为P_1，均衡数量为Q_1，均衡价格有所上升，均衡数量则减少。

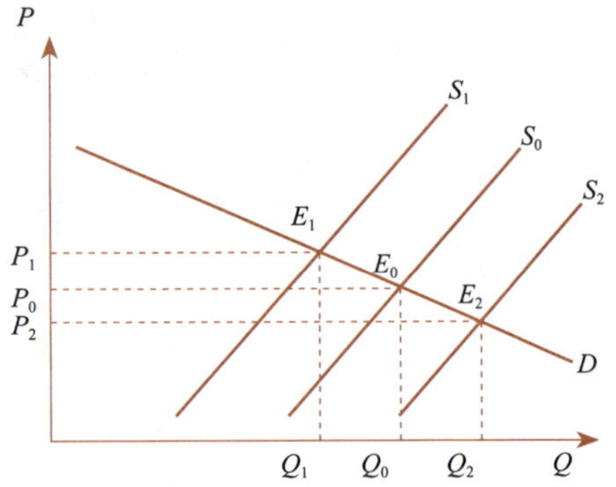

图2-9 供给变动对均衡价格的影响

结论：当需求不变时，供给变动引起均衡价格反向变动，均衡数量则同向变动。

（3）供求同时变动对均衡价格的影响

供求同时变动分为两种情况：其一，供求同向变动，即同增或同减；其二，供求反向变动，即一增一减。

当供求同时增加。供给增加导致均衡价格下降，均衡数量增加；需求增加使得均衡价格上升，均衡数量增加。因此，供求同时增加必然导致均衡数量增加，但均衡价格的变动方向无法确定，这取决于供给与需求增加导致的价格上升或下降的幅度哪个更大。

当供求同时减少。根据上述分析可知，供给减少导致均衡价格上升，均衡数量减少；需求减少使得均衡价格下降，均衡数量减少。因此，供求同时减少将导致均衡数量减少，但均衡价格的变动方向则无法确定。

当供给增加，需求减少。供给增加使得均衡价格下降，均衡数量上升；需求减少使得均衡价格下降，均衡数量减少。因此，当供给增加，需求减少时，均衡价格下降，但均衡数量的变动方向无法确定，它取决于供给增加和需求减少两种情况导致的均衡数量增加或减少的幅度哪个更大。

当需求增加，供给减少。需求增加会导致均衡价格上升，均衡数量增加；供给减少导致均衡价格上升，均衡数量减少。因此，当需求增加，供给减少时，均衡价格上升，均衡数量的变动方向无法确定。

2.3.3 供求定理

由上述需求与供给变动对市场均衡的影响分析，可得出如下结论，即供求定理。

第一，供给不变，需求变动时，均衡价格和均衡数量与需求同方向变动。

第二，需求不变，供给变动时，均衡价格与供给反方向变动，均衡数量与供给同方向变动。

第三，需求与供给同时同方向变动时，均衡数量与供求同方向变动，均衡价格的变动方向无法确定；需求与供给反方向变动时，均衡价格与需求同方向变动，与供给反方向变动，均衡数量变动方向则无法确定。

趣味知识

"蒜你狠"的背后是投机资本

2016年年初，猪肉价格逆势上涨成为"猪坚强"，1月份、2月份和3月份同比上涨分别达到了16.3%、24.1%和32.0%。之后是大葱价格暴涨成为"向钱葱"，春节期间同比上涨了366.67%，到了3月份同比甚至增加了8至9倍；进入4月份，大蒜又成为新的小宗农产品高价风向标，"蒜你狠"口号重出江湖，价格也趁势暴涨了300%左右。

本次"蒜你狠""向钱葱"并不单单是由于大蒜和大葱的种植产能下降，或者说韩国大蒜减产、种植区面积减少所造成的，而是有投机资本在其中反调控、囤积居奇以做大价格波动。

据新闻报道，在大葱、大蒜的主要产区，有部分手握重金的投机商在充分计算好农产品的种植周期，选择小宗农产品作为标的，以期货或者包地形式大肆囤货，并定时控制供给，在测算出供不应求之际，同时在各个平台散播主产区绝产消息，人为炒作，通过小规模的自买自卖抬高小宗农产品价格并制造价格大幅上涨的预期，从而达到短时期攫取暴利的目的。

其实"囤积居奇"古已有之，古今中外，概莫能外，但如何破解就是目前政府应该思考的问题。

破解的方法还是要从供需关系的源头来寻找。首先要了解为什么是"蒜你狠""向钱葱"？因为大葱、大蒜属于小宗农产品，在纯粹竞争市场中，交易总量不大，因此对投机的资金需求较少，投机商仅需投资千万元，而回报却能达到上亿元。另外，大葱、大蒜等的种植周期容易把控。因此政府的破解方法也应该从供应端下手。

在供应端有四个导致供应紧张的问题，一是种植面积的确少了，二是潜在可能的歉收，三是产量被投机商联合控制，四是人为炒作供应紧张。

信息化可以部分解决种植面积过分减少问题和人为炒作供应紧张的问题，特别是由销售体系构建的拉动式联盟可以从根本上解决种植面积的突然变动问题；而寻求外部供给或者增加备选供应商即在其他国家扶植补充供给，可解决潜在可能的歉收问题；产量被投机商联合控制问题则可以通过两个层面去解决，一个层面是通过权力体制来制定政策惩罚联合控制产量以达到操纵市场价格的目的，另一个层面则是市场的问题由市场来解决，通过专业的库存储备来拉长小宗农产品的供应淡旺季转换，打压投机商的囤积居奇，尤其是炒作出来的供应不足，只要有一定的储备来冲击囤积居奇，暴涨的时间就会加速缩短，甚至可能让投机商偷鸡不成蚀把米。

另外要看到，小宗农产品的人为炒作事实上还是流动资本在后面起作用。因此，如果让庞大的流动资金不再盯上普罗大众的饭碗菜盘，还是要解决投资回报的出口。目前实体经济下滑，投资无法在实体经济方面落地，而股市也在震荡徘徊中，同时个人资金出海困难，必然导致大量现金在有限的投资空间左冲右突、闪展腾挪。所以，如何能尽快做好产业结构性调整、完成供给侧结构性改革，走出实体经济下滑困境、顺利走上中高速发展的新常态，给现有的庞大流动资金以投资出口，才能从源头上根本解决“蒜你狠”“向钱葱”等现象的出现。

——资料来源：“蒜你狠”的背后是投机资本，2016年4月19日. http://www.jjckb.cn/2016-04/19/c_135291226.htm.

启发思考

1. 供求关系的变动如何影响市场价格？
2. 如何最大限度避免“蒜你狠”“向钱葱”等此类现象的出现？

任务 2.4　弹性及其应用

需求定理、供给定理及均衡价格从定性角度解释了商品的需求量、供给量会随着影响它们的各种因素变动而变动，弹性理论将进一步从量的角度说明需求量、供给量与影响因素之间的变动关系。

2.4.1　弹性及其计算

弹性是一个物理学名词，是指物体对外部力量的反应程度。在经济学中，弹性是指当经济变量之间存在函数关系时，因变量对自变量变化的反应程度，其大小用弹性系数E来表示，公式为：

$$E=\frac{\text{因变量变动的百分比}}{\text{自变量变动的百分比}} \tag{2-1}$$

其含义是：自变量每变动一个百分点，因变量会变动几个百分点。

2.4.2　弹性的主要类型

弹性有很多类型，一般分为需求弹性和供给价格弹性。需求弹性又可分为需求价格弹性、需求收入弹性和需求交叉弹性等。

（1）需求价格弹性

①需求价格弹性的含义。需求价格弹性是指价格变动的百分比所引起的需求量变动的百分比，它反映的是商品需求量变动对其价格变动反应的敏感程度，其大小是商品需求量变动的百分比与价格变动的百分比的比值，基本计算公式为：

$$E_d=\frac{需求量变动的百分比}{价格变动的百分比}=-\frac{\Delta Q_d/Q_d}{\Delta P/P}=-\frac{\Delta Q_d}{\Delta P}\times\frac{P}{Q_d} \qquad (2\text{-}2)$$

以E_d表示需求价格弹性，Q_d表示需求量，ΔQ_d表示需求变动量，P表示价格，ΔP表示价格变动量，$\frac{\Delta Q_d}{Q}$表示需求量变动的百分比，$\frac{\Delta P}{P}$表示价格变动的百分比。

由于价格与需求量的变化方向是相反的，为方便分析，公式中加一个负号使E_d值为正。例如：某商品的价格下降了10%，消费者的需求量增加了20%，则可以计算出该商品的需求价格弹性系数为：

$$E_d=-\frac{\Delta Q_d/Q_d}{\Delta P/P}=-\frac{20\%}{-10\%}=2$$

即当价格变化一个单位时，需求量会发生2个单位的变化。

知识点滴

点弹性与弧弹性

在计算弹性的时候，要区分点弹性与弧弹性。

1. 点弹性

点弹性是需求曲线上某一点的弹性，也就是价格变动无限小时所引起的需求量变动的反应程度，其计算公式为：

$$E_d=-\lim_{\Delta p\to 0}\frac{\Delta Q_d}{\Delta P}\times\frac{P}{Q_d}=-\frac{\mathrm{d}Q_d}{\mathrm{d}P}\times\frac{P}{Q_d} \qquad (2\text{-}3)$$

点弹性是当两点无限接近时弧弹性的极限。根据点弹性公式，同一种商品在不同价格水平下其价格弹性是不同的。同一种商品，一般情况下其价格越高时需求价格弹性越大，价格越低时需求价格弹性越小。

例：某种商品的需求函数为：$Q_d=f(P)=15-3P$，需求价格分别为1元，3元时的点弹性。

解：根据点弹性公式：

$$E_d=-\lim_{\Delta p\to 0}\frac{\Delta Q_d}{\Delta P}\times\frac{P}{Q_d}=-\frac{\mathrm{d}Q_d}{\mathrm{d}P}\times\frac{P}{Q_d}=-(-3)\frac{P}{Q_d}=3\times\frac{P}{15-3P}$$

将P=1和P=3分别代入上式，解得：当P=1时，E_d=0.25；当P=3时，E_d=1.5

2. 弧弹性

点弹性的计算适用于价格和需求量变化极其微小的情况，当商品价格与需求量的变化都比较大，就要计算需求曲线上两点之间一段弧的弹性，即弧弹性。

弧弹性是需求曲线上两点之间弧的弹性，表示某商品需求曲线上两点之间需求量的相对变动对价格相对变动的反应程度，其计算公式为：

$$E_d=-\frac{\Delta Q}{\Delta P}\cdot\frac{\frac{P_1+P_2}{2}}{\frac{Q_1+Q_2}{2}}=-\frac{Q_2-Q_1}{P_2-P_1}\times\frac{P_1+P_2}{Q_1+Q_2} \qquad (2-4)$$

为消除因价格变动方向不同所产生的影响，价格P与需求量Q通常取变动前后的平均值，称为中点法。

例：某种商品的需求函数为：$Q_d=f(P)=120-20P$，当价格$P=5$时，$Q_d=20$。如果该商品的价格下降到$P=4$时，则需求量上升到$Q_d=40$，需求从（20，5）到（40，4）的弧弹性。

解：根据弧弹性计算公式：$E_d=-\frac{Q_2-Q_1}{P_2-P_1}\times\frac{P_1+P_2}{Q_1+Q_2}=-\frac{40-20}{4-5}\times\frac{5+4}{20+40}=3$

②**需求价格弹性的类型**。根据需求价格弹性绝对值的大小，可以将需求价格弹性分为以下五种类型。在现实生活中，需求的单位弹性、完全弹性和完全无弹性较为少见，大多数商品的需求弹性表现为缺乏弹性或富有弹性。

表2-3 需求价格弹性的类型

类型	含义	E_d的数值	图形	实例
完全无弹性	无论价格如何变动，需求量都不变	$E_d=0$	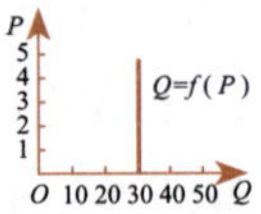	自来水、胰岛素等
缺乏弹性	需求量变动幅度小于价格变动幅度	$0<E_d<1$	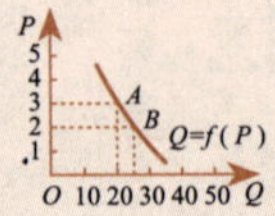	大米、面粉、盐、普通衣服等生活必需品
单位弹性	需求量变动幅度等于价格变动的幅度	$E_d=1$	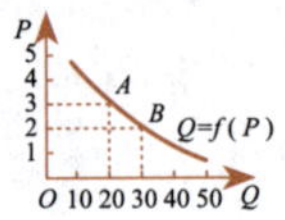	少数家具类产品等

续表

类型	含义	E_d 的数值	图形	实例
富有弹性	需求量变动幅度大于价格变动幅度	$1 < E_d < \infty$	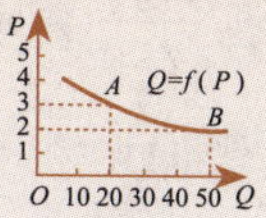	旅游、贵重首饰、奢侈品等
完全弹性	当价格即定时，需求量无限大	$E_d = \infty$	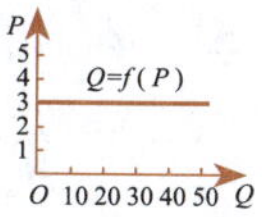	货币等

③影响需求价格弹性的因素。不同商品的需求价格弹性不同，影响需求价格弹性的因素很多，主要有以下几个方面。

消费者对某种商品的需求程度。一般而言，消费者对商品的需求依赖程度越高，需求价格弹性就越小，反之则越大。如食品、普通衣物、日常用品等都是消费者的生活必需品，即使价格变动很大，需求仍不会有大幅度变动，其需求价格弹性小，缺乏弹性；而奢侈品、贵重珠宝等在生活中非必需，则其需求价格弹性大，富有弹性，当高档衣物打折时，需求量会大幅增加。

商品的可替代程度。一种商品的替代品越多，可替代程度越高，其需求价格弹性大，富有弹性；反之，一种商品的替代品少，可替代程度低，则其需求弹性小，缺乏弹性。如石油等能源类产品几乎没有替代品，其需求相对缺乏弹性；而饮料等商品有大量替代品，其需求相对富有弹性。

商品在消费者消费支出中所占的比重。一种商品的消费支出占消费者总支出的比例越大，价格变动对需求的影响越大，其需求价格弹性越大，如汽车等；反之，商品的消费支出占消费者总支出的比例越小，价格对需求的影响也越小，其需求价格弹性越小，如食盐等，这类商品的消费支出占消费者总支出的比重很小，即使价格有较大变动，对消费总支出的影响也微乎其微，所以对人们的影响较小，商品的需求价格弹性小，缺乏弹性。

商品本身用途的广泛性。一般来说，商品的用途广泛，需求弹性就大，因为价格上升会有多种途径导致对它的需求减少；而用途单一的产品，则需求弹性小。

一种商品的需求弹性有多大，是由上述因素综合决定的，且某种商品的需求弹性也因时期、地区、价格、收入水平、消费者的不同而不同。

（2）需求收入弹性

价格是影响需求量最重要的因素，除了价格因素之外，人们对商品的需求和其收入水平也有很大关系。

①需求收入弹性的定义。需求收入弹性表示在一定时期内消费者的某种商品需求量对其收入变动的反应程度。

一般用需求收入弹性的弹性系数表示弹性的大小，是需求量变动的百分比与收入变动的百分比的比率，用公式表示为：

$$E_I=\frac{\text{需求量变动的百分比}}{\text{收入变动的百分比}}=\frac{\Delta Q_d/Q_d}{\Delta I/I}=\frac{\Delta Q_d}{\Delta I}\times\frac{I}{Q_d} \tag{2-5}$$

E_I表示需求收入弹性，$\frac{\Delta Q_d}{Q_d}$表示需求量变动的百分比，$\frac{\Delta I}{I}$表示收入变动的百分比。

例如：某消费者收入增加10%，对某商品的需求量增加15%，则E_I=1.5，这表明该消费者收入增长1%时对该商品的需求量增加1.5%。

②需求收入弹性的类型。在其他条件不变的情况下，消费者对各种商品的需求量随着收入的变动而发生变化，不同商品的需求量变动情况不尽相同。一般而言，需求收入弹性可分为五种类型。

a．E_I=0，即需求收入无弹性。在这种情况下，无论收入如何变动，需求量都不会发生变动。

b．E_I>0，即需求收入富有弹性。在这种情况下，需求量变动的百分比大于收入变动的百分比。

c．0<E_I<1，即需求收入缺乏弹性。在这种情况下，需求量变动的百分比小于收入变动的百分比。

d．E_I=1，需求收入单位弹性。在这种情况下，需求量变动与收入变动百分比相同。

e．E_I<0，需求收入负弹性。在这种情况下，需求量变动与收入变动呈反方向。也就是说当收入增加时，对商品的需求量反而减少。

不同商品的需求收入弹性不同，根据需求收入弹性的数值，可将商品分为正常品和低档品。正常品的需求收入弹性为正值，这类商品的需求量随着消费者收入的增加而增加。其中，需求收入弹性为0<E_I<1的商品称为生活必需品，如粮食、蔬菜、日常用品等；E_I>1的商品称为奢侈品，如珠宝、豪华汽车等。低档品需求收入弹性为负值，这类商品的需求量随着收入的增加而减少，如一些消费层次较低的商品：地摊百货。

（3）需求交叉弹性

需求交叉弹性表示在一定时期内一种商品的需求量对其相关商品价格变动的反应程度，是一种商品的需求量变动的百分比与其相关商品价格变动的百分比之比。

用E_{xy}表示需求交叉弹性。互补品之间，一种商品的需求量与其互补品的价格呈**反方向变动**，故互补商品的E_{xy}<0，$|E_{xy}|$越大，商品的互补性越强；替代品之间，一种商品的需求量与其替代品的价格呈**同方向变动**，故替代商品的E_{xy}>0，E_{xy}越大，商品的替代性越强；E_{xy}=0，表明商品属于独立品，两者之间没有关系。

现实中，厂商可以将需求交叉弹性较大的若干种商品集中在一起生产经营，以充分利用资源，获得长期稳定收益；也可利用需求交叉弹性测定行业之间的产品交叉关系，以制定正确的竞争策略。

（4）供给价格弹性

供给价格弹性是指在一定时期内一种商品的供给量对其价格变动的反应程度，是商品供给量变动的百分比与价格变动的百分比之比。供给价格弹性的大小可以用供给价格弹性系数大小表示，供给价格弹性系数是供给量变动的百分比与价格变动百分比的比值，用公式表示：

$$E_s=\frac{\text{供给量变动的百分比}}{\text{价格变动的百分比}}=\frac{\Delta Q_s/Q_s}{\Delta P/P}=\frac{\Delta Q_s}{\Delta P}\times\frac{P}{Q_s} \qquad (2\text{-}6)$$

E_s表示供给价格弹性，$\frac{\Delta Q_s}{Q_s}$表示供给量变动的百分比，$\frac{\Delta P}{P}$表示价格变动的百分比。

一般情况下，商品的供给量与价格呈同向变动，因此E_s为正值。与需求价格弹性一样，供给价格弹性也可分为五种类型。

表2-4　　供给价格弹性类型

类型	含义	E_s的数值	图形	实例
完全无弹性	无论价格如何变动，供给量都不变	E_s=0	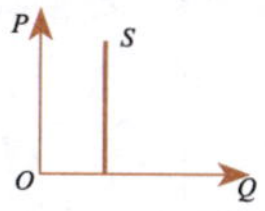	土地、古董等
缺乏弹性	供给量变动幅度小于价格变动幅度	$0<E_s<1$	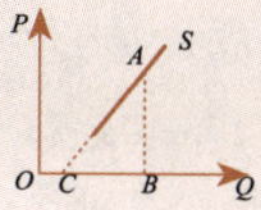	航天等资本技术密集型产品及农产品
单位弹性	供给量变动幅度等于价格变动的幅度	E_s=1	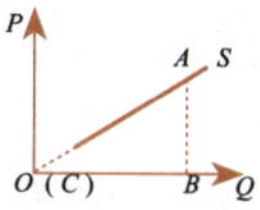	少数机械类产品等
富有弹性	供给量变动幅度大于价格变动幅度	$1<E_s<\infty$	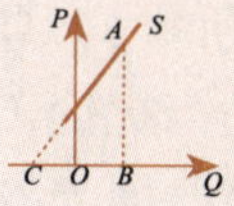	餐饮服务等劳动密集型产品等
完全弹性	当价格即定时，供给量无限大。	$E_s=\infty$	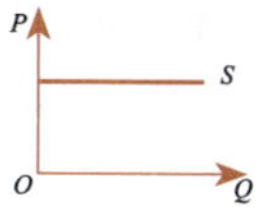	劳动力过剩地区的劳动力供给

2.4.3　弹性的应用

弹性理论在经济生活中的应用非常广泛，政府的政策、企业销售策略、个人消费决策等都可以运用弹性理论来分析。

需求价格弹性与总收益

总收益（Total Revenue，*TR*），也称为总收入或销售收入，是厂商出售一定数量的商品所得到的全部收入。其计算公式为：

$$TR=P\cdot Q \qquad (2\text{-}7)$$

式中，P为价格，Q为与需求量一致的销售量。

当价格上涨时，总收益一定会增加吗？

下面，我们分别以富有弹性的商品和缺乏弹性的商品为例进行计算分析。

①富有弹性商品的价格变动与总收益之间的关系。

例：假设空调的需求价格弹性为2，已知其价格为2 000元时，需求量为500台，如果空调降价10%，总收入将如何变动？

解：降价前：$TR_1=P_1 \cdot Q_1=2\,000 \times 500=1\,000\,000$（元）

降价后：$P_2=2\,000 \times$（1−10%）=1 800（元）

需求量变动率=$-E_d \cdot$ 价格变动率=−2 ×（−10%）=20%

$TR_2=P_2 \cdot Q_2=1\,800 \times 500 \times$（1+20%）=1 080 000（元）

计算结果表明，当空调价格下降10%，总收入将增加80 000元。

结论：需求富有弹性的商品，其总收入与价格呈反方向变动，即价格下降，总收益增加。这类商品，厂商可以实行“薄利多销”的策略，适当降价以扩大销售量，实现总收益增加。

②缺乏弹性商品的价格变动与总收益之间的关系。

例：假设大米的弹性系数为0.2，当大米的价格为5元/千克时，销售量为5 000千克，现在大米降价10%，总收入如何变动？

解：降价前：$TR_1=P_1 \cdot Q_1=5 \times 5\,000=25\,000$（元）

降价后：$P_2=5 \times$（1−10%）=4.5（元）

需求量变动率=$-E_d \cdot$ 价格变动率=−0.2 ×（−10%）=2%

$TR_2=P_2 \cdot Q_2=4.5 \times 5\,000 \times$（1+2%）=22 950（元）

计算结果表明，当大米价格下降10%，总收入将减少2 050元。

结论：需求缺乏弹性的商品，其总收入与价格呈同方向变动，则价格下降，总收益减少。这类商品，可以通过适当提价实现总收入增加。

俗话说“谷贱伤农”就是因为谷物属于生活必需品，缺乏弹性。丰收造成价格下跌，但需求变动不大，销售量上升不多，从而总收入减少，影响农民生产的积极性。政府应对农产品实施支持价格，确保农民收入，保护农民生产积极性。

经济观察

需求价格弹性及其应用

在生活中，我们经常碰到一些有意思的经济现象。比如丰收的年景，农产品产量增加，市场价格下降，农民总的收入有所下降，利益受到一定损失。但有时候家电、手机厂商打价格战，比如在“双十一”“6·18”等促销活动中，采取降价策略，厂商的营收不降反升，利益有所增加。为什么都是降价，有些生产者遭受损失，有些却能从中获益？

需求价格弹性及其应用

到底什么是需求弹性？它跟这些现象之间又有什么关系呢？同学们可以通过扫描二维码观看视频，解答你的疑惑。

趣味知识

谁支付了奢侈品税——弹性理论与政府税收分析

在1990年，美国国会通过了一项针对游艇、私人飞机、皮衣、珠宝和豪华轿车这类物品的新的奢侈品税。该税的目的是增加那些能轻而易举地承担税收负担的人的税收。由于只有富人能买得起这类奢侈品，因此，对奢侈品征税看来是向富人征税的一种合理方式。

但是，当供给与需求的力量发挥作用后，结果与国会所期望的非常不同。例如，考虑一下游艇市场。游艇的需求是极其富有弹性的。一个百万富翁很容易不买游艇，他可以用钱去买更大的房子，去欧洲度假，或者留给继承人一笔更大的遗产。与此相比，游艇的供给是较为缺乏弹性的，至少在短期中是如此。游艇工厂不能轻而易举地转向其他用途，而且，建造游艇的工人也不愿意由于市场状况改变而改行。

在这种情况下，通过我们的分析可以做出一个明确的预测。由于游艇市场的需求富有弹性而供给缺乏弹性，因此税收负担将主要落在供给者身上。这就是说，对游艇征税的负担主要落在了建造游艇的企业和工人身上，因为最后是他们的产品价格大幅度下降了。但是，工人并不是富人。因此这一奢侈品税的税收负担更多地落在了中产阶级身上，而不是富人身上。在该奢侈品税付诸实施之后，关于其税收归宿的错误假设很快就显现出来。奢侈品供给者使他们的国会议员代表意识到了他们所面临的经济困境，于是国会在1993年废除了大部分奢侈品税。

——资料来源：N. 格里高利·曼昆. 经济学原理[M]. 8版. 梁小民，梁砾，译. 北京：北京大学出版社，2020.

小结

市场经济是通过市场手段配置社会资源的形式。在市场经济中，需求与供给是决定市场价格的两大力量。

需求是指在一定时期内，在既定的价格水平下，消费者愿意并且能够购买的商品或劳务的数量。影响需求的因素除了商品本身的价格外，还包括其他相关商品的价格、收入水平、消费者的偏好、预期等。需求定理指出了在其他条件不变的情况下，商品自身的价格与需求量之间呈现反向变动的关系。

供给是指在一定时期内，在既定的价格水平下，厂商愿意并且能够提供的商品或劳务的数量。影响供给的因素除了商品本身的价格外，还包括其他相关商品的价格、厂商的技术水平、政府的经济政策等。供给定理则表明了在其他条件不变的情况下，商品自身的价格与供给量之间呈现正向变动的关系。

需求曲线和供给曲线相交决定了市场均衡，它是商品的需求与供给相等时的状态，是市场上供求双方在竞争过程中自发形成的。当市场价格高于均衡价格时，存在超额供给，引起市场价格下降；当市场价格低于均衡价格时，存在超额需求，引起市场价格上升。

需求价格弹性是研究需求量对价格变动的反应程度，根据弹性系数绝对值的大小可分为单位弹性、缺乏弹性、富有弹性、完全无弹性和完全弹性。

供给价格弹性是研究供给量与价格变动的反应程度，根据弹性系数的大小，同样可以分为五种类型。

利用弹性理论，企业可以根据商品的弹性大小采用合适的销售策略，消费者也可以根据弹性理论做出消费决策。

练习与实训

一、选择题

1. 经济学上的需求是指人们的（　　）。

A. 购买欲望　　B. 购买能力

C. 购买欲望与购买能力的统一　　D. 根据其购买欲望所决定的购买量

2. 在其他条件不变的情况下，当汽油价格上涨时，对汽车的需求将（　　）。

A. 减少　　B. 增加　　C. 不变　　D. 无法确定

3. 消费者预期某种商品的价格将会下跌，则对该商品现期的需求（　　）。

A. 减少　　B. 增加　　C. 不变　　D. 无法确定

4. 需求曲线是一条向右下方倾斜的曲线，表示当一种商品价格上涨时，需求量（　　）。

A. 增加　　B. 减少　　C. 不变　　D. 无法确定

5. 某种商品的价格变动10%，需求量变动20%，则它的弹性系数为（　　）。

A. 10%　　B. 20%　　C. 0.2　　D. 2

6. 某种商品的价格变动10%，需求量变动20%，则该商品的需求（　　）。

A. 富有弹性　　B. 缺乏弹性　　C. 单位弹性　　D. 完全无弹性

7. 均衡价格随着（　　）。

A. 需求与供给的增加而上升　　B. 需求与供给的减少而下降

C. 需求的增加和供给的减少而上升　　D. 需求的减少和供给的增加而上升

8. 政府为扶持农业，要维持最低限价，就必须（　　）。

A. 实行农产品的配给制　　B. 放开农产品的市场价格

C. 收购过剩的农产品　　D. 增加对农产品的税收

9. 如果市场价格高于均衡价格，则存在（　　）。

A. 过度需求　　B. 过度供给　　C. 黑市交易　　D. 上述答案都正确

10. 某商品的需求价格弹性为0.26，在其他因素不变的条件下，其价格下跌10%，生产者的总收益将（　　）。

A. 增加　　B. 减少　　C. 不变　　D. 无法判断

11. 假设用于生产鞋的皮革价格上涨，结果鞋的供给（　　），供给曲线向（　　）平移。

A. 增加，右　　B. 增加，左　　C. 减少，右　　D. 减少，左

12. 某种商品的需求是缺乏弹性的，在其他条件不变的情况下，卖者想要获得更多的利益，应该（　　）。

A. 适当降低价格　　B. 适当提高价格　　C. 维持价格不变　　D. 增加产品生产

13. 以下哪种商品不满足需求定理？（　　）。

A. 家用电器　　B. 古董字画　　C. 股票　　D. 奢侈品

14. 在市场经济中，当猪肉的供给量小于需求量时，解决供求矛盾最有效的办法是（　　）。

A. 宣传吃猪肉会导致胆固醇升高　　B. 实行定量供给

C. 政府投放储备猪肉　　D. 实行价格控制

15. 在供给和需求同时增加的情况下，（　　）。

A. 均衡数量和均衡价格都上涨　　B. 均衡价格上升，均衡数量不确定

C. 均衡价格不确定，均衡数量上升　　D. 均衡价格上升，均衡数量下降

二、实训实践

1.《汉书·货殖传》里写道：“贪贾有三，廉贾五之”。大意是：贪心的商人牟取暴利，反得利少，只能十得其三；廉正的商人薄利多销，反而得利多，可以十得其五。古人的经验总结，对今天的经济工作者、工商企业家同样具有启迪意义。

请运用需求价格弹性理论，通过市场调研分析哪些商品适合采用“薄利多销”的手段促销。

2. 供给侧结构性改革就是从生产领域加强优质供给，减少无效供给，使供给体系更好适应需求结构变化。在过去几年里，我国在供给侧结构性改革方面已经取得一些显著成就，请深入生活，搜集供给侧结构性改革方面成功的案例并分析其成功的原因。

项目3

消费者行为

学习目标

知识目标

掌握边际效用、无差异曲线、边际替代率、恩格尔系数等基本概念；掌握消费者均衡及其条件；掌握边际效用递减规律及恩格尔定律；了解消费政策。

能力目标

能运用效用递减规律、边际替代率对生活现象进行解释；能运用消费者行为理论及恩格尔定律解释和分析现实经济问题。

素质目标

树立理性消费意识，形成正确的财富观；理解消费者行为，形成对消费新变化和新需求的敏感意识。

思维导图

- 项目3 消费者行为
  - 任务3.1 基数效用
    - 基数效用及其衡量
    - 边际效用递减规律
    - 基数效用下的消费者均衡
  - 任务3.2 序数效用
    - 偏好及无差异曲线
    - 边际替代率递减规律
    - 序数效用下的消费者均衡
  - 任务3.3 消费者行为理论的运用
    - 风险偏好
    - 生活成本指数
    - 消费价格指数
    - 恩格尔定律
    - 消费者权益保护

开篇案例

硬核科技引领国产手机崛起

我国手机市场一向竞争激烈，高端市场很长一段时间被苹果手机占领。但数据显示，近年来苹果在我国手机市场的势力正逐渐衰退，iPhone15系列在我国手机市场的份额仅为14.2%，下滑超过10%，取而代之的是华为、小米等国产品牌。

2023年10月，小米发布澎湃OS，这是全球首创的“人车家全生态”操作系统，它的出现标志着中国科技领域的一次重大突破。小米澎湃OS以实现未来万物互联的公有底座为目标，成为新基建的重要组成部分，为未来的科技生活奠定了坚实的基础，具有开创性和划时代的意义。小米澎湃OS的发布不仅代表着小米在技术领域的突破，更展示了中国科技企业在全球的竞争力，它的出现让世界更加了解中国的新质生产力，彰显了中国在科技创新方面的强大实力。小米澎湃OS的推出为小米带来了巨大的市场成功。首批搭载小米澎湃OS的小米14系列手机销量屡屡突破纪录，仅在京东的首销量就超过了iPhone15Pro，这显示出国内消费者对于新型操作系统的渴望和认可，以及对国产手机的支持和信心。

小米澎湃OS的推出代表着我国手机市场朝着更高水平的发展迈进，也展示了国产手机在科技创新、自主研发方面的努力，同时标志着我国手机市场的变革。小米14系列手机的成功与苹果的衰退形成了巨大的反差，国产手机不仅在硬件方面有着高水平的竞争力，在软件和生态系统的构建上也具备独特优势，其不断推出的创新产品和技术，为用户提供更好的体验和服务。

作为新质生产力的推动者，国产手机将继续发挥引领作用，推动中国经济进一步向高质量发展。

——资料来源：作者根据相关资料编写。

启发思考

1. 从经济学的角度来看，小米等企业为何要坚持创新，不断推出新产品？这其中是否蕴含了什么经济学原理？
2. 消费者在消费新型号的手机等产品或服务时，获得了哪些满足，这些满足能否进行衡量？

消费者是具有独立经济收入来源，能做出统一消费决策的单位。消费者可以是个人也可以是由若干人组成的家庭，其目标是在既定的收入条件下追求效用最大化。**效用是指消费者从消费某种商品或服务中所获得的满足程度。**效用是消费者的一种主观心理感受和评价，没有统一标准，效用因人而异、因时因地而异。效用可大可小，可正可负。

消费者行为理论研究的是效用最大化的问题。效用如何表示呢？经济学家先后提出用数值表示和用序数度量两种观点，由此形成消费者行为的两种理论：基数效用论和序数效用论。

任务 3.1　基数效用

基数效用论认为效用的大小是可以测量的，可以用基数（即1、2、3……）来表示人们对某种事物满足程度的大小。

3.1.1　基数效用及其衡量

基数效用论用总效用（Total Utility，TU）和边际效用（Marginal Utility，MU）来表示。

（1）总效用

总效用是指消费者在一定时期内，从一定数量商品的消费中所获得的效用量总和。假设消费者的总消费量为Q，则总效用函数可表达为：

$$TU = f(Q) \tag{3-1}$$

（2）边际效用

边际效用是指消费者在一定时期内每增加一单位商品的消费所得到的效用增量。假设ΔQ为商品消费量的增量，ΔTU为总效用的增量，则边际效用函数可以表达为：

$$MU = \frac{\Delta TU}{\Delta Q} \tag{3-2}$$

（3）总效用与边际效用的关系

表3-1是根据某消费者在口渴的情况下喝水时所获得的主观满足程度，给出了他喝水所获得的假定效用值。

表3-1　　总效用和边际效用表

商品消费数量 Q	总效用	边际效用	客观状态
0	0	0	口渴状态
1	12	12	口渴状态
2	18	6	口渴状态减轻
3	21	3	口渴状态进一步减轻

续表

商品消费数量 Q	总效用	边际效用	客观状态
4	22	1	接近喝够了
5	22	0	喝够了
6	20	-2	喝撑了

在平面坐标系中画出表3-1的各组数据点，连接各点，即可得出总效用和边际效用曲线，如图3-1所示。

从表3-1和图3-1可以看出，随着商品消费数量的增加，总效用不断增加，达到最大值，之后反而下降；而边际效用则呈现出递减趋势。总效用与边际效用之间的关系是：当$MU>0$时，TU上升；当$MU=0$时，TU达到最大值；当$MU<0$时，TU下降。

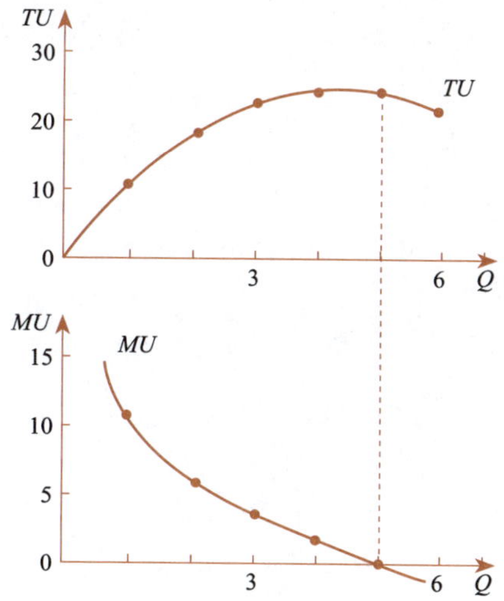

图3-1 总效用、边际效用曲线

3.1.2 边际效用递减规律

边际效用递减规律是指在一定时期内，在其他商品消费数量不变的情况下，随着消费者对某种商品消费量的增加，消费者从该商品连续增加的每一消费单位中所得到的效用增量即边际效用是递减的。

利用边际效用递减规律，我们可以解释生活中的很多现象。如我们吃的食品越来越丰富，但今天的山珍海味却吃不出当年物质匮乏时期一个大馒头的满足感。这就是边际效用递减规律导致的。

边际效用呈现递减规律的原因主要有两个。

第一，消费者的生理或心理。消费者的消费行为是对其生理和心理的刺激过程，效用就是对这种刺激过程的心理感受。当消费者开始消费某种商品时，由于好奇等心理作用，最初获得的刺激比较大，得到的满足程度高；随着对同一商品的消费量不断增加，同一刺激不断重复，所做出的反应也逐渐减少，所得到的效用也相应减少。

边际效用
递减规律

第二，商品用途的多样性。当一种商品同时具有多种用途，且不同用途的重要性不同时，消费者总是赋予第一个单位的商品以最重要的用途，此时边际效用最大；赋予第二个单位的商品以次要的用途，由于商品用途的重要性递减，消费者获得的边际效用也相应递减。

知识拓展

为什么经济学家要学点社会心理学?

经济学家之所以要学点社会心理学，最根本的原因在于很多经济现象的实质是心理现象。经济学家在解释自己的理论时提出了很多基本概念，这些概念在经济学的理论建构中已经成为经济学的重要组成部分。而心理学家则认为，这些概念如价值、选择、产权、机会成本和贸易等，都包含了人类的行为及心理成分。很多经济学的课题应该成为心理学的课题，实际上有的甚至已经成为心理学的课题。

例如，谈判是一个经济行为，但它也是一个心理学的变量。在市场经济之前没有谈判这个概念，但是现在的日常生活中人们需要谈判的事情会经常遇到，它的形式、方式和效果实际上已经变成人类心理活动的一个方面。所以，购物中的讨价还价，学习中的付出（时间、精力）与回报（知识），这些都是一种利弊的权衡。有研究发现，经济学对人的心理影响很大，掌握了经济理论的人，其价值观、态度、行为方式都有其独特的心理特点。

以价值和效用为例。经济学在预测效用时强调曲线关系，它的价值方程是一个抛物线，横坐标是资源，纵坐标是效用。资源与效用是正比例关系，增加一定的资源，效用也会相应地发生变化。但如果同一资源超过一定的数量，那么随后产生的效用会逐渐降低，这就是边际效用递减。

其实这一现象最早是由心理学家费希纳等人发现的。它也可以用英国著名经济学家萨顿（Sutton）提出的边界分析法来体现。边界分析法表达了价值效用与资源的正比例关系，但预测增减时是等同的，只是方向不同。但是，心理学家认为价值方程非常复杂，不仅仅是一个简单的对应关系。如果你得到某物，它的价值与效用的关系就与经济学家的预测相同，成正比例关系；倘若失去某物，则与经济学家的预测相反，而是与心理学的预测相同，成反比例关系，心理感受更强更深，价值更大。例如，一个人丢失10元钱与得到10元钱，其心理量是不相等的。

有代表性的一个心理学现象是心理账户（mental accounting）问题。经济学家预测，人在计算经济利益最大化时，价值的增长变化完全是数学性的。例如，某商场80元一条裤子，外加坐10元的车；另一家商场90元一条裤子。从理论上来看，成本费用是一样的。但人们通常愿意花10元车费去买80元的裤子，而不愿意买90元的裤子。这是因为人的账户是分类计算的。一个账户是专门用于交通的，而买服装的开销则算在另一个账户上。所以，我们往往不觉得自己花了不该花的钱，这就是心理记账问题。

又如，李先生看中一款新潮手机，但因为价格是4 000多元，就犹豫着没买。到了月底，他太太买了一份生日礼物送给他，而这份礼物正是他喜欢的那款手机。他会很高兴地接受这一礼物，尽管他们用的是同一个账户。这是因为，他把这一账户分类使用，有的是社会交往用的，有的是日常消费用的，有的是礼仪礼品用的等。而这份礼物是太太买的，就不仅仅是手机消费，用的是两个人感情交往的账户。

有人平时省吃俭用，却不时地把大笔钱消费在高朋满座、大吃大喝上。从某种角度看，这是人际关系的压力使然，同时也反映了人们在计算经济利益时，是按社会和心理的因素去做，而不是按纯粹的经济理性。

——资料来源：彭凯平．经济人的心理博弈：社会心理学对经济学的贡献与挑战[J]．中国人民大学学报，2009，23（03）：61-69.

启发思考

1. 从上述案例分析，边际效用递减的假设是否合理？
2. 试举出一些心理学在经济学或商业上运用的例子。

3.1.3 基数效用下的消费者均衡

消费者均衡是研究单个消费者如何将有限的货币收入分配到各种商品的购买中，以获得最大的效用。换言之，它是研究单个消费者在既定收入下实现效用最大化的均衡条件。

需要注意的是：这里的均衡指的是消费者实现最大效用时既不想再增加也不想再减少任何商品购买数量的一种相对静止的状态。

消费者均衡的条件

在收入和商品价格既定的前提下，消费者如何实现消费者均衡呢？基数效用论认为：如果消费者的货币收入水平是固定的，市场上各种商品的价格是已知的，那么消费者应该使自己所购买的各种商品的边际效用与价格之比相等。也就是说，消费者应使自己花费在各种商品购买上的每一元钱所带来的边际效用都相等。

假设消费者用既定的收入I购买n种商品，P_1、P_2、…、P_n分别为n种商品的既定价格，λ为不变的货币边际效用。以X_1、X_2、…、X_n分别表示n种商品的购买数量，MU_1、MU_2、…、MU_n分别表示n种商品的边际效用，则消费者效用最大化的均衡条件可以用公式表示为：

$$P_1X_1+P_2X_2+\cdots+P_nX_n=I \quad \text{（限制条件）} \quad (3\text{-}3)$$

$$\frac{MU_1}{P_1}=\frac{MU_2}{P_2}=\cdots=\frac{MU_n}{P_n}=\lambda \quad \text{（均衡条件）} \quad (3\text{-}4)$$

以两种商品为例，当$MU_1/P_1<MU_2/P_2$时，对于消费者来说，同样的一元钱购买商品1所得到的边际效用小于购买商品2所得到的边际效用。这样理性的消费者就会调整这两种商品的购买数量，减少商品1的购买数量，增加商品2的购买数量。在调整过程中，消费者减少对商品1的购买数量带来的商品1的边际效用的减少量小于增加商品2的购买量带来的

商品2的边际效用的增加量，这说明消费者的总效用是增加的。当消费者将其购买组合调整到同样一元钱购买这两种商品所得到的边际效用相等，即$MU_1/P_1=MU_2/P_2$时，消费者得到最大效用。

当$MU_1/P_1>MU_2/P_2$时，说明对于消费者而言，同样一元钱购买商品1所得到的边际效用大于购买商品2所得到的边际效用。同理，消费者也会进行购买数量的调整，增加商品1的购买，减少商品2的购买，直至$MU_1/P_1=MU_2/P_2$时，消费者得到最大效用。

当$MU_1/P_1<\lambda$，说明消费者用一元钱购买商品1所得到的边际效用小于所付出的一元钱的边际效用，理性的消费者就会减少对商品1的购买，直至$MU_1/P_1=\lambda$。

同样，当$MU_1/P_1>\lambda$，说明消费者用一元钱购买商品1所得到的边际效用大于所付出的一元钱的边际效用，理性的消费者就会增加对商品1的购买，直至$MU_1/P_1=\lambda$。

结论：消费者均衡的条件为：$MU_1/P_1=MU_2/P_2$，即$MU_1/MU_2=P_1/P_2$。处于消费者均衡的两种商品，其边际效用之比等于其价格之比。

趣味知识

网络购物持续发展，国货潮品成消费新增长点

根据《中国互联网络发展状况统计报告》显示，截至2023年12月，我国网络购物用户规模达9.15亿人，占网民整体的83.8%，我国网络购物行业持续健康发展，进一步发挥稳增长、促消费的作用，绿色消费、国货“潮品”等成为消费的新增长点。新中式、马面裙等中国元素服饰引领潮流，不少纺织品行业生产商在市场火爆需求的带动下，以新中式服饰为突破口，向价值链中高端迈进，越来越多服装企业依托技术革新、品牌打造等，走出一条传统与时尚融合发展的转型之路。

同时，报告显示，2023年我国消费市场持续回暖，国货“潮品”消费等新型消费增长点不断形成，在网上购买过国货“潮品”的用户占网络购物总体用户的比例达58.3%，在新型消费的有力拉动下，我国经济回升向好，高质量发展扎实推进。

据了解，2023年在网上购买过国货“潮品”的90后、00后用户规模超1.5亿人。随着年轻消费者对传统文化的认同感和国货品牌供给水平持续增强，消费新动能将不断释放。另外，文化出海引发“新潮流”，我国网络视频用户规模近11亿人，以微短视频为代表的网络视频内容蓬勃发展，推动中华优秀文化以更加新颖、更具活力的方式走向海外。

启发思考

1. 前些年的海淘热明显降温，近年来消费者更崇尚国货。这一消费行为的转变说明什么问题？
2. 消费者为什么热衷网上购物，网上购物能给消费者带来什么？

任务 3.2　序数效用

序数效用论认为效用是不可以计量的，但可以用序数（如第一、第二、第三……）来表示人们对某种商品或服务满足程度的高低状态。因为效用的不可计量，所以效用也不能进行加总求和。例如，消费者认为看电影的效用大于吃一顿大餐的效用，则看电影的效用排序为第一，吃大餐的效用排序为第二。

序数效用论用“偏好”取代基数效用论的“效用单位”，用“商品组合”取代基数效用论的“商品”，认为消费者对各种不同的商品组合是存在偏好差异的，这种偏好程度的差异决定了不同商品组合的效用大小排序不同。序数效用论运用“无差异曲线”分析方法考察消费者如何实现效用最大化的行为。

3.2.1　偏好及无差异曲线

（1）偏好及其特征

序数效用论认为“偏好”是影响消费者购买的主要因素之一。消费者的偏好是指消费者对商品或商品组合的喜好程度。消费者对商品的偏好是根据某些客观指标或基于心理感受而给出的主观判断。每一个消费者拥有一个特定的偏好，消费者基于偏好对商品做出主观价值判断，并据此对商品及其数量组合所带来满足程度的大小进行排序。

序数效用论对于偏好有三个基本假设。假定两种商品有A、B、C三种组合，则消费者的偏好具有特征。

①有序性。消费者对任意两个商品组合都能进行排序。对于任意两个商品组合A和B，消费者可以根据自身的偏好做出断定：偏好A更甚于B、偏好B更甚于A，或者他认为A和B一样好，即A和B无差异，总之，消费者总是能够对不同的商品组合排列优先顺序。

②可传递性。消费者偏好需要满足可传递性。对于任何三个商品组合A、B和C，如果消费者偏好A多于B，偏好B多于C，则当消费者面临A和C两种商品组合时，他的偏好是A多于C。即如果$A>B$、$B>C$，则$A>C$。

③不饱和性。消费者对每一种商品的消费都没有达到饱和点。那么，消费者总是偏好含有这种商品数量较多的那个商品组合，又或者说，对于任何一种商品，消费者总是认为数量多比数量少好。

（2）无差异曲线的定义

序数效用论用无差异曲线来描述消费者对于不同商品组合的偏好程度的大小。**无差异曲线也称为等效用曲线，是对于消费者来说能带来同等满足程度的各种不同商品组合点的轨迹。**它用来表示至少两种商品或两组商品的不同数量的组合给消费者提供的效用是完全相同的一条曲线。

无差异曲线是一条向右下方倾斜，且凸向原点的曲线。该曲线上的每一个点代表的是一种消费组合，任意一点所代表的消费组合给消费者带来的效用水平是没有差异的。

假设消费者购买苹果和梨两种商品，这两种商品可以有*A*、*B*、*C*、*D*、*E* 5种不同的组合方式，这5种组合能够消费者带来的效用是相同的，如表3-2所示。

表3-2　　消费苹果和梨两种商品组合的无差异表

组合方式	苹果	梨
A	5	30
B	10	18
C	15	13
D	20	10
E	25	8

根据表3-2可以绘制出无差异曲线，如图3-2所示。

横轴代表苹果的消费数量，纵轴代表梨的消费数量。在一条无差异曲线上有无数个组合点，不管在哪个组合点上，它们带给消费者的效用水平都是相同的。我们也可以用效用函数来表示。假定消费者只消费两种商品，X_1和X_2，则效用函数为：

$$U=f(X_1, X_2) \qquad (3-5)$$

式中，X_1和X_2分别为两种商品的数量，U为效用水平。因此，无差异曲线对应的效用函数为：

$$U=f(X_1, X_2)=U_0 \qquad (3-6)$$

式中，U_0为常数，表示一个不变的效用水平，该函数也称为等效用函数。

（3）无差异曲线的特征

从图3-2可以看出，无差异曲线具有以下几方面特征。

①无差异曲线是一条向右下方倾斜的曲线，其斜率为负值。这表明在收入与价格既定的条件下，消费者为了得到相同的总效用，对一种商品的消费增加，必然伴随着对另一种商品消费的减少。在同一条无差异曲线上的各点所代表的效用组合，对于消费者而言都是相同的。

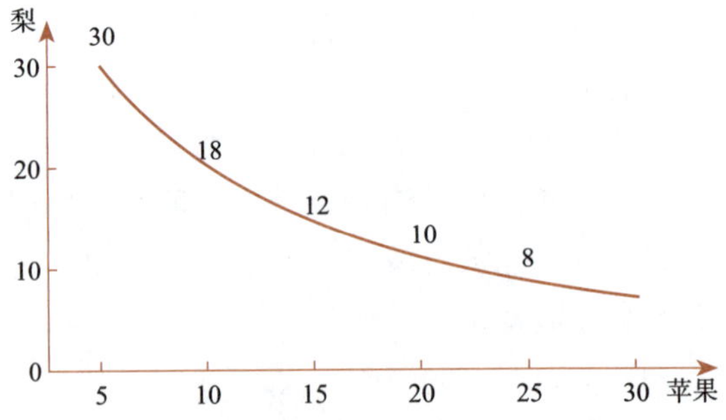

图3-2　消费苹果和梨两种商品组合的无差异曲线

②在一个平面图上有无数条无差异曲线，同一条无差异曲线代表相同的效用，不同的无差异曲线代表不同的效用。离原点越远的无差异曲线所代表的效用越大；离原点越近

的无差异曲线所代表的效用越小，如图3-3所示。

③在同一个平面图上，任意两条无差异曲线不能相交，因为不同的无差异曲线代表不同的效用水平，如图3-4所示：若U_1和U_2两条无差异曲线相交于B点，根据无差异曲线的定义，商品组合A和B具有相同的效用水平，同理商品组合C和B也具有相同的效用水平，由此可以推导出A和C的效用水平相等。由偏好的特征③可知，商品组合C的效用水平要大于商品组合A的效用水平，这就出现了矛盾。因此，任意两条不同的无差异曲线都不可能相交。

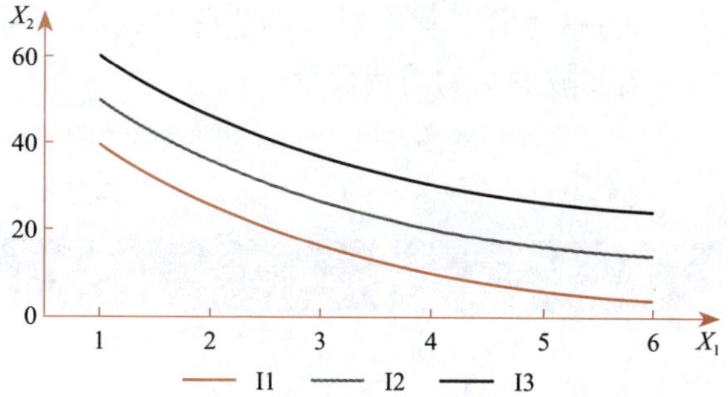

图3-3　无差异曲线

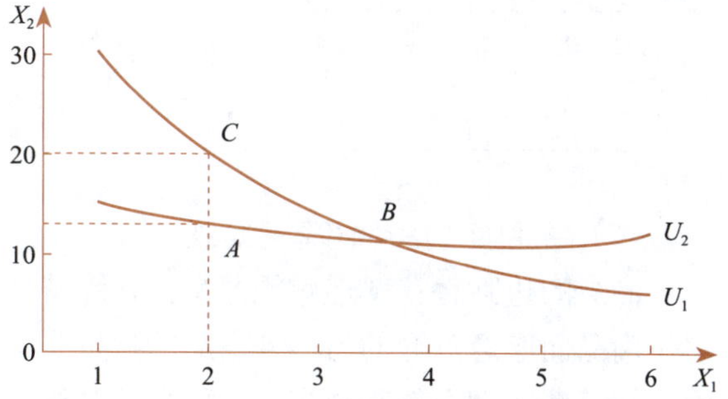

图3-4　任意两条无差异曲线不能相交

④无差异曲线是一条凸向原点的曲线。这一特征是由边际效用递减规律决定的。边际替代率是无差异曲线的斜率，边际替代率递减即无差异曲线的斜率不断变小。由此，无差异曲线左上方斜率较大从而曲线较为陡峭；而右下方斜率较小从而较为平坦，呈现出凸向原点的特征。

3.2.2　边际替代率递减规律

（1）商品的边际替代率

消费者在维持效用水平不变的前提下增加一单位某种商品的消费数量与所必须放弃的另一种商品的消费量之比，称为两种商品的边际替代率（Marginal Rate of Substitution，*MRS*）。商品X和商品Y边际替代率公式可表示为：

$$MRS_{XY} = -\frac{\Delta Y}{\Delta X} \tag{3-7}$$

上式中，ΔX和ΔY分别为商品X和商品Y的变化量，由于ΔX是商品X的增加量，ΔY代表商品Y的减少量，两者变动方向相反，为了便于分析，使MRS的值为正数，在公式中加了“−”号。

当商品数量的变化趋于无穷小时，则商品的边际替代率公式为：

$$MRS_{XY} = \lim_{\Delta x \to 0} -\frac{\Delta Y}{\Delta X} = -\frac{\mathrm{d}y}{\mathrm{d}x} \tag{3-8}$$

即无差异曲线上某一点的边际替代率就是无差异曲线在该点的斜率绝对值。

表3-3列出了苹果对梨的边际替代率。为保持相同效用，消费者增加苹果消费的同时，需要减少梨的消费数量。

表3-3　苹果和梨两种商品的边际替代率

组合方式	苹果（X）	梨（Y）	边际替代率 MRS_{XY}
A	5	30	—
B	10	18	2.4
C	15	13	1
D	20	10	0.6
E	25	8	0.4

（2）商品的边际替代率递减规律

商品的边际替代率递减规律是指在维持效用水平不变的前提下，消费者为了得到某一单位商品而愿意放弃的另一种商品的数量是递减的。之所以会存在边际替代率递减现象是因为当消费者拥有越来越多某种商品的时候，该商品对他而言重要性越来越小，增加一单位该商品使他获得的满足程度越来越低。

从表3-3我们也可以看出，苹果的增量是固定的，每次增加5个单位。刚开始苹果数量比较少，消费者为了增加5个单位的苹果消费，愿意放弃梨的数量是12个单位，因此，边际替代率是2.4。随着苹果消费数量的不断增加，所能替代梨的消费数量越来越少，边际替代率呈现递减趋势。

边际替代率递减的原因在于，消费数量相对越来越多的商品，它的边际效用是逐步下降的，而另一种商品随着其消费数量的下降其边际效用则在上升。因此，一种商品替代另一种商品的量越来越少。

知识点滴

无差异曲线的特例

无差异曲线的一般图形是一条凸向原点的曲线，这是由边际替代率递减规律决定的。它表明在维持效用水平不变的前提下一种商品对另一种商品的替代程度，但无差异曲线还可能存在两种特殊情况。

①完全替代品的情况。完全替代品指两种商品之间的替代比例是固定不变的情况。在完全替代的情况下两种商品之间的边际替代率是一个常数，相应的无差异曲线是一条斜率不变的直线。例如对于某消费者而言，浓茶和咖啡同样具有提神的功效，一杯浓茶和一杯咖啡的功效是无差异的，两者总是可以1：1相互替

代。完全替代品的无差异曲线如图3-5所示。

②完全互补品的情况。完全互补品是指两种商品必须按固定不变的比率同时被使用的情况。因此，在完全互补的情况下，相应的无差异曲线为直角形状。如鞋子的左右脚就属于这种情况，单纯增加一只鞋子是没有意义的，必须两只同时增减。完全互补品的无差异曲线如图3-6所示。

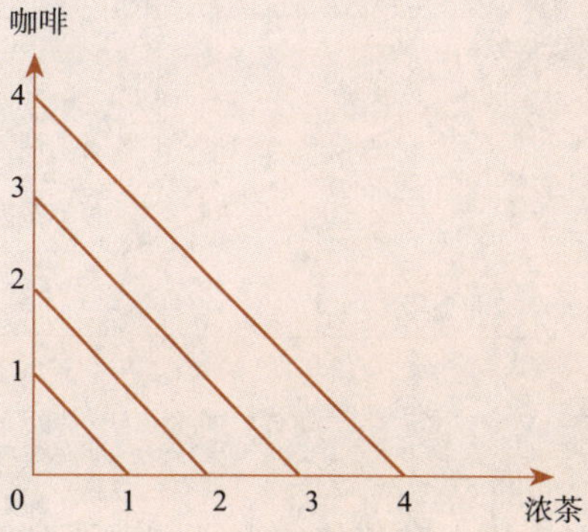

图3-5 完全替代品的无差异曲线

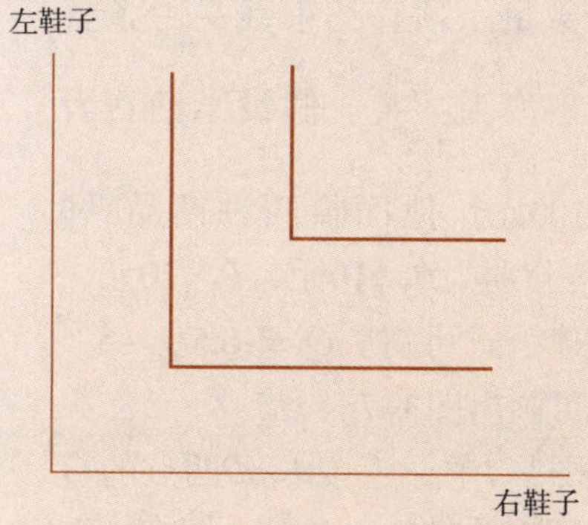

图3-6 完全互补品的无差异曲线

学以致用

智能手机市场是一个竞争异常激烈的市场，苹果、三星等国外品牌盘踞市场多年，近年来华为、小米、OPPO、vivo等中国品牌强势崛起，不仅在国内市场"翻身"，还成功反击，获得世界各国消费者的青睐，成为"中国制造"一张靓丽的名片。根据IDG数据显示，2023年OPPO手机以8.8%的市场占有率和1.03亿的出货量稳坐全球智能手机市场占有率第三，出货量第四宝座。OPPO凭借其优秀产品，全球用户数量突破6亿，遍布60多个国家和地区。

试分析一下，国产手机的成功之处在哪里？

3.2.3 序数效用下的消费者均衡

（1）预算约束线

预算约束线又称为预算线、消费可能线或等支出线，它是一条**表明在消费者收入与商品价格既定的条件下，消费者所能购买到的两种商品数量最大组合的线。**无差异曲线表示的是消费者的主观愿望，而预算约束线则表示消费者实际消费的最大可能。

预算约束线表明了消费者消费行为的限制条件：购买商品所花的钱不能大于收入，最好等于收入。大于收入在收入既定（不透支）的条件下无法实现，小于收入则意味着在不饱和的前提下，没有实现效用最大化。这一限制条件可以写为：

$$I = P_X \cdot Q_X + P_Y \cdot Q_Y \text{或} Q_Y = \frac{I}{P_Y} - \frac{P_X}{P_Y} \cdot Q_X \quad (3-9)$$

式（3-9）中，I表示消费者的收入，P_X和P_Y分别表示商品X和商品Y的价格，Q_X和Q_Y是商品X和商品Y的消费数量。预算约束线是一条直线，其斜率为$-\frac{P_X}{P_Y}$。假设某消费者收入I=100元，他面临两种商品X和Y，价格分别为P_X=10元，P_Y=20元，根据上述公式可得：Q_Y=−0.5Q_X+5，如此便可画出图3-7。

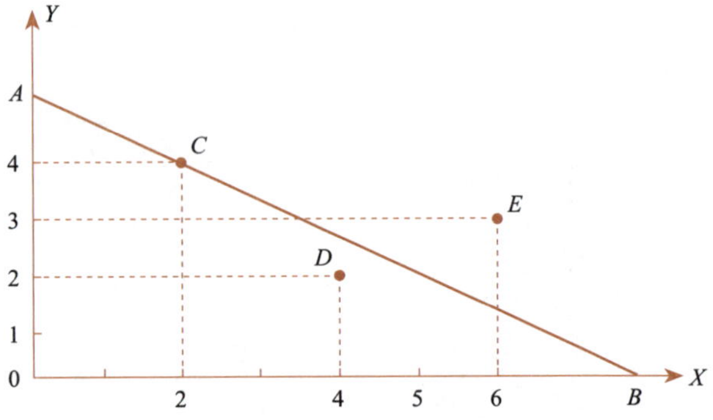

图3-7　预算约束线

在图3-7中，连接A、B两点的直线就是预算约束线。该线上的任何一点都是在既定的收入和价格水平下能购买到商品X和商品Y的最大数量的组合。例如在C点，购买2单位的商品X和4单位的商品Y，正好花完100元（10×2+20×4=100元）。在预算线内任一点消费都是可以实现的，例如在D点，购买4单位的商品X和2单位的商品Y，共花了80元（10×4+2×20=80元），剩余20元，但这不是最大数量的组合；在预算线外的任一点消费都是无法实现的，例如E点，购买6单位的商品X和3单位的商品Y，共花了120元（6×10+3×20=120元），超过了既定收入100元，消费无法实现。

图3-7是以消费者的收入和商品价格既定为条件，当消费者的收入或商品的价格发生变化，则消费者的预算线也会随之发生变化。

情况一：商品的价格既定，消费者的收入发生变化

由于商品的价格不变，预算线的斜率不变，此时，消费者的收入增加，则消费者可以购买更多等比例的商品X和商品Y，预算线向右上方平行移动；如果收入减少，则消费者需等比例减少商品X和商品Y的购买量，预算线向左下方平行移动，如图3-8所示。

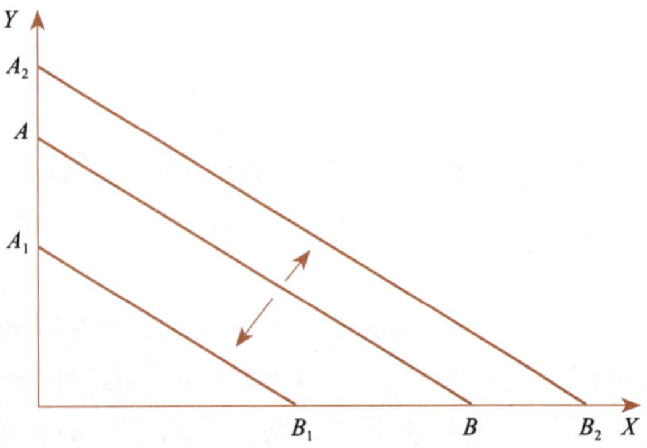

图3-8　预算线的平移

情况二：消费者的收入既定，两种商品的价格同比例同方向发生变动

当消费者收入不变，两种商品的价格同比例同方向发生变动，则预算线斜率不变。当商品价格同比例下降，预算线向右平移；当商品价格同比例上升，预算线向左平移。

情况三：消费者收入既定，商品价格相对变动

由于商品的相对价格发生了变动，预算线的斜率也相应发生变动。此时，如果商品价格下降，则预算线向外旋转；如果商品价格上升，则预算线向内旋转。

如图3-9所示，商品Y价格不变，商品X的价格发生变动，则预算线围绕A点旋转；如图3-10所示，商品X价格不变，商品Y的价格发生变动，则预算线围绕B点旋转。

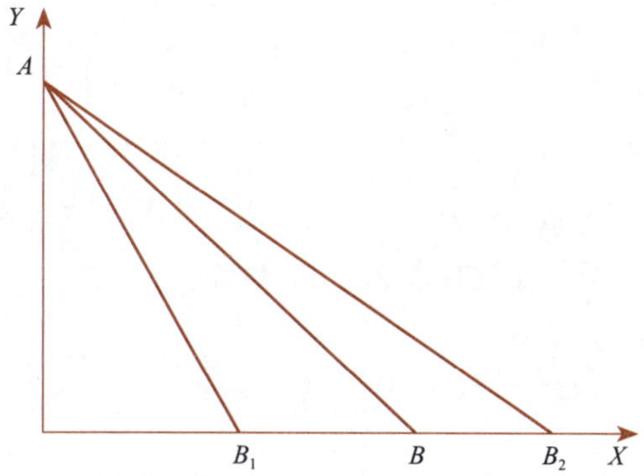

图3-9　预算线围绕A点旋转

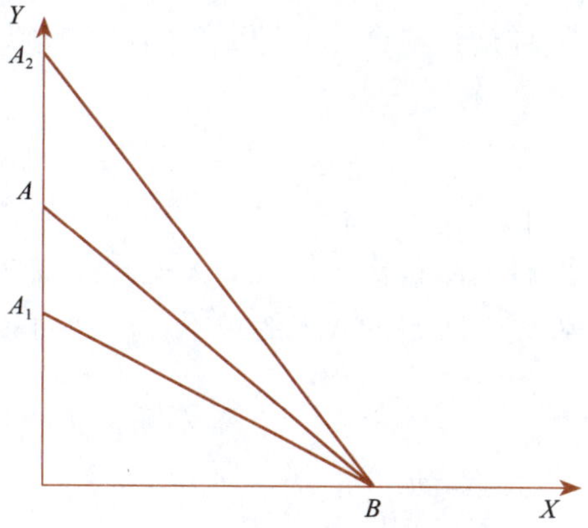

图3-10　预算线围绕B点旋转

预算线代表了消费者收入和商品价格既定的条件下，消费者的各种可能的消费机会，但这条线上有无数种消费组合，究竟哪种组合能提供最大效用，预算线本身是无法说明的，这就需要将预算线和无差异曲线结合在一起进行分析。

（2）消费者均衡

序数效用论将无差异曲线和预算线结合在一起分析消费者均衡。在序数效用论中，消费者面临无数的无差异曲线，且由于欲望的无穷性，消费者总是倾向于选择离原点更远的无差异曲线，以获得更大的满足。但是消费者的购买愿望受到其收入的制约，由消费者的收入和商品价格所决定的预算约束线只有一条。

在既定的预算约束线与其中一条无差异曲线的切点，即是消费者均衡点。在均衡点上，消费者所购买的商品组合是效用最大的商品组合，也是耗尽其既定收入的商品组合。

如图3-11所示，I_1、I_2、I_3是某消费者的三条无差异曲线，其效用水平为：$I_1<I_2<I_3$，预算约束线AB与其中一条无差异曲线I_2相切于E。

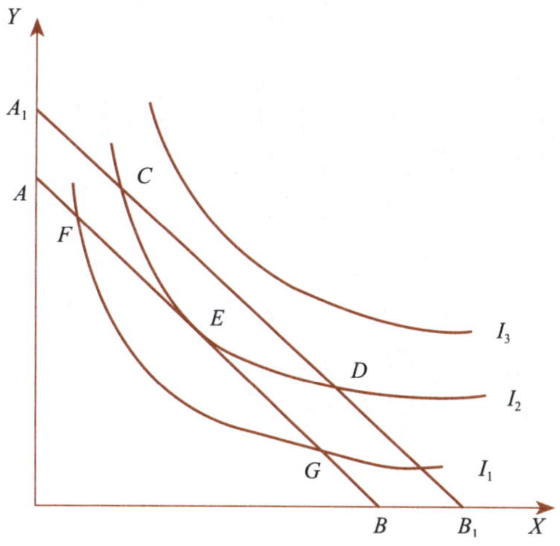

图3-11　消费者均衡

在预算线AB上，各个点支出相等但效用水平不同，E点的效用水平为I_2，其余各点如F、G点的效用水平为I_1，低于E点的效用水平，E点的效用水平最高。

在无差异曲线I_2上，所有各点效用相等但支出不同，E点的支出由AB线决定，而其余各点，如C、D的支出由A_1B_1决定，明显高于E点的支出水平，且A_1B_1为目前达不到的预算线，E点的支出最小。

无差异曲线I_3的效用水平最高，但消费者目前的支付能力无法达到。

可见，只有在均衡点E上，消费者才能购买到最大效用的商品组合，此时的商品组合是最佳购买组合，两种商品的最佳购买组合为（X_E，Y_E）。消费者均衡条件可表达为：

$$MRS_{XY}=\frac{P_X}{P_Y} \tag{3-10}$$

在均衡点上，预算约束线的斜率刚好等于无差异曲线的斜率。由于预算约束线的斜率是两种商品价格之比，而无差异曲线的斜率是两种商品的边际替代率，所以消费者均衡的条件是在既定的收入约束下，两种商品的边际替代率等于这两种商品的价格比。

思政园地

不仅“能消费”“敢消费”，还得“愿消费”“乐消费”

消费，是经济增长的主引擎，也是人民对美好生活需要的直接体现。党的二十大报告强调要“增强消费对经济发展的基础性作用”，中央经济工作会议将“着力扩大国内需求”作为2023年重点工作任务，明确要求把“恢复和扩大消费”摆在优先位置。

然而，当前我国消费市场总体秩序仍待完善，城乡居民消费水平和消费供给仍不均衡，消费提质扩容还有较大上升空间。一方面是消费能力不足。2022年，全国居民人均可支配收入实际增长2.9%，虽然与经济增长基本同步，但明显低于疫情前5.8%的增幅，居民消费力明显减弱。另一方面是消费条件受限。面对疫情，很多传统消费场景受阻，实体商业依托“互联网+”再造消费场景已成为趋势，但各类消费场景迭代速度还相对较慢。

如何让消费成为经济增长的主引擎？答案就是要挖掘消费潜力，提振消费信心，促进消费提质升级。

首先是增加居民收入，提升“能消费”实力。不仅要扩大中等收入者比重，更要尽可能缩小不同收入阶层的收入差距。特别是要抓好大学毕业生、因疫情失业人员、进城务工人员、就业困难群体等重点人群的就业问题，构建更加完善的失业保险制度体系；建立常态化援企稳岗帮扶机制，激发市场主体活力，释放更多就业机会；加大对中小微企业的纾困政策力度，全面落实退减缓免税费政策，拓宽民企融资渠道，鼓励发放多种形式消费补贴及组织各类消费活动，刺激中小微企业市场需求。

其次是改善消费条件，催生“敢消费”动力。要完善社保体系，更加注重对特定人群、特殊困难群体的精准帮扶，着力提高教育、医疗等基本公共服务数量和质量，完善统筹城乡的民生保障制度；全面开展放心消费创建活动，营造安全放心的消费环境。按照“政府主导、企业自愿、群众参与、社会共治”的原则，围绕让老百姓吃得放心、买得放心、用得放心的目标，全力开展放心消费城市、放心消费景区、放心消费平台活动，为消费者提供更加安全放心的消费环境，让群众消费少烦心、多舒心。

再次是创新消费场景，激发“愿消费”潜力。要鼓励新型业态场景应用。围绕居民日常消费领域，鼓励地方通过搭建供需对接平台等，为新技术、新产品提供更多应用场景。特别是选准育好夜间产业，打造一批有特色、有情怀、有流量的新型消费场景，通过在重点商圈及特色商街开设生物识别、数字人民币、VR导购等系列促消费的“新场景”，增强消费者的消费意愿。同时，引导企业瞄准更高标准和新型消费需求，优化现有产品结构，提升产品和服务的核心竞争能力，加快培育智慧旅游、在线教育、互联网医疗等消费新模式新业态，增加消费品市场多样化有效供给。

最后是提高消费品质，释放“乐消费”活力。要构建健康有序的市场环境。不仅要创新监管方式方法，完善交易规则、售后服务保障和维权支持体系，更要优化消费品供给品类，推动消费品质量从生产端复合型向消费端适配型转变；顺应新型消费发展规律，加快出台电子商务、共享经济等领域相关配套规章制度；弘扬中华文化，延长和增加传统节假日，让消费者有充分的时间旅游、购物，通过旅游经济复苏推动高质量发展。

——资料来源：谭文英. 不仅“能消费”“敢消费”还得“愿消费”“乐消费”[N/OL]. 人民政协报，2023-03-06（17）[2024-10-14].

任务 3.3　消费者行为理论的运用

3.3.1　风险偏好

消费者的行为分析中暗含着一个假设条件：完全信息的假设，即消费者在消费过程中掌握了商品或服务有关的所有变量的全部信息。因此，他们对自己消费行为后果的了解是准确无误的，即不存在不确定性。这里的不确定性是指消费者的消费行为可能存在多种结果或消费者事先不能准确地知道某个决策的结果。例如，消费者购买一个西瓜，西瓜的生熟程度存在三个等级：太过熟的、刚好成熟的、生的。消费者只能买整个西瓜，且只有付款后才能够切开西瓜，在切开西瓜之前他并不知道西瓜的成熟程度，这就是一个不可确定的事件。类似这种不确定的事件在生活中经常发生。

消费者在知道自己某种行为决策的各种可能的结果的同时，如果消费者还知道各种可能的结果发生的概率，则可以称这种不确定的情况为风险。在上例中，如果该消费者还知道他购买到太过熟的西瓜、熟得恰好的西瓜和生的西瓜的概率分别为10%、60%、30%的话，则称这种不确定的情况为风险。

在现代社会中，消费者面对众多商品和服务选择，往往会考虑到消费的风险。消费者的风险偏好对其购买意愿产生着重要影响。所谓消费者风险偏好，是指消费者在购买决策中对风险的接受程度和处理方式的偏好。一些消费者更倾向于以较低的风险购买产品或服务，而另一些消费者则更愿意承担较大的风险。这种风险偏好与消费者的个人特征密切相关。根据个人面对风险的态度不同，可以把人们对风险的态度分为三类：风险回避者、风险爱好者和风险中立者。

消费者的风险偏好与购买意愿之间存在着紧密的联系。研究表明，消费者对产品或服务的风险评估越低，其购买意愿就越大。消费者倾向于选择他们认为风险较小的选项，以减少购买可能带来的潜在损失。因此，了解消费者的风险偏好可以有效预测其购买意愿。

那么，消费者的风险偏好是如何形成的呢？首先，个人的经验和知识对风险偏好产生重要影响。经验丰富的消费者往往会根据以往的消费经历来评估风险，并在购买决策中倾向于降低风险。此外，个人的价值观和心理特征也会影响其风险偏好。一些人可能更加注重安全和稳定性，倾向于选择风险较小的选项；而另一些人则更愿意承担风险，追求更高的收益。

除了消费者个人特征外，市场环境也会对消费者的风险偏好产生影响。例如，经济发展程度和社会保障水平不高的情况下，通常会使消费者风险偏好趋向保守。在经济不稳定的时期，消费者倾向于选择较低风险的消费方式，以应对可能带来的不确定性。

此外，营销活动和产品信息的传递也会影响消费者的风险偏好和购买意愿。一些营销技巧可以降低消费者对产品或服务的风险感知，从而提高其购买意愿。例如，免费试用、满意保证和退款政策等策略可以降低消费者购买时的风险感知，增加购买的动力。

总之，消费者风险偏好与购买意愿之间有着密切的关系。了解消费者的风险偏好可以帮助企业更好地制定营销策略提高产品或服务的市场接受度。个人经验、知识、心理特征以及市场环境等因素都会影响消费者的风险偏好。此外，营销活动和产品信息的传递也会对消费者的风险偏好产生影响。

3.3.2 生活成本指数

生活成本指数是指商品和服务的典型消费组合在当期的成本与基期的成本之比。它通过比较某一特定时期（当期）与基期（通常是过去的一个时期，如2022年）的商品和服务消费组合的成本之比来计算。生活成本指数的高低反映了生活成本的变化，即消费者维持相同生活水平所需支出的变化。

生活成本指数是建立在经济学基础之上的指数理论。生活成本指数是一个重要的经济指标，用于衡量不同时间点上维持相同生活水平所需成本的变动情况。

生活成本指数理论认为，消费者的行为是理性的，在价格发生变化的情况下，消费者会调整自己的消费行为和消费模式，达到消费行为的最优化。

趣味知识

2023年全球生活成本指数

经济学人智库发布了2023年最新的《全球生活成本调查》。通过对全球173个主要城市的调查发现，尽管全球通货膨胀放缓，但生活成本危机尚未结束。按当地货币计算，200多种常用商品和服务价格平均同比上涨7.4%。涨幅与2022年创纪录的8.1%相比有所放缓，但仍明显高于2017—2021年的增长趋势。

表3-4　2023年生活成本指数排名前十的城市

城市	国别/区域	指数（纽约=100）	排名
新加坡	新加坡	104	1
苏黎世	瑞士	104	1
日内瓦	瑞士	100	3
纽约	美国	100	3
香港	中国	98	5
洛杉矶	美国	97	6
巴黎	法国	91	7
特拉维夫	以色列	89	8
哥本哈根	丹麦	89	8
旧金山	美国	86	10

如表3-4所示为2023年生活成本指数排名前十的城市，其中，新加坡在过去11年九次位居榜首，与苏黎世并驾齐驱。苏黎世的排名上升反映了瑞士法郎的强势以及食品杂货、家庭用品和娱乐的价格高企，而新加坡在多个类别中的价格水平保持高位。由于新加坡政府严格控制汽车数量，交通成本远高于世界其他城市。鉴于新加坡是商业投资的首选之地，其服装、食品杂货和酒类物价也为世界之最。

总体来说，亚洲城市物价的涨幅较低，按当地货币计价平均涨幅仅为3.2%。与2022年一样，巴基斯坦的卡拉奇仍是例外，物价同比上涨20%以上。亚洲城市间巨大的表现差异，以致两个亚洲城市（新加坡和香港）在排名中前十位，同时三个亚洲城市（艾哈迈达巴德、金奈和卡拉奇）在排名最后十位（表3-4）。

——资料来源：经济学人智库（EIU）。

3.3.3 消费价格指数

消费者物价指数（Consumer Price Index，*CPI*）是世界各国普遍编制的一种指数，可用于分析市场价格的基本动态，是政府制定物价政策和工资政策的重要依据。

例如2024年2月，我国消费者物价指数环比上升1.0%，表示，生活成本比1月平均上升1%。当生活成本提高，消费者的金钱价值便随之下降。那么，上个月收到的一张100元的纸币，今日只可以买到价值 [100/（1+1%）] 的货品及服务。

3.3.4 恩格尔定律

19世纪德国统计学家恩格尔根据统计资料，对消费结构的变化得出一个规律：**一个家庭的收入越少，家庭收入中（或总支出中）用来购买食物的支出所占的比例就越大，随着家庭收入的增加，家庭收入中（或总支出中）用来购买食物的支出份额则会下降。**这个定律也适用于国家层面。一个国家越穷，每个国民的平均收入中（或平均支出中）用于购买食物的支出所占比例就越大，随着国家的富裕程度越来越高，这个比例呈下降趋势。即随着家庭收入的增加，购买食物的支出比例则会下降。这就是我们所说的恩格尔定律，也可以用恩格尔系数来衡量。

恩格尔系数是食物支出占总支出的比率，其计算公式可表达为：

$$\text{恩格尔系数}=\frac{\text{食品支出}}{\text{总消费支出}}\times 100\% \qquad (3\text{-}11)$$

食品是人类生存必不可少的基本必需品，在现实生活中，一个消费者收入即使再少，其在食物上的支出也是必不可少的。联合国粮农组织社会经济发展水平划分标准如表3-5所示。

表3-5　　联合国粮农组织社会经济发展水平划分标准

恩格尔系数 /%	≥ 60	50 ~ 60	40 ~ 50	30 ~ 40	＜30
社会经济发展水平	贫困	温饱	小康	富裕	最富裕

一般来说，恩格尔系数越小，说明富裕水平及其与之相适应的消费结构的发展程度就越高，反之则越低。根据国家统计局数据显示，2023年我国居民的恩格尔系数为29.8%，比2022年下降了0.7个百分点，说明近年来我国的消费结构在不断升级和改善。

3.3.5 消费者权益保护

消费者行为理论是以消费者具有完全理性和完全自由为假设前提的，也就是说消费者对自己消费的物品有完全的了解，而且自觉地把效用最大化作为目标；完全自由是指存在消费者主权，即消费者决定自己的消费，而消费者的消费决策决定了生产。但在现实生活中，受个人修养、价值观、习俗、广告等因素影响，消费者很难做到完全理性和自觉地追求效用最大化。为保护消费者权益，引导消费者行为，就需要有相应的消费政策保护消费者合法权益。

消费者的权益是指消费者在有偿获得商品或接受服务时，以及在以后的一定时期内依法享有的权益。消费者的权益，是一定社会经济关系下适应经济运行的客观需要赋予商品最终使用者享有的权利。

《中华人民共和国消费者权益保护法》是维护消费者权益的法律规范，旨在保护消费者的合法权益、维护社会经济秩序、促进市场经济健康发展。2013年10月25日中华人民共和国第十二届全国人民代表大会常务委员会第五次会议通过《关于修改〈中华人民共和国消费者权益保护法〉的决定》对该法进行了第二次修订。该次修订完善了消费者权益保护制度、如对举证责任倒置、消费者反悔权、选择权、个人信息的保护、网购平台的责任、消费欺诈赔偿等热点问题做了明确规定。

根据法律规定，我国消费者拥有如下基本权利。

①安全权，消费者在购买、使用商品和接受服务时享有人身、财产安全不受损害的权利。

②知情权，消费者享有知悉其购买、使用的商品或接受服务的真实情况的权利。

③自主选择权，消费者享有自主选择商品或服务的权利。

④公平交易权，消费者享有公平交易的权利。

⑤依法求偿权，消费者因购买、使用商品或接受服务受到人身、财产损害的，享有依法获得赔偿的权利。

⑥结社权，消费者享有依法成立维护自身合法权益的社会团体的权利。

⑦获得教育权，消费者享有获得有关消费和消费者权益保护方面的知识的权利。

⑧人格尊严与民族习惯获得尊重权，人格尊严是消费者的人身权的重要组成部分，包括姓名权、名誉权、荣誉权、肖像权等。

⑨监督权，消费者享有对商品和服务以及保护消费者权益工作进行监督的权利。

思政园地

网络购物中的消费者权益保护，你准备好了吗?

随着互联网的普及，网络购物已成为我们日常生活的一部分。但在这个看似方便、快捷的购物方式背后，消费者权益保护在网络领域却面临着前所未有的挑战。那么，网络购物中消费者权益保护究竟面临哪些具体挑战？我们又该如何有效解决这些问题呢?

网络购物的匿名性和跨地域性给消费者权益保护带来了难度。在网络购物中，消费者往往只能通过文字、图片或者视频来了解商品信息，很难像传统购物那样直接触摸、试用商品。这就给了一些不法商家可乘之机，他们可能会发布虚假信息、夸大商品性能，甚至销售假冒伪劣商品。而消费者一旦发现商品存在问题，往往面临着跨地域维权难的问题，因为很多网络商家并不在消费者所在地，消费者需要投入大量的时间和精力去维权。

网络购物的数据安全问题也不容忽视。在进行网络购物时，消费者需要输入个人资料、银行卡号等敏感信息。如果这些信息被不法分子获取，就可能导致消费者的财产损失和个人隐私泄露。虽然现在很多电商平台都加强了对数据的保护，但仍然存在一些安全漏洞和隐患。

面对这些挑战，我们应该如何有效解决问题呢?

1. 政府部门应加大监管力度，制定更加严格的法律法规来规范网络购物市场。同时，还应加大对不法商家的处罚力度，让违法者付出应有的代价。此外，政府部门还应建立跨地域维权机制，为消费者提供更加便捷的维权渠道。

2. 电商平台也应承担起更多的责任。他们应加强对商家的审核和管理，确保商家发布的信息真实可靠。同时，电商平台还应建立更加完善的消费者权益保护机制，如设立专门的维权部门、提供先行赔付服务等。此外，电商平台还应加强对数据安全的保护，确保消费者的个人信息不被泄露。

3. 消费者自身也应提高警惕性。在进行网络购物时，消费者应尽量选择信誉良好的电商平台和商家，避免购买来源不明的商品。同时，消费者还应学会保护自己的个人信息和财产安全，不轻易泄露个人信息和银行卡号等敏感信息。此外，消费者在遇到问题时应积极维权，不仅可以通过电商平台提供的维权渠道进行投诉和申诉，还可以向相关政府部门和消费者协会寻求帮助和支持。

网络购物中的消费者权益保护是一个复杂而严峻的问题，需要政府、电商平台和消费者共同努力。只有在大家齐心协力、共同应对下，我们才能构建一个更加安全、公正、透明的网络购物环境，让消费者的权益得到充分保障。

——资料来源：3·15特辑：网络购物中的消费者权益保护，你准备好了吗？2024-03-14. https://baijiahao.baidu.com/s? id=1793468070217597864&wfr=spider&for=pc.

小结

消费者行为理论研究的是消费者在一定的预算约束下，如何进行消费选择，实现效用最大化的问题。

基数效用论用边际效用分析方法研究消费者如何实现效用最大化。边际效用是指消费者在一定时间内增加一单位商品的消费所得到的效用的增加量。在其他商品的消费数量不变的条件下，消费者从该商品连续增加的每一单位消费中所得到的边际效用是递减的。消费者均衡条件是在收入既定的条件下，使所购买的各种商品的边际效用等于其价格之比，或使花费在各种商品购买上的每一元钱所带来的边际效用相等，且等于货币的边际效用。在消费者均衡的条件下，消费者实现了最大效用。

序数效用论用无差异曲线分析法研究消费者如何实现效用最大化，消费者均衡条件是在既定的收入约束下，两种商品的边际替代率等于两种商品的价格之比。在无差异曲线和预算约束线的切点上，消费者实现了效用最大化。

消费者行为理论以消费者具有完全理性和完全自由为假设条件，但是在现实生活中，消费者很难做到完全理性和自觉追求满足程度的最大化。个人消费对社会是有影响的，为保护消费者利益，应引导消费者的消费行为，出台相应的消费政策，保护消费者的权益。

练习与实训

一、选择题

1．当总效用增加时，边际效用（　　）。

A．为正值，且不断增加　　B．为正值，且不断减少

C．为负值，且不断增加　　D．为负值，且不断减少

2．消费者剩余是消费者的（　　）。

A．主观感受　　B．实际所得　　C．消费后所剩余的钱　　D．用不完的商品

3．无差异曲线被用来说明（　　）。

A．消费者的偏好　　B．消费者的收入　　C．商品的价格　　D．以上都正确

4．同一条无差异曲线上的不同点表示（　　）。

A．效用水平不同，但所消费的两种商品组合比例相同

B．效用水平相同，但所消费的两种商品组合比例不同

C．效用水平不同，两种商品的组合比例也不同

D．效用水平相同，两种商品的组合比例也不同

5．预算线的斜率取决于（　　）。

A．消费者的收入

B．商品的价格

C．消费者的收入、商品的价格和消费者的偏好

D.消费者的收入和商品的价格

6．消费者的预算线反映了（　　）。

A．消费者的需求　　B．消费者的偏好

C．消费者效用最大化的状态　　D．消费者的收入约束

7．预算线绕着与纵轴（Y商品的购买数量）的交点向右旋转的原因是（　　）。

A．商品X的价格下跌了　　B．商品X的价格上涨了

C．商品Y的价格下跌了　　D．商品Y的价格上涨了

8．在消费者均衡点上，两种商品的边际替代率等于其（　　）之比。

A. 边际效用　　B. 购买数量　　C. 价格　　D. 总效用

9．给消费者带来相同满足程度的商品组合集中在同一条（　　）上。

A. 预算线　　B. 无差异曲线　　C. 需求曲线　　D. 生产可能性曲线

10．下列选项中，（　　）不属于保护消费者的政策。

A. 颁布产品质量国家标准　　B. 强制义务教育

C. 实施最低限价政策　　D. 规范计量器具

11．总效用曲线达到最高点时，（　　）。

A. 边际效用曲线达到最高点　　B. 边际效用为正值

C. 边际效用为零　　D. 边际效用为负值

12．基数效用认为（　　）。

A. 效用可以用具体的数字衡量　　B. 货币也可以有效用

C. 边际效用是递减的　　D. 以上选项都正确

13．序数效用认为，消费者的均衡状态是（　　）。

A. 消费者总是处于这样的状态下

B. 收入变化不会影响现在的均衡状态

C. 在外部条件不变的情况下，消费者愿意保持这种状态

D. 预算约束并不能限制消费者追求更高的效用水平

14．下面哪个因素不会对消费者的风险偏好产生影响？（　　）

A. 个人的经验和知识　　B. 个人的价值观

C. 个人的心理特征　　D. 社会的人口结构

15．边际替代率递减规律指的是（　　）。

A. 维持效用水平不变的前提下，消费者为了得到某一单位商品而愿意放弃的另一种商品的数量是递减的

B. 其他条件不变的情况下，消费者对某种商品消费量的增加，消费者从该商品连续增加的每一消费单位中所得到的效用增量递减

C. 随着需要的增加，人们的满意程度在不断下降

D. 随着物质的增加，消费者认为越来越难从商品消费中获得满足程度

二、实训实践

1．企业如何解决边际效用递减的问题

边际效用递减规律告诉我们，企业要进行创新，生产不同的产品满足消费者需求，减少和阻碍边际效用递减。因为企业要生存，就必须运用好边际效用递减规律。首先，企业经营者要正确分析消费者的心理，开发产品迎合消费者的偏好，生产适销对路的产品；其次，积极推进产品的自主研发和创新，做到“人无我有，人有我优，人优我转”；三要不断开发新产品。

例如国内知名品牌海尔，坚持“自主创新，追求卓越”的企业文化，开发出海尔家庭网络产品、变频A8双动力洗衣机、宇航变频冰箱、海尔流媒体电视等一系列新产品。

请调研熟悉的品牌或企业，分析该企业是如何解决边际效用递减问题，从而实现企业可持续发展的。

2．从3·15晚会曝光的案例分析消费者权益保护的重要性

我国于1987年正式加入国际消费者联盟，并将每年的3月15日定为“消费者权益日”。各地政府部门、媒体和消费者组织都会联合行动，曝光一批侵害消费者权益的典型案例，震慑不法商家，增强消费者的维权意识。

2024年“3·15晚会”中，央视曝光了一些食品企业生产的梅菜扣肉预制菜存在使用“槽头肉”，且不清除淋巴、腺体的问题。日常生活当中，煮肉时温度最高也只有100℃。要想在100℃的高温下，杀死所有细菌、病毒是不可能的。而未经彻底整修的槽头肉即便经过高温加工后，或多或少还会有些细菌和病毒存在，这其中有少数病毒是人体无法利用免疫系统清除掉的，如果人们经常食用，会受到慢性感染。“3·15晚会”通过披露问题食品，提醒消费者在购买生猪肉、预制菜或其他猪肉食品时，应把食品安全放到第一位，对异常低价猪肉类商品保留一份小心，做到谨慎购买。

请从“3·15晚会”曝光的案例分析消费者权益保护的重要性。

项目4

生产者行为

学习目标

知识目标

了解生产者行为的主要内容和基本分析方法；了解企业的组织形式与企业的目标；重点掌握生产要素、生产函数、边际报酬递减规律、成本、收益等基本概念；掌握生产者均衡及其条件。

能力目标

能运用短期生产曲线和长期生产曲线分析生产决策。

素质目标

准确理解数据作为数字经济时代重要的生产要素，是构建新发展格局的重要支撑这一思想，充分发挥数据要素作用，坚定不移稳步推进我国数字经济向深化应用、规范发展、红利释放的方向发展。

思维导图

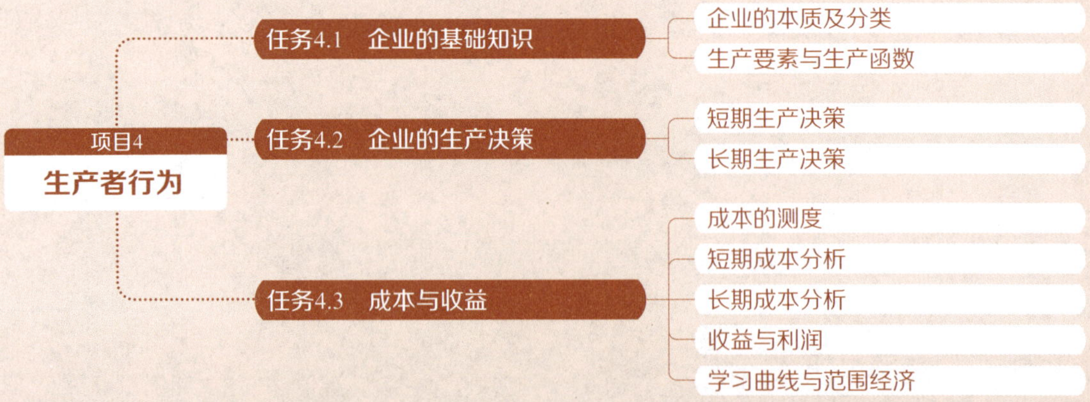

开篇案例

维尚家具的数字化转型

来自广东佛山的维尚家具制造有限公司入选了2021年“中国工业数字化转型领航企业”50强。维尚家具利用互联网、移动应用、云技术，基于数万房型数据，捕获不断变化的生活空间需求，研究创新家居空间整体解决方案，实现订单的快速设计与制造。利用人工智能研发多种算法以满足来自多订单混合生产、不同规格纹理板材、材料利用率的生产要求，并融入智能排程、智能配送、智能板件分拣等技术，实现制造过程和材料利用的双高效。

在维尚家具五厂的车间里，偌大的车间里流水线里鲜见工人走动，犹如一个个“大通铺”似的生产线握手相连，井然有序。在这里，每块板件都有自己的“身份证”——一个工业互联网标识二维码。一块块加工的板件有序向前移动，每完成一个流程，在扫描“身份证”后就被机器人“抓”到下一个工序上。

在车间，抬头可见实时显示各小组生产记录的生产看板，车间各工序的加工进度和设备状态清晰显示。在这块数据看板上，管理层可以随时查看车间主要流程的加工总量、生产效率、设备利润率等关键数据，以便优化整个车间的生产流程。工人也能通过看板把握自己的生产进度，从而对工作效率进行调整。据了解，维尚家具实现数字化转型后，节约了30%以上的人力资源成本。

在生产制造的前端，在“新居网家居在线平台”上，企业通过在线和全国各地的客户进行交流，然后根据需求将客户引导至线下最近门店。后续根据客户需求做设计效果图，在“云设计平台”中，设计师可以调用百万级的数据资源为客户做定制化方案，如果客户觉得满意就可以下单。下单后，全国各地的客户订单便汇聚到佛山工厂的订单管理系统，随即进入“虚拟制造”环节，最后就进入柔性生产环节。

现在，维尚家具围绕家居数字化转型，已经基本完成定制家具生产全流程的数字化。通过重构装修服务链条，打造从全屋设计仿真→虚拟装配→AI供应链→装修施工调度和作业平台等，实现装修全流程数字化、标准化、透明化。

——资料来源：日均产能提高十倍！引领数字化转型，维尚给制造业的四点启发[EB/OL].（2022-04-06）[2024-03-05]. https://static.nfapp.southcn.com/content/202204/06/c6375530.html.

启发思考

1. 维尚家具在生产过程中，投入了哪些生产要素？
2. 你所了解的传统家具生产是怎样的一个流程，数字化转型带来了哪些变革？

生产是人类社会的基本实践活动，是赖以生存和发展的重要基础，所以《史记·货殖列传》写道："吾治生产，犹伊尹、吕尚之谋，孙吴用兵，商鞅行法是也"，意思就是在生产方面的贡献和对国家出谋划策、用兵变法一样，功绩很大。同样，美国经济学家格里高利·曼昆在经济学十大原理中也指出：一国的生活水平取决于它生产物品与服务的能力。因此，生产的重要性不言而喻。在现代社会中，生产是指人类从事创造社会财富的活动和过程，包括物质财富、精神财富等。我们日常生活的衣食住行、教育文化、健康娱乐等所需的有形产品和无形服务都要靠生产得到。经济学中的生产一般是指将投入转化为产出的活动，或是将生产要素进行组合以制造产品的活动。生产活动是通过厂商或企业来实现的。

任务 4.1 企业的基础知识

4.1.1 企业的本质及分类

在经济学中，生产者也称为厂商或企业，是指能够做出统一的生产决策的单个经济单位。企业是商品经济发展到一定阶段的产物。现代经济学理论认为，企业本质上是"一种资源配置的机制"，其能够实现整个社会经济资源的优化配置，降低整个社会的交易成本。企业产生的根源，就在于企业的内部组织管理成本低于市场的交易成本。作为市场主体，企业既是产品市场的供给者，也是要素市场的需求者。

按照财产的组织形式和所承担的法律责任的不同，可将企业的组织形式划分为个人独资企业、合伙制企业和公司制企业。

个人独资企业也称个人业主制企业，是指依照《个人独资企业法》在中国境内设立，由一个自然人投资，财产为投资人个人所有，投资人以其个人财产对企业债务承担无限责任的经营实体。个人独资企业利益动机明确而强烈，经营决策自由灵活，易于管理；但资金有限，规模较小，生产能力较为有限，抗风险能力弱，容易破产。

个人独资企业与我们日常所见到的个体工商户是有区别的。个体工商户则是指有经营能力的自然人，依照相关法律法规的规定，经工商行政管理部门登记，从事工商业经营的个体经济组织。虽然个人独资企业和个体工商户都是以自然人为主体，但它们在多个方面存在明显的区别。首先，个人独资企业必须有固定的生产经营场所和合法的企业名称，而个体工商户可以不起字号名称，也可以没有固定的生产经营场所而流动经营。其次，个人独资企业可以设立分支机构，也可以委派他人作为个人独资企业分支机构负责人，而个体工商户则不能设立分支机构。此外，在财务制度、税收、法律地位等方面，个人独资企业和个体工商户也存在差异。

合伙制企业是指自然人、法人和其他组织依照《中华人民共和国合伙企业法》在中国境内设立的普通合伙企业和有限合伙企业。普通合伙企业由普通合伙人组成，合伙人对合伙企业债务承担无限连带责任。《中华人民共和国合伙企业法》对普通合伙人承担责任的形式有特别规定的，从其规定。有限合伙企业由普通合伙人和有限合伙人组成，普通合伙人对合伙企业债务承担无限连带责任，有限合伙人以其认缴的出资额为限对合伙企业债务承担责任。合伙人共同出资、合伙经营、共享收益、共担风险。相对于个人独资企业，合伙制企业中合伙人分工合作，使专业化得到加强，具有一定的企业规模优势；但合伙人之间仅靠契约维系关系，组织不稳定，且合伙人集体决策，难以有效协调，企业的资金和规模仍有局限性。比较常见的合伙制企业有：初创企业、会计师事务所、律师事务所等。

公司制企业是指按照《中华人民共和国公司法》规定，由法定人数以上的投资者或股东出资建立、自主经营、自负盈亏、具有法人资格的经济组织，是现代企业最重要的组织形式。在我国，公司制企业主要包括有限责任公司和股份有限公司两种形式。当企业采用公司制的组织形式时，所有权主体和经营权主体发生分离，所有者只参与和做出有关所有者权益或资本权益变动的理财决策，而日常的生产经营活动和理财活动由经营者进行决策。企业由股东所有，股东按出资额对企业债务承担有限责任，主要利用债券和股票来筹集资金。公司制企业有效地实现了出资者所有权和管理权的分离，具有筹资范围广泛、资金力量雄厚、投资风险有限、组织制度科学、组织形式相对稳定、管理团队专业等突出优点。但公司尤其是股份有限公司设立程序相对复杂，所有权与管理权的分离也会带来一系列的问题。

公司制企业是现代企业制度的主要形式，具有规范的经营体系、科学的法人治理结构、独立自主的决策权、较高的认可度和可拓展性等优点。

经济人物

科斯与交易成本

罗纳德·哈里·科斯（Ronald H. Coase）是新制度经济学的鼻祖，1991年诺贝尔经济学奖的获得者。科斯对经济学的贡献主要体现在他的《企业的性质》和《社会成本问题》等论著中。《企业的性质》以交易成本概念解释企业规模；《社会成本问题》主张完善产权界定可解决外部性问题，该文的发表标志着现代法与经济学的诞生。

罗纳德·哈里·科斯
（1910—2013年）

科斯的核心思想是通过突破传统零交易成本理论的局限，引导经济学研究交易成本的世界，发现交易成本世界中生产的制度结构对经济运行的重要性。科斯乃至整个新制度经济学的基石就是交易成本概念和交易成本分析方法。

在《企业的性质》里，科斯通过回答“企业为什么会存在”以及“企业的规模由什么因素决定”这两个基本的问题，为企业理论做出了历史性的贡献。科斯认为传统的微观经济理论是不完全的，因为它只包括了生产和运输成本，而忽略了为交易而搜寻、谈判、签约、履约的成本。因此，他提出了“交易成本”的概念，并用它解释企业存在的原因。所谓交易成本，即“利用价格机制的费用”或“利用市场的交换手段进行交易的费用”，包括提供价格的费用、讨价还价的费用、订立和执行合同的费用等，交易成本占用了很大份额的经济资源。**科斯提出当市场交易成本高于企业内部的管理协调成本时，便产生了企业。**企业的存在正是为了节约市场交易成本，即用费用较低的企业内部交易代替费用较高的市场交易；当市场交易的边际成本等于企业内部管理协调的边际成本时，就是企业规模扩张的界限。

——资料来源：罗纳德·H. 科斯（Ronald H. Coase）—传记[EB/OL]. [2023-09-12]. https://www.nobelprize.org/prizes/economic-sciences/1991/coase/biographical/.

4.1.2 生产要素与生产函数

（1）生产要素

企业的生产活动离不开生产要素，而生产要素的投入量与产品的产出量之间存在着一定的依存关系，这种依存关系可以用生产函数来表示。企业可以提供各种具有实物形态的产品，如面包、服装、房屋、自行车、机器设备等，也可以提供各种无形的产品即劳务，如诊疗服务、法律咨询、金融服务、旅游服务等。

生产要素是指生产中所使用的各种资源，包括从事生产所必需投入的各种人力、物力、财力。**传统的生产要素主要包含四种：劳动、资本、土地与企业家才能。**随着信息技术和互联网的蓬勃发展，数据已成为当代经济社会的一种新型生产要素，与土地、劳动、资本等传统要素并列为生产要素之一。

思政园地

充分发挥数据要素作用 赋能数字经济发展

党的二十大对全面建成社会主义现代化强国作出了战略部署，擘画了以中国式现代化推进中华民族伟大复兴的宏伟蓝图，也对建设网络强国、数字中国，发展数字经济提出了新的要求。数据是数字经济时代重要的生产要素，是构建新发展格局的重要支撑。中共中央、国务院高度重视培育数据要素市场。早在2017年，中共中央就提出“在互联网经济时代，数据是新的生产要素，是基础性资源和战略性资源，也是重要生产力”的重要论断。党的十九届四中全会首次将数据作为新的生产要素，十九届五中全会再次确立了数据要素的市场地位。

2020年4月9日，《中共中央、国务院关于构建更加完善的要素市场化配置体制机制的意见》正式公布，提出了土地、劳动力、资本、技术、数据五个要素领域改革的方向，明确了完善要素市场化配置的具体举措。这是中共中央第一份关于要素市场化配置的文件，而数据作为一种新型生产要素也是首次正式出现在官方文件中。2022年1月12日，国务院印发《“十四五”数字经济发展规划》（国发〔2021〕29号），对数据要素作出专章部署，提出强化高质量数据要素供给、加快数据要素市场化流通、创新数据要素开发利用机制等重点任务举措，对于加快形成数据要素市场体系、促进数字经济高质量发展具有重要意义。

——资料来源：【《“十四五”数字经济发展规划》解读｜充分发挥数据要素作用 赋能数字经济发展】—国家发展和改革委员会（ndrc.gov.cn）[EB/OL].（2022-01-21）[2023-09-12]. https://www.ndrc.gov.cn/xxgk/jd/jd/202201/t20220121_1312595.html.

启发思考

1. 如何理解数据作为一种新型要素，在生产经营过程中起什么作用？
2. 数据要素可以在市场中进行交易吗？

劳动是最基本的生产要素，是指人类在生产过程中提供的体力和智力的总和，包括体力劳动和脑力劳动。劳动力是劳动者的能力，由劳动者提供。劳动力的价格是工资，企业雇用劳动力，工人或员工将自己的体力和智力投入生产过程，企业支付工资作为报酬。劳动对产出的影响取决于劳动者提供的知识水平、劳动技能、劳动态度等。在劳动力密集型企业中，劳动要素的投入是决定产品价值的主要因素。

资本是指资本品或投资品，是生产过程中又一主要的投入要素，包括物质资本和货币资本。通常认为使用的各种生产设备，如工具、机器、厂房、仓库等属于物质资本。随着技术的日益进步，资本对产出的贡献日益明显。

土地是指生产中所使用的各种自然资源，不仅包括土地本身，还包括在自然界所存在的一切自然资源，如海洋、矿藏、森林、湖泊等。土地可以给生产提供场所、原料和动力。

企业家才能是生产过程中所必需的经营整个企业的组织能力、管理能力和创新能力。这一生产要素是由经济学家马歇尔在其《经济学原理》中率先增加的，并得到了广泛的认同。企业家才能在现代企业中被认为是一个很重要的要素，企业家才能是企业维持生存、获得利润的重要保证。

随着科学技术不断发展，特别是大数据、人工智能、互联网和物联网、云计算、区块链等数字技术涌现，数据成为新的生产要素。数据是指参与到社会生产经营活动中，为所有者或使用者带来经济效益的数据资源。数据作为新型生产要素，是数字化、网络化、智能化的基础，已快速融入生产、分配、流通、消费和社会服务管理等各个环节，深刻改变着生产方式、生活方式和社会治理方式。

拓展阅读

数据驱动商业模式创新

希音（SHEIN）是一家全球领先的时尚和生活方式在线零售商，是中国规模较大的跨境B2C互联网企业。希音的主要市场在北美地区，2022年希音在美国快时尚领域的市场份额占到了30%。希音还是美国下载量最大的电商应用，以2.29亿次下载量稳居出海电商下载榜首。

希音依托柔性供应链体系，以数字化运营提升企业竞争优势。对终端数据的分析能力，是希音的核心优势之一。一方面，希音凭借强大的供应链体系，支撑超级“快”时尚。公司将供应链的各个环节集中于珠三角，缩减了产品交付时间和成本，提高了部门间的协同效率，FOB/ODM供应商交货周期分别为7～11天/10～15天。同时公司自建独家面料B2B平台，从原料端保障了产品的多样性及返单的及时性。

另一方面，希音通过加强数字化布局，提升线上收入占比，以多维度分析终端消费偏好，提高新品成功率。希音自建信息化管理系统，打通了终端、生产及面料供应的全流程。一方面可方便订单分配及补单需求查询，另一方面可帮助供应商进行排产优化、生产数据的实时监控，大幅提升了生产效率，保障了小单快反的顺利运行。

以数据为驱动的商业模式创新可以帮助企业探索新的商业机会。通过对大量数据的分析和挖掘，企业可以发现市场的新需求、新机会以及新模式，从而探索出有利于企业自身发展的商业模式，形成独特的竞争优势。

——资料来源：王雨丝，曾令仪. 纺织服装行业深度报告：SHEIN的崛起，大众品牌何以鉴之[R]. 中泰证券研究所，2021：1-26.

启发思考

数据要素是如何驱动希音实现商业模式创新的？

拓展阅读

如何理解数据作为生产要素

生产要素是随着人类社会发展而不断变化的。从一定意义上说，生产要素反映着人类社会不同发展阶段的生产力水平。近年来，互联网、大数据、云计算、人工智能、区块链等技术加速创新，数字技术、数字经济是世界科技革命和产业变革的先机，是新一轮国际竞争重点领域。数据规模的爆发式增长，不仅在数字经济发展中的地位和作用凸显，而且对传统生产方式变革产生重大影响，催生新产业新业态新模式，成为驱动经济社会发展的关键生产要素。

数据是对客观世界状态变化的数字化记录。人们对数据的认识经历了一个不断深化的过程：从单纯认为数据是"信息资源"，将其看作是静态的数据库，到逐步认识"大数据"的重要价值，认为其具有海量规模、多样化数据结构、高速增长等特征以及高度经济价值，再到将数据看作是一种与劳动、资本、土地、知识、技术、管理等生产要素并列的新型生产要素。

数据作为生产要素的价值在于重建了人类对客观世界理解、预测、控制的新体系新模式。这种模式本质是用数据驱动的决策替代经验决策，即基于"数据+算力+算法"可以对物理世界进行描述、原因分析、结果预测、科学决策。数据并不是一开始就成为生产要素的。从上古时代的"结绳记事"，到文字发明后的"文以载道"，再到近现代科学的"数据建模"，数据一直伴随着人类社会的发展变迁。直到互联网商用之后，人类掌握数据、处理数据的能力有了质的跃升，数据才成为生产要素。不同时代，都有一个最重要或最难替代的生产要素，农业时代土地是最重要或最难替代的生产要素，发展到数字时代，数据成为最重要或最难替代的生产要素。

历史阶段		生产要素	最重要或最难替代的生产要素	提供方	收入
农业时代		土地、劳动	土地	地主	地租
工业时代	第一次工业革命	土地、劳动、资本	资本	资本家	利息
	第二次工业革命	土地、劳动、资本、企业家才能	企业家才能	企业家	利润
数字时代		土地、劳动、资本、企业家才能、数据	数据	数据所有者	数据资产收益

——资料来源：如何理解数据是新型生产要素[EB/OL].（2022-12-20）[2023-09-12] https://theory.gmw.cn/2022-12/20/content_36244979.htm；如何理解数据是生产要素?（cnblogs.com）[EB/OL].（2022-11-23）[2023-09-12]. https://www.cnblogs.com/ghj1976/p/li-jie-shu-ju-shi-sheng-chan-yao-su.html#.

启发思考

1. 为什么数据资产是数字时代最重要或最难替代的生产要素？
2. 你认为数字时代数据所有者的收入来源是什么？

（2）生产函数

生产函数表示在一定时期内，技术水平不变的情况下，生产中所用的各种生产要素的数量与所能生产的最大产量之间的关系。例如，生产服饰的厂商，需要采购原材料、租赁厂房、购买设备（技术）、聘请工人和管理人员，然后才能把产品生产出来，这种投入和产出之间的关系，可以用生产函数来表达。任何生产函数都是以给定的生产技术为前提，一旦生产技术发生变化，就会形成新的生产函数。

假定用Q表示所能生产的最大产量，用X_1，X_2，…，X_n依次表示某产品生产过程中n种生产要素的投入量，则生产函数为：

$$Q=f\left(X_1,\ X_2,\cdots,\ X_n\right) \tag{4-1}$$

该生产函数表示在既定的生产技术条件下，生产要素组合（X_1，X_2，…，X_n）在某一时期所能生产的最大产量为Q。最大产量即表示其产量是现有条件下不可能再增大的产量。在经济学中，土地这一生产要素比较固定，企业家才能通常难以量化，而数据要素进入生产函数的方式目前仍在探索中。因此，为了简化分析，常假定只使用劳动和资本两种生产要素。如果用L表示劳动投入量，用K表示资本投入量，则生产函数可简化为：

$$Q=f\left(L,\ K\right) \tag{4-2}$$

生产函数所反映的要素投入量与产出量之间的依存关系具有普遍性，任何一种生产活动都可以用生产函数来表示，但不同企业的生产函数的具体形式存在不同程度的差异，每个企业都有自己独特的生产函数。因此估算和研究生产函数对经济理论研究和生产实践都具有重要意义。合理研究并估算生产函数，有助于企业掌握生产规律，做出正确的生产决策，从而实现资源合理配置，最终实现企业利润最大化的目标。

知识点滴

柯布-道格拉斯生产函数

柯布-道格拉斯（Cobb-Douglas）生产函数由数学家柯布和经济学家道格拉斯于20世纪30年代初共同提出。柯布-道格拉斯生产函数的一般形式为：

$$Q=AL^{\alpha}K^{\beta} \tag{4-3}$$

式中，常数A、α、$\beta>0$，并且假定$0<\alpha$，$\beta<1$。由于符合经济学对模型简单而又有效的基本要求，并且据此给出的估计结果也较为符合实际情况，所以这一生产函数在生产理论及应用研究中被广泛使用。

柯布–道格拉斯生产函数中的参数A、α、β都具有明确的经济含义。A可以看成是一个用来表示技术水平状况的技术系数，A的数值越大，表示既定劳动和资本的投入数量所能生产的产量也就越大。α、β分别表示产出关于劳动和资本的弹性值。如果劳动投入增加1%，那么产出增加的百分比就等于α；同样的，β则是资本投入增加1%导致的产出增加的百分比。

根据柯布和道格拉斯两人对美国1899—1922年期间有关经济资料的分析和估算，α值约为0.75，β值约为0.25。这表明，这期间美国劳动力增加1%，产出就会增加0.75%，而资本每增加1%，产出增加0.25%。此外，根据参数α和β之和，还可以判断规模报酬的情况。若$\alpha+\beta>1$，则为规模报酬递增；若$\alpha+\beta=1$，则为规模报酬不变；$\alpha+\beta<1$，则为规模报酬递减。

任务 4.2　企业的生产决策

在生产活动中，企业调整要素投入量或生产规模往往需要一定的时间。以企业调整全部生产要素投入量所需时间为限，可以将生产划分为短期生产和长期生产。**短期生产是指企业来不及调整全部生产要素投入量，至少有一种生产要素投入量是固定不变的时间周期。**因此在短期生产过程中，生产要素可分为不变要素和可变要素。企业在短期内无法调整的是不变要素的投入量，如厂房、机器设备等；企业在短期内可以调整的是可变要素的投入量，如劳动、原材料等。**所谓长期生产，是指企业可以调整全部生产要素投入量的时间周期。**因此在长期生产过程中，所有要素都是可变的，企业可以根据自身经营状况缩小或扩大生产规模，甚至进入或退出一个行业。生产函数因此被划分为短期生产函数和长期生产函数。与此相应，生产决策也有短期生产决策和长期生产决策之分。

4.2.1　短期生产决策

（1）短期生产函数

短期生产函数决定短期生产决策。**短期生产函数**是指在技术水平不变的条件下，当其他生产要素投入量固定不变时，一种可变生产要素的投入量与所能生产产品的最大产量之间的依存关系。假定资本投入量是固定的，用$\bar{K}$表示，劳动投入量是可变的，用L表示，Q为产品最大产量，则短期生产函数可表达为：

$$Q = f(L, \bar{K}) \tag{4-4}$$

这是一种可变要素的短期生产函数，表示在生产技术与资本投入量给定的条件下，由可变生产要素劳动投入量变化所导致的最大产量的变化。根据可变要素投入与产出之间的对应关系，可以定义三个重要的产量概念，即总产量（Total Product，*TP*）、平均产量（Average Product，*AP*）和边际产量（Marginal Product，*MP*），用下标L表示劳动是可变要素。

总产量是指一定的生产要素投入所能生产的用实物单位衡量的全部产品数量。短期总产量函数表达为：

$$TP_L = f\left(L, \bar{K}\right) \tag{4-5}$$

平均产量是指平均每单位某种生产要素投入所能生产的产品数量。短期平均产量函数表达为：

$$AP_L = \frac{TP_L}{L} \tag{4-6}$$

边际产量是指每增加一单位某种生产要素的投入量所带来的产出增加量。短期边际产量函数表达为：

$$MP_L = \frac{\Delta TP_L}{\Delta L} \tag{4-7}$$

$$\text{或者 } MP_L = \lim_{\Delta L \to 0} \frac{\Delta TP_L}{\Delta L} = \frac{\mathrm{d}TP_L}{\mathrm{d}L} \tag{4-8}$$

根据上述概念与定义，可以构建一个关于可变要素的短期生产函数的总产量、平均产量、边际产量的列表。

表4-1用实例的方式将可变要素的短期生产函数进行展现，其中劳动投入为可变要素，资本为固定要素，假定为3，我们可以看出总产量、平均产量和边际产量的变化。

表4-1　　关于可变要素的短期生产函数

劳动投入量 L	资本投入量 $\bar{K}$	劳动的总产量 TP_L	劳动的平均产量 $AP_L=\frac{TP_L}{L}$	劳动的边际产量 $MP_L=\frac{\Delta TP_L}{\Delta L}$
0	3	0	0	—
1	3	3	3	3
2	3	8	4	5
3	3	12	4	4
4	3	15	$\frac{15}{4}$	3
5	3	17	$\frac{17}{5}$	2

续表

劳动投入量 L	资本投入量 $\bar{K}$	劳动的总产量 TP_L	劳动的平均产量 $AP_L=\frac{TP_L}{L}$	劳动的边际产量 $MP_L=\frac{\Delta TP_L}{\Delta L}$
6	3	17	$\frac{17}{6}$	0
7	3	15	$\frac{15}{7}$	-2

图4-1是根据表4-1绘制的产量曲线图。由图可知在资本投入量不变的情况下，随着可变要素劳动投入量的增加，产品的总产量、平均产量和边际产量都呈现出先上升到顶点后下降的趋势。

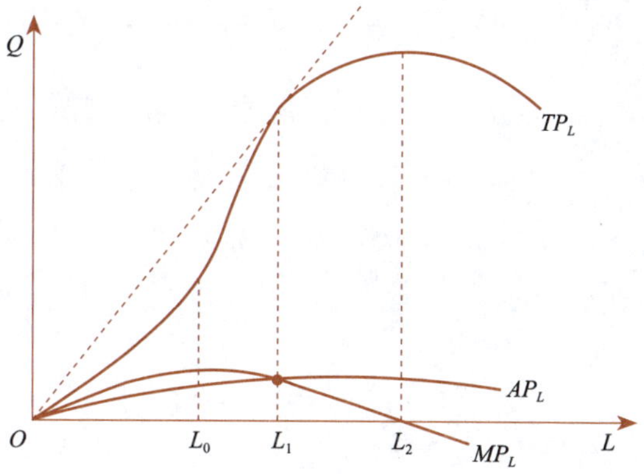

图4-1　一种可变要素的短期生产函数产量曲线

边际产量曲线与平均产量曲线相交于平均产量曲线的最高点。相交前，平均产量递增，边际产量大于平均产量；相交后，平均产量递减，边际产量小于平均产量；当边际产量与平均产量相交时，平均产量达到最大，边际产量等于平均产量。当边际产量为正值时，总产量增加；当边际产量等于0时，总产量达到最大；当边际产量为负值时，总产量减少。

为什么随着劳动投入量的不断增加，总产量最终反而会下降呢？这与短期生产的特点有关，我们称之为边际报酬递减规律。

（2）边际报酬递减规律

边际报酬递减规律是指在技术水平不变的条件下，连续增加一种可变生产要素的投入量，与其他一种或多种固定生产要素组合进行生产时，最初该可变生产要素的增加带来的边际产量增加，但当这种要素投入量达到一定限度以后，增加该要素投入量所带来的边际产量是递减的。边际报酬递减规律也被称为边际产量递减规律或边际收益递减规律。

边际报酬递减规律是人们从生产实践中总结出来的具有普遍意义的基本生产规律，其原因在于：在短期生产中，可变要素和固定要素之间存在一个最佳比例。当可变要素较少时，增加该要素投入可向最佳要素组合靠近，生产效率提升。一旦要素投入比例实现最佳组合，边际产量就达到最大值。此时，如果继续增加可变要素投入则会偏离最佳比例，边际产量又会呈现递减趋势了。比如在一块土地上增加化肥的投入，在技术水平一定的情况下，当土地等其他生产要素不变时，一开始增加化肥的投入可以实现粮食产量递增，然而随着化肥投入的不断增加，所增加的粮食产量会呈现出递减的趋势。

边际报酬递减规律发挥作用存在前提条件：一是技术水平不变。技术水平不变是指生产中所使用的技术没有重大变革。一般而言，短期内无论是农业还是工业，一种技术水平一旦形成，总会有一段相对稳定的保持时期，在这一时期内技术水平不会发生变化。

二是其他生产要素投入数量保持不变。边际报酬递减规律所指的生产要素涉及不变要素和可变要素，反映出在生产过程中不变要素与可变要素间存在着最优配合比例。因此与技术水平不变一样，其他生产要素投入数量也要保持不变。

三是边际报酬递减规律需要在可变要素投入增加到一定程度之后才会发生作用。在其他生产要素不变的条件下，一种可变生产要素投入量增加所引起的产品边际产量变化要经历递增、递减到变为负数的全过程。

趣味知识

边际报酬递减规律在实际生活中的应用

边际报酬递减规律是经济学中一个基本原理，它描述了在生产过程中，当一个生产要素增加而其他要素保持不变时，最初的增加会带来较大的增量，但随着这一要素的继续增加，其边际产出会递减，即每单位要素的增加所带来的附加产出减小。

这一规律在实际生产生活中具有广泛的应用，比如在农业生产中，增加施肥量可以提高作物产量。然而，边际报酬递减规律表明，随着施肥量的增加，增产效果会减小。这意味着，农民需要在较低的施肥量下获得最大的产量效益。在工业生产中，增加工人数量会提高生产率。但是，随着工人数量的增加，边际报酬递减会导致工人的增加不再能够显著提高产量。这对生产计划和成本控制非常重要。边际报酬递减也适用于人力资源管理。招聘更多员工可能会提高工作效率，但边际报酬递减表明，团队中每个新员工的增益可能会减小。这可以帮助雇主确定合适的工作组规模和员工薪酬。

总之，边际报酬递减规律在实际生产和决策中提供了有关资源分配和效率的重要信息。它强调了权衡成本和效益，以实现最佳的生产和资源利用。

启发思考

你还知道哪些边际报酬递减规律在实际生产生活中的运用？

（3）短期生产决策

根据短期生产的总产量、平均产量和边际产量函数间的关系，可将短期生产划分为三个阶段。

如图4-2所示，根据可变要素劳动投入的变化进行划分，从0至L_1是第Ⅰ阶段，从L_1至L_2为第Ⅱ阶段，超过L_2之后是第Ⅲ阶段。

第Ⅰ阶段：边际产量始终大于平均产量的阶段。平均产量一直上升，边际产量上升到最高点后下降，对应的总产量TP_L始终是上升的，尽管上升的速率由递增变为递减。在这个阶段相对于不变要素而言，可变要素投入量不足。理性的生产者会选择增加可变要素的投入量推进至第Ⅱ阶段，使不变要素得到充分利用，由此得到产量增加带来的全部好处。

第Ⅱ阶段：劳动的投入使平均产量大于边际产量。边际产量仍大于0，意味着总产量依然增加，但增长速率变慢。平均产量开始下降，边际产量下降至零。

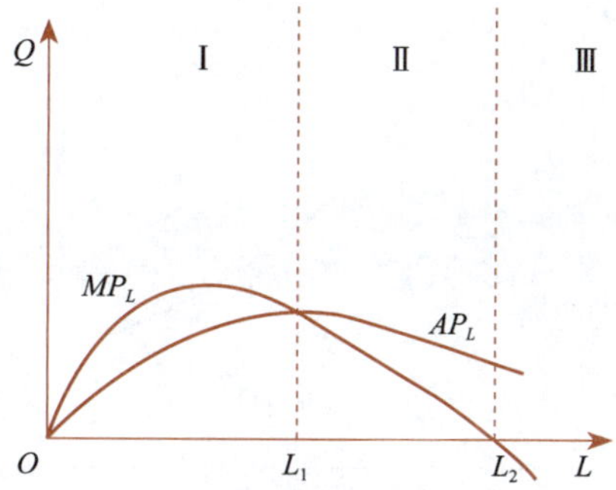

图4-2　一种可变要素投入的合理区域

第Ⅲ阶段：边际产量为负数，平均产量、边际产量同时下降，表明相对于不变要素而言，可变要素投入量过多。理性的生产者会选择减少可变要素的投入量，退回至第Ⅱ阶段。

在短期生产的三个阶段中，理性生产者会将短期生产的决策控制在第Ⅱ阶段。这一区间的起点对应劳动投入为L_1，是平均产量曲线的最高点，也是边际产量曲线与平均产量曲线的交点；这一区间的止点对应劳动投入为L_2，是边际产量为零的点。在这个阶段，既可以得到在第Ⅰ阶段持续增加劳动投入所带来的全部好处，而且可以避免将劳动投入增加到第Ⅲ阶段带来的不利影响。

4.2.2　长期生产决策

（1）长期生产函数

长期生产函数表示在技术水平不变的条件下，两种或两种以上可变生产要素的投入数量组合与所能带来的最大产品产量之间的依存关系。

在长期，所有生产要素的投入量都是可变的。为简化分析，通常以两种可变生产要素的生产函数来分析长期生产。假定企业使用劳动（L）和资本（K）两种可变生产要素来生产一种产品，则两种可变生产要素的长期生产函数可表达为：

$$Q=f(L,\ K) \tag{4-9}$$

由于在长期生产中，任何一种生产要素的变动都会带来产量的变化，因此，要素投入组合与产出之间的关系比较复杂。我们采用等产量曲线进行考察。

（2）等产量曲线

等产量曲线是指在技术水平不变的条件下，生产同一产量所需的不同生产要素组合所描绘出来的一条曲线（图4-3）。例如在一家生产服饰的工厂，计划1年产量达到50万套，它可以雇用50名工人，投入10台设备进行生产，也可以雇用30名工人，投入20台设备完成任务。即表明，劳动—资本组合（50，10）和（30，20）处在一条等产量线上。

如果用Q_0表示既定产量，则等产量线可表示为：

$$Q_0=f(L,\ K) \tag{4-10}$$

不难发现，等产量曲线具有以下特征。

①在同一条等产量曲线上，各点所代表的要素投入量组合不同，但对企业来说产量都

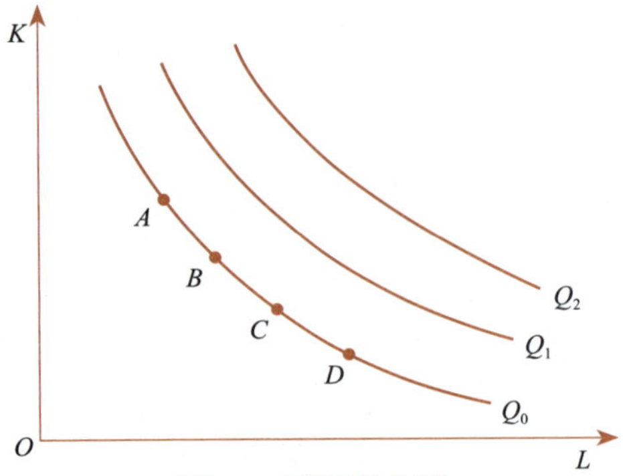

图4-3　等产量曲线

是相同的。为了达到同样的产量，厂商可以用较多的劳动和较少的资本，或较少的劳动和较多的资本来实现，即要素之间可以替代。

②等产量曲线有无数条。同一条等产量曲线代表相同的产量，不同的等产量曲线代表不同的产量。离原点越远的等产量曲线代表的产量越大；离原点越近的等产量曲线代表的产量越小。在图4-3中，曲线代表的产量$Q_2>Q_1>Q_0$。

③在同一坐标平面图中，任何两条等产量曲线都不会相交。这是因为在技术水平保持不变的条件下，一个特定的生产要素组合所能生产的最大产量只有一个，因此就只有一条等产量曲线通过该点。

④等产量曲线是一条向右下倾斜且凸向原点的曲线。要维持产量不变，增加某种生产要素的同时，另一种生产要素的投入会相应减少，这种特征称为生产要素的边际技术替代率（Marginal Rate of Technical Substitution，*MRTS*）递减规律。

（3）边际技术替代率

边际技术替代率（*MRTS*）是指在维持产量水平不变的条件下，企业增加一单位某种生产要素投入量时所减少的另一种生产要素的投入量。因此，劳动L对资本K的边际技术替代率可表达为：

边际技术替代率

$$MRTS_{LK}=-\frac{\Delta K}{\Delta L} \tag{4-11}$$

其中$MRTS$为劳动L对资本K的边际技术替代率，ΔL、ΔK分别为劳动和资本投入的变动量。由于ΔL与ΔK的变动方向相反，得出的结果一般为负值。为便于比较，在公式中添加负号，使边际技术替代率可以取正值。

当劳动L的变动量趋于零时，劳动L对资本K的边际技术替代率可表达为：

$$MRTS_{LK}=\lim_{\Delta L\to 0}-\frac{\Delta K}{\Delta L}=-\frac{\mathrm{d}K}{\mathrm{d}L} \tag{4-12}$$

由式（4-12）可知，等产量线上某一点的边际技术替代率就是等产量曲线在该点斜率的绝对值。

对于任意一条等产量曲线而言，用劳动投入替代资本投入时，在维持产量水平不变的条件下，由增加劳动投入量所带来的总产量的增加量与由减少资本投入量所带来的总产量的减少量必定是相等的，即边际技术替代率等于两种要素的边际产量之比，由此得出：

$$MRTS_{LK}=-\frac{\Delta K}{\Delta L}=\frac{MP_L}{MP_K} \tag{4-13}$$

在维持产量不变的前提下，在一种可变要素的投入量不断增加的过程中，每一单位这种可变要素所能替代的另一种可变要素的数量是递减的。这就是**边际技术替代率递减规律，即在维持产量水平不变的条件下，随着一种生产要素投入量的连续增加，每一单位的**

这种生产要素所能替代的另一种生产要素的数量是递减的。边际技术替代率递减的主要原因在于，任何一种产品的生产技术都要求各要素投入有适当的比例，这意味着各要素之间的替代是有限的。

边际技术替代率递减规律可用来解释等产量曲线凸向原点的特征。等产量曲线上每一点的边际技术替代率就是等产量曲线在该点斜率的绝对值。由于边际技术替代率递减规律的作用，等产量曲线的斜率的绝对值是递减的，即等产量曲线展示出来是凸向原点的。

拓展阅读

人工智能的应用

人工智能的发展正在逐渐改变多个领域，从而替代了部分人类劳动。在银行和金融行业，自动取款机（ATM）和在线银行服务取代了一部分银行柜台工作。同时，聊天机器人和算法交易系统在金融市场中执行某些任务；虚拟客服代表和聊天机器人越来越多地用于回答常见问题、提供支持和处理客户查询，减少了人类客服代表的需求；在医疗方面，AI可以用于图像识别和诊断，如X射线、CT扫描和MRI图像分析；机器人和自动化系统在仓库中用于货物搬运、排序和库存管理，减少了人工操作；自助点餐系统和自动化的厨房设备在餐厅中取代了部分服务员和厨师的工作；在线教育平台和电子学习工具使学生可以自主学习，减少了一对一教育的需求。

这些都是人工智能在实际生产生活中的应用，它们正在改变各种行业，减少了一些重复性的任务，从而提高了效率和精确性。

启发思考

你认为人工智能能够取代人类劳动吗？为什么？

（4）等成本线

等产量线是从生产技术的角度界定投入与产出之间的关系，并没有触及要素的成本问题。为了说明企业对生产要素使用量的选择，需要引入企业使用要素的成本。等成本线是指在成本和生产要素价格既定的条件下，生产者可以购买到的两种生产要素的各种最大可能数量组合的轨迹。在同一条等成本线的各点上，两种生产要素的数量组合不同，但总成本相等。

假定企业生产某种产品只投入劳动和资本两种要素，则等成本线可表达为：

$$C = wL + rK \tag{4-14}$$

式中，C表示既定成本；w、r分别表示劳动和资本的价格，其中，劳动的价格可以用工资来表示，资本的价格用利息率表示；L、K分别为劳动和资本的使用数量，则wL表示使用劳动的工资总额，rK表示租用资本的租金总额。

在劳动和资本构成的坐标平面中，等成本方程可以表示为等成本线。

如图4-4所示，若企业将既定成本全部用于购买劳动L，则最大的购买数量为C/w；若企业将既定成本全部用于购买资本K，则最大的购买数量为C/r。由此，可以得到等成本线。等成本线是向右下方倾斜的一条直线，斜率为$-w/r$。等成本线将平面坐标图划分为三个区域：等成本线上的任何一点，表示企业用既定成本所能购买到的劳动和资本的最大数量组合；A点在线内区域，表示既定成本有剩余但不是最大数量的要素购买组合；B点在线外区域，表示企业既定成本不能实现的要素购买组合。如果要素成本与要素价格的变动会使等成本线发生变动，这种变动与预算线的变动类似。

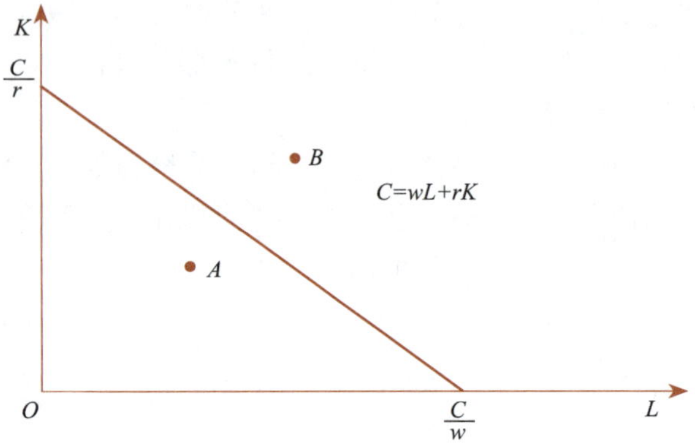

图4-4　等成本线

（5）生产者均衡

在现实生产活动中，生产者可能面临产量既定或成本既定这两种约束，而生产者均衡是指生产要素的最优组合状态，是既定产量下成本最小或既定成本下产量最大的状态。

如图4-5和图4-6所示，在均衡点E上，企业实现了生产要素的最优组合，即实现了生产者均衡。图4-5表示既定产量下成本最小的生产要素组合，由于产量既定，所以只有一条等产量曲线Q_0，但等成本线有多条。只有等产量曲线Q_0与等成本线相切的E点，才能以最小成本实现既定产量。点A是等产量线Q_0上的点，意味着可以实现既定产量，但成本比E点要高。

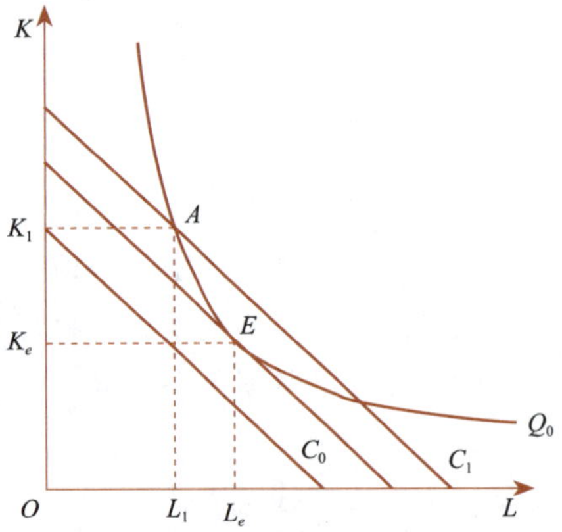

图4-5　产量既定条件下的成本最小化

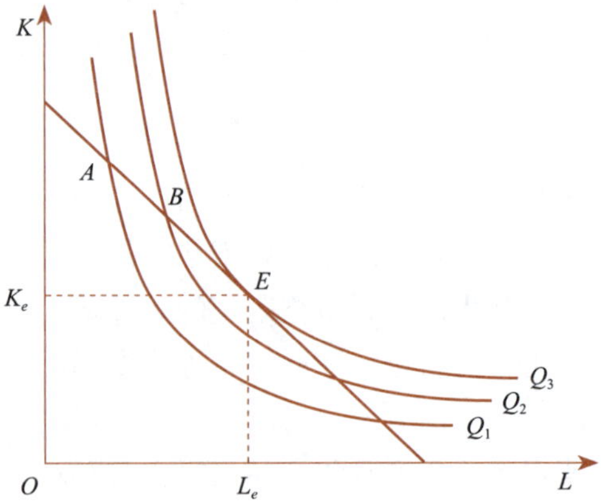

图4-6　成本既定条件下的产量最大化

图4-6表示既定成本下产量最大的生产要素组合，由于成本既定，所以只有一条等成本线，等产量线有多条。只有在等产量曲线Q_3与等成本线相切的E点，才能以既定成本实

现最大产量。点A和B都是等成本线上的点，表示既定成本下可以实现的产量，但代表的产量水平都比Q_3要低。

生产者均衡点对应的生产要素组合必须位于等成本线上，因此相应的劳动投入L和资本投入K需要满足等成本方程。另一方面，由于均衡点是等产量曲线与等成本线的切点，因此等产量曲线斜率与等成本线斜率相等。等产量曲线斜率的绝对值为要素的边际技术替代率，而等成本线斜率的绝对值等于两种要素的价格之比，因此，等斜率条件要求要素的边际技术替代率等于要素价格比。

综合上述条件，生产者均衡条件可表达为：

$$\begin{cases} C = wL + rK \\ MRTS_{LK} = \dfrac{w}{r} \end{cases} \tag{4-15}$$

因此可知，企业实现生产要素最优组合的原则是使**两种要素的边际技术替代率等于这两种要素的价格之比。**

（6）生产扩展线

企业的生产扩展曲线称为生产扩展线（图4-7）。在生产技术和生产要素价格既定的前提下，企业改变要素投入量会引起等成本线的平移，而改变产量会引起等产量线的平移，从而使两者的切点即生产者均衡点发生变动，由此而形成的生产者均衡点的运动轨迹就是生产扩展线。生产扩展线上的任意一点对应的生产要素组合必然是企业在相应产量或成本下利润最大化的投入组合，表示企业在长期扩张或收缩生产规模时所必须遵循的路径。

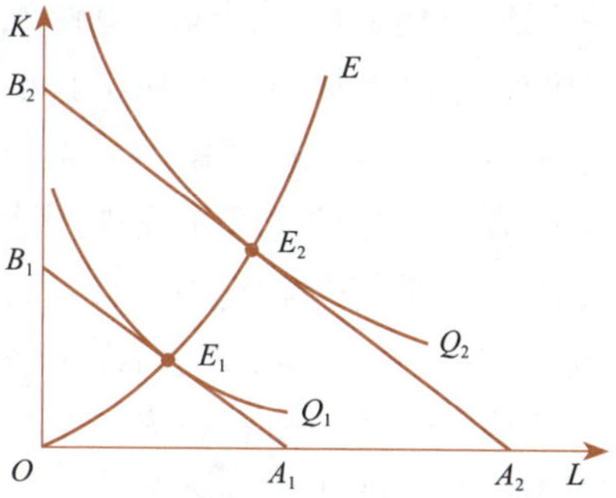

图4-7　生产扩展线

任务 4.3　成本与收益

4.3.1　成本的测度

（1）成本的概念

成本是企业为生产一定数量的某种产品所发生的各种支出，是投入生产要素所必须支付的代价。企业的生产成本往往被看作是企业购买生产要素的货币支出，但在经济学中，仅仅从这个层面来理解成本概念是不够的。企业的生产成本可具体分为显性成本和隐性成本两部分，即

经济成本=显性成本+隐性成本

无论是显性成本还是隐性成本，都需要以机会成本的概念来理解和度量。机会成本是用来表示稀缺性和选择之间关系的基本概念。从经济资源的稀缺性这一前提出发，当人们使用一定的经济资源生产某种产品时，这些经济资源就不可能被同时用于其他的生产用途。也就是说，人们对任何一种产品的生产都是以放弃使用相同的经济资源在其他产品生产中所能获得的收入作为代价的，所谓的代价就是成本。**企业的机会成本是指生产者所放弃的使用相同的生产要素在其他生产用途中所能获得的最高收入**。

企业生产的**显性成本指企业在生产要素市场上购买或租用他人所拥有的生产要素的实际支出。**也就是说，显性成本是需要企业支出货币的投入成本。例如，某企业雇用了一定数量的工人、购买了一定数量的机器设备。这个企业就需要支付相应的费用，这些货币支出便构成了该企业生产的显性成本。从机会成本的角度讲，该企业的显性成本的支出总价格必须等于这些生产要素所有者将相同的生产要素投入其他用途中时所能得到的最高收入，否则，该企业就不能购买或租用到这些生产要素，并保持对它们的使用权。

企业生产的**隐性成本指企业自己所拥有的且被用于自己企业生产过程中的那些生产要素的总价格。**也可以说，隐性成本是指不需要企业支出货币的投入成本。例如，为了进行生产，某企业所有者动用了自己所拥有的土地资源。一般情况下，企业对自己所拥有的生产要素往往是无偿使用的。当企业利用自有的生产要素进行生产时，便放弃了使用相同的生产要素在其他生产用途中所能得到的最高收入，这便是企业从事当前生产的机会成本。所以，应该将企业使用自有要素所应得的各类货币收入计入成本。但是，由于事实上这笔成本往往不发生货币支付而被忽视，因此称这部分成本为隐性成本。

成本还可以分为私人成本和社会成本。私人成本也称个别成本，是企业在生产过程中为生产产品所支出的各项费用。私人成本是从企业角度来看的成本，企业投入的生产要素如劳动、资本、土地、企业家才能等价格均应计入私人成本。社会成本是指全社会为某项生产活动需要支付的费用，既包括企业生产产品所支出的各项费用，也包括整个社会为此所付出的代价，**即社会成本是产品生产的私人成本和生产的外部性给社会带来的额外成本之和。**企业的生产活动会对社会产生影响，如企业排放废水、废料和废气会污染环境，植树种草会美化环境等。私人成本通常按企业所使用资源的市场价格来计算，如果资源的市场价格能准确体现其社会价值，那么就与社会成本相一致。但现实中，二者往往不一致。当企业的生产活动对社会产生不利影响时，社会成本往往高于私人成本；当企业的生产活动对社会产生有利影响时，社会成本往往低于私人成本。

（2）成本函数

成本函数是指在一定时间内，在技术水平和要素价格不变的条件下，产品的成本与产量之间的关系。以C表示成本，Q表示产量，成本函数可以表示为：

$$C=f(Q) \tag{4-16}$$

成本函数可以分为短期成本函数和长期成本函数。

4.3.2 短期成本分析

（1）短期成本的概念

企业的短期成本有不变成本和可变成本之分。具体地讲，企业的短期成本包括总不变成本（Total Fixed Cost，*TFC*）、总可变成本（Total Variable Cost，*TVC*）、总成本（Total Cost，*TC*）、平均不变成本（Average Fixed Cost，*AFC*）、平均可变成本（Average Variable Cost，*AVC*）、平均成本（Average Cost，*AC*）和边际成本（Marginal Cost，*MC*）。

总不变成本（*TFC*）是企业在短期内为生产一定数量的产品对不变生产要素所支付的总成本。由于在短期内不管企业的产量为多少，这部分不变要素的投入量都是不变的，所以，总不变成本是一个常数，它不会随着产量的变化而变化。即使在产量为零时，总不变成本也仍然存在。例如厂房、店铺的租金、设备的折旧等，这些都属于不变成本的范畴。

总可变成本（*TVC*）是企业在短期内为生产一定数量的产品对可变生产要素所支付的总成本。变动成本指支付给各种变动生产要素的费用，如购买原材料及电力消耗费用和工人工资等。这种成本随产量的变化而变化，常常在实际生产过程开始后才需支付。

总成本（*TC*）是企业在短期内为生产一定数量的产品对全部生产要素所支付的总成本。它可以表示为总不变成本和总可变成本的总和。

$$TC=TFC+TVC \tag{4-17}$$

平均成本是企业在短期内平均生产每一单位产品所支付的成本，用公式表示为：

$$AC=\frac{TC}{Q} \tag{4-18}$$

平均不变成本是企业在短期内平均每生产一单位产品所支付的不变成本。用公式表示为：

$$AFC=\frac{TFC}{Q} \tag{4-19}$$

平均可变成本是企业在短期内平均每生产一单位产品所支付的可变成本。用公式表示为：

$$AVC=\frac{TVC}{Q} \tag{4-20}$$

边际成本是企业在短期内增加一单位产量所增加的总成本，用公式表示为：

$$MC=\lim_{\Delta Q\to 0}\frac{\Delta TC}{\Delta Q}=\frac{\mathrm{d}TC}{\mathrm{d}Q} \tag{4-21}$$

（2）短期成本曲线

假定某个厂商的短期成本如表4-2所示，表中的平均成本和边际成本的各栏均可以分别由相应的总成本的各栏推算出来，体现了各种短期成本之间的相互关系。

根据表4-2，短期不变成本、可变成本和总成本曲线如图4-8所示。由图4-8可知，不变成本不会随着产量的变化而发生变动，因此不变成本曲线是一条平行于横轴的直线。可变成本会随着产量的增加而递增，因此可变成本曲线是一条向右上方倾斜的曲线。总成本等于不变成本与可变成本之和，因此总成本曲线也是一条向右上方倾斜的曲线，但与可变

表4-2　　　　　　　　　　　　　　厂商短期成本表

产量 Q	总成本			平均成本			边际成本 MC
	总不变成本 TFC	总可变成本 TVC	总成本 TC	平均不变成本 AFC	平均可变成本 AVC	平均成本 AC	
0	600	0	600				
1	600	300	900	600	300	900	600
2	600	400	1 000	300	200	500	100
3	600	450	1 050	200	150	350	50
4	600	520	1 120	150	130	280	70
5	600	700	1 300	120	140	260	180
6	600	1 050	1 650	100	175	275	350

成本曲线的出发点不同，可以看成可变成本曲线向上平移了FC个单位。

平均不变成本、平均可变成本和平均成本曲线，如图4-9所示。

由图4-9可知，随着产量的逐渐增加，平均不变成本曲线递减，平均可变成本曲线以及平均成本曲线则都呈现出先递减后增加的U形。

边际成本曲线如图4-10所示，由图可知，边际成本曲线也呈现出先递减后增加的U形。

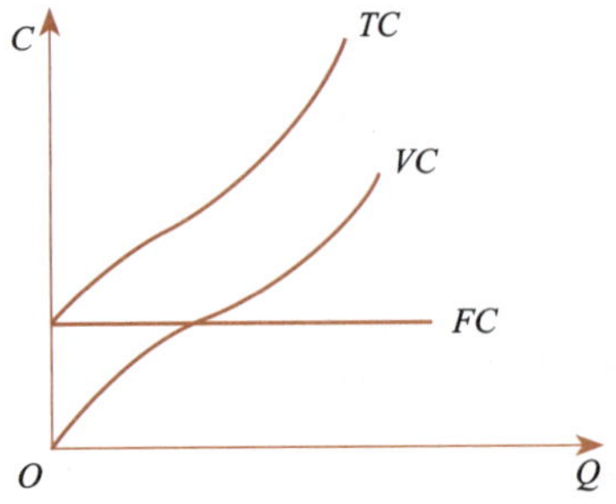

图4-8　不变成本、可变成本和总成本曲线

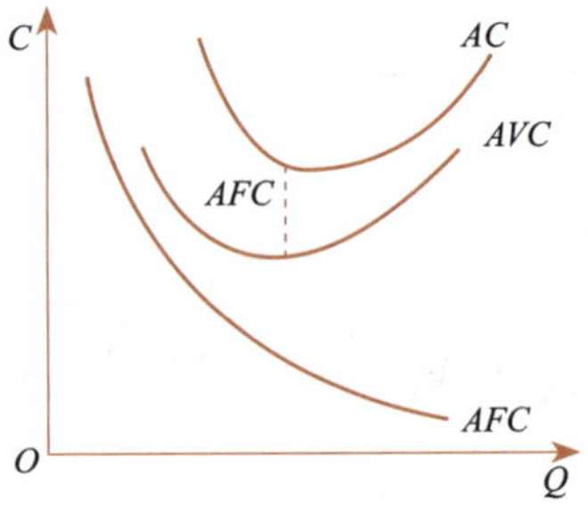

图4-9　平均不变成本、平均可变成本和平均成本曲线

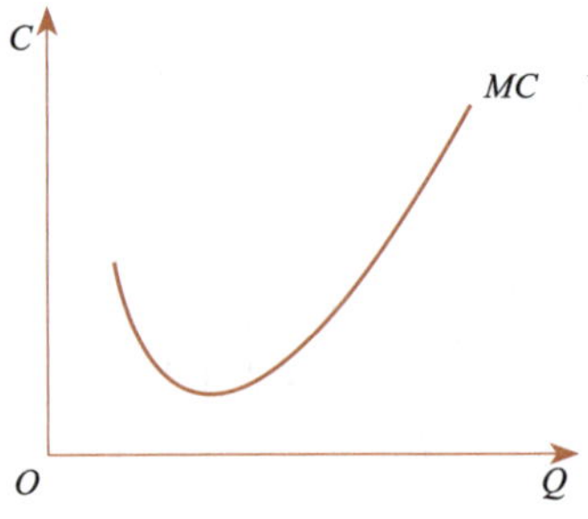

图4-10　边际成本曲线

（3）短期成本曲线之间的关系

短期成本曲线之间并不是孤立存在的，而是相互联系的。而短期成本在不同的生产阶段上表现出来的变动特征，主要由边际成本所决定。

边际成本是总成本和可变成本的改变率，反映了变动速度。边际成本是增加1单位产量所增加的总成本，因而边际成本越小，总成本增加的速度就越慢。反之，边际成本越大，总成本增加的速度就越快。因此，在边际成本递减的阶段，总成本增加的速度递减，即总成本曲线越来越平缓；而在边际成本递增阶段，总成本增加的速度越来越快，即总成本曲线越来越陡峭。由于边际成本也是可变成本的变动率，所以上述分析也适合于边际成本与可变成本曲线之间的关系。

如图4-11所示，在边际报酬递减规律的作用下，随着企业的产量逐渐增加，企业的边际成本递减；当产量达到Q_0时，边际成本最低；之后，边际成本递增。对应于边际成本曲线的这一特征，在产量由0逐渐增加到Q_0时，企业的总成本和可变成本虽然增加，但增加速度越来越慢，两条曲线也就越来越平缓；当产量超过Q_0之后，总成本和可变成本曲线增加速度越来越快，两条曲线也就越来越陡峭。

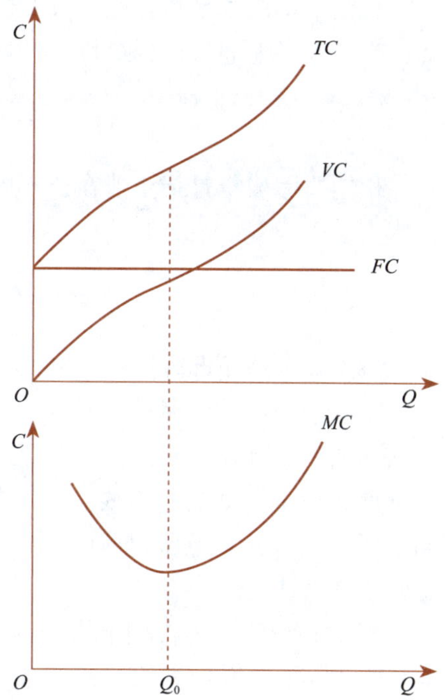

图4-11　边际成本、总成本、不变成本和可变成本曲线之间的关系

其次，边际成本曲线与平均成本曲线和平均可变成本曲线相交，并且分别交于它们的最低点。如图4-12所示，边际成本曲线与平均成本曲线虽然都为U形，但是由于在平均成本曲线下降阶段，新增加1单位产量所增加的成本低于原有的平均成本，所以边际成本曲线在平均成本曲线的下方；反之，在平均成本曲线递增的阶段，边际成本曲线在平均成本曲线的上方。因此，对应于U形的平均成本曲线，边际成本曲线一定与其相交于平均成本曲线的最低点。由于边际成本同时也反映了可变成本的变动率，所以，基于同样的理由，边际成本曲线也必然与平均可变成本曲线相交于后者的最低点。

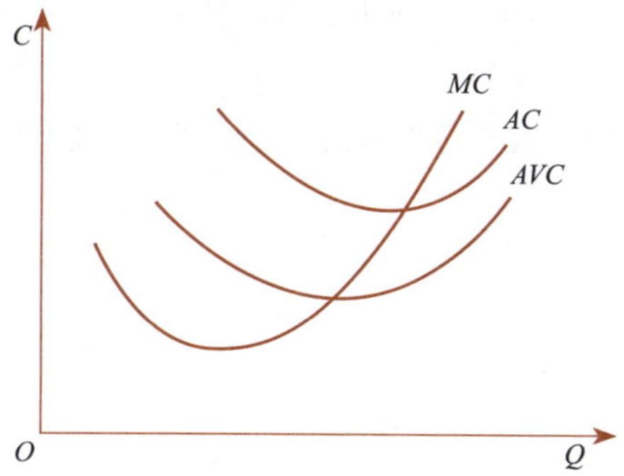

图4-12　边际成本曲线与平均成本和平均可变成本曲线之间的关系

4.3.3　长期成本分析

（1）长期成本的概念

长期生产过程中，所有的生产要素都是可变的，因此长期成本没有可变成本和不变成本的区分。长期成本可分为长期总成本（Long-run Total Cost，*LTC*）、长期平均成本（Long-run Average Cost，*LAC*）和长期边际成本（Long-run Marginal Cost，*LMC*）。

长期总成本是指企业在长期内生产一定量产品所付出的成本总额，它是企业长期中在每一产量水平上通过选择最优生产规模所能达到的最低总成本。在长期，企业能够根据所要达到的产量来调整其全部生产要素的投入量，即生产规模，如扩大生产规模建立更大的工厂或缩减生产规模成为一个小工厂，甚至选择进入或退出一个行业，因此一切成本都是可变的，没有固定成本。长期总成本函数式表达为：

$$LTC=f(Q) \tag{4-22}$$

长期平均成本是指企业在长期内平均每一单位产品所消耗的成本，它是企业长期中在每一产量水平上通过选择最优生产规模所能达到的最低平均成本，其函数式表达为：

$$LAC = \frac{LTC}{Q} \tag{4-23}$$

长期边际成本是指企业在长期内每增加一单位产品所引起的总成本的增量，其函数式表达为：

$$LMC = \lim_{\Delta Q \to 0} \frac{\Delta LTC}{\Delta Q} = \frac{\mathrm{d}LTC}{\mathrm{d}Q} \tag{4-24}$$

（2）长期成本曲线

长期总成本曲线是一条从原点出发，向右上方倾斜的曲线，如图4-13所示。长期总成本曲线是各个短期总成本曲线的包络线。长期总成本曲线与短期总成本曲线的切点所对应的总成本就是生产该产量的最低总成本。

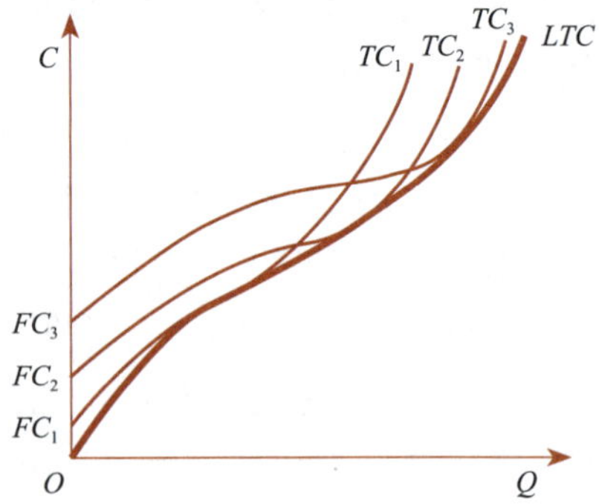

图4-13　长期总成本曲线

如图4-14所示，长期平均成本曲线呈现先下降而后上升的U形变化规律。长期平均成本曲线是无数条短期平均成本曲线的包络线。在连续变化的每一个产量水平上，都存在着长期平均成本曲线和一条短期平均成本曲线的相切点。该切点所对应的平均成本就是生产该产量的最低平均成本。

如图4-15所示，长期边际成本曲线呈U形变化规律。长期边际成本曲线与长期平均成本曲线相交于长期平均成本曲线的最低点。当*LMC=LAC*时，长期平均成本曲线处于最低点。

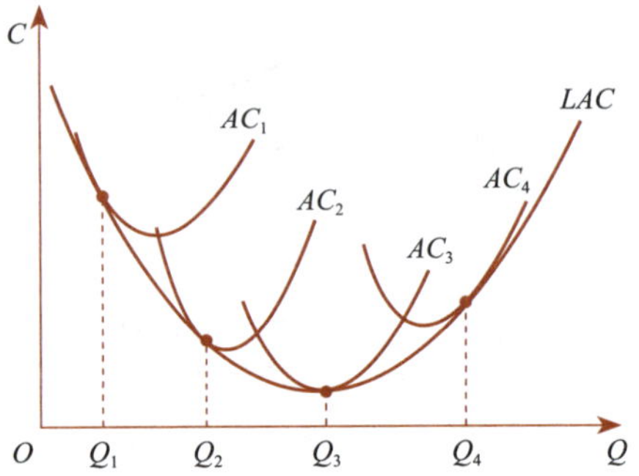

图4-14　长期平均成本曲线

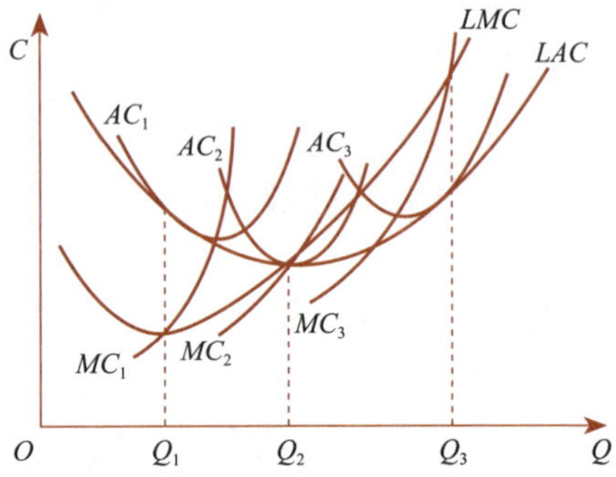

图4-15　长期边际成本曲线

4.3.4　收益与利润

企业生产的目的是追求利润最大化，而收益与利润是衡量企业经营成果的主要指标。

（1）收益

收益是企业销售产品所得到的货币收入，分为总收益（Total Revenue，*TR*）、平均收益（Avarage Revenue，*AR*）和边际收益（Marginal Revenue，*MR*）。

总收益是企业销售一定量产品所得到的全部收入。以P表示价格，Q表示销售量，其函数式表达为：

$$TR = P \times Q \tag{4-25}$$

平均收益是企业销售每一单位产品平均所得到的收入。其函数式表达为：

$$AR = \frac{TR}{Q} \tag{4-26}$$

边际收益是企业每增加销售一单位产品所获得的总收益增量。以ΔQ为销售量增量，ΔTR为总收益增量，其函数式表达为：

$$MR = \lim_{\Delta Q \to 0} \frac{\Delta TR}{\Delta Q} = \frac{\mathrm{d}TR}{\mathrm{d}Q} \tag{4-27}$$

（2）利润

经济学中的利润一般指经济利润，也称超额利润。经济利润是总收益与总成本之间的差额。其函数式表达为：

$$\pi = TR - TC \tag{4-28}$$

式中，π表示利润，TR为总收益，TC为总成本。

根据公式，利润最大化的条件是$\pi'=TR'-TC'=0$，由于$TR'=MR$，$TC'=MC$，因此利润最大化的条件为：$MR=MC$，也就是说利润最大化原则是使边际收益等于边际成本。当$MR>MC$时，增加一单位产量所带来的边际收益大于边际成本，理性的企业会继续扩大生产，在扩大生产过程中，边际收益逐渐减少，边际成本逐渐增加，直到二者相等，企业停止扩大生产；当$MR<MC$时，企业增加一单位产量所带来的边际收益小于边际成本，企业生产越多亏损就越多，理性的企业会选择缩减产量，在缩减产量的过程中，边际收益会随着产量的减少而增加，边际成本则随之减少，直到二者相等，企业停止缩减产量。

4.3.5 学习曲线与范围经济

（1）学习曲线

学习曲线，又称经验曲线效应，是指用来表示单位产品生产时间与所生产的产品总数量之间的关系的一条曲线。

学习曲线理论在商业中有着非常广泛的应用。在生产制造方面，它可以被用来估计产品的设计时间和生产时间，同时它也可用来估计成本。学习曲线对于公司制定战略规划是必不可少的，比如价格决策、资本投资决策和基于经验曲线的营运成本决策。

学习曲线理论主要基于以下三个假设。

①每次完成给定的任务或单位产品后，下一次完成该任务或单位产品的时间将减少。

②单位产品完成时间将以一种递减的速率下降。

③单位产品完成时间的减少将遵循一个可预测的模式。

学习曲线是否发挥作用以及对成本产生多大程度的影响受到多方面因素的综合制约，这些因素形成的合力决定了学习曲线影响的程度。

影响学习曲线的一个非常基本的因素是劳动效率，当项目人员重复同一工作的时候，他们将得到更多的经验，从成本估算角度分析，意味着项目成本下降和耗费时间缩短。另外，项目人员在重复某项工作的时候，所需的管理和监督资源也会相应下降，资源浪费和低效率的情况将会减少，这些因素都将导致劳动生产效率的提高。

虽然理论分析表明劳动效率有提高的趋势，但是这种对项目实施有利的情况并不会自动形成，有利结果的形成有赖于对管理技术的改善，正确的培训、指导，充分的生产准备与周到的服务，工资奖励及惩罚等管理政策的运用。当员工熟悉业务并提高了工作效率后，留住这些有技术的员工对保持劳动的高效率有着重要影响。当项目团队没有和员工签订合同或者没有及时续签合同时，都将迫使这些员工去寻找其他的工作，这将导致技术员工的流失，从而降低项目团队的工作效率。尤其在一些特殊行业，比如国防业和航空业，工程师被认为是一个团队最宝贵的资源，经常在不同的单位和不同的项目团队中进行流动。

一个国家的宏观经济趋势也对学习曲线有较大影响。当宏观经济不景气时，失业增多，人们工作速度放缓并努力想保住他们现有的工作，技术人员的流动性下降。如果不景气的情况一直持续，公司就会被迫解聘人员或者为技术人员重新分配工作，这些都将降低学习曲线，导致项目团队劳动效率下降。反之，如果宏观经济运行良好，公司或团队为了提高学习曲线，就需要对相关人员进行大量的培训。

（2）范围经济

范围经济是指由企业的范围而非规模带来的经济，即当同时生产两种产品的费用低于分别生产每种产品所需成本的总和时，所存在的状况就被称为范围经济。举例来说，当企业为了生产*A*产品而投入增加了某款机器设备，那么在生产同一系列的*B*产品时，无须再次投入便可实现生产，由此降低了生产一件新产品的单位成本。

与规模经济类似，范围经济也暗含了企业尝试最大限度地利用现有资源以降低生产成本的做法。但二者不同的是，范围经济重点关注企业经营范围，包括企业所生产的产品种类的扩张以及产品销售范围的扩张，从而在相同资源和设施的条件下，为客户提供更多元的产品和服务。因此，企业要想获得竞争优势，需要在纵向互补的上下游企业和横向替代的同行竞争者这两条线性价值链上实现成本优势，进而实现范围经济。

范围经济形成的竞争优势主要包括以下几个方面。

①生产成本优势。主要表现为分摊固定成本、降低变动成本。分摊固定成本主要表现为分摊固定资产的折旧费用，从而降低单位产品的固定成本；降低变动成本，主要表现在降低采购成本、提高资源利用率等方面。

②差异化优势。差异化是指企业提供产品的多样性，包括产品的质量、功能、外观、品种、规格及提供的服务等，这种多样性能使消费者认同该产品并区别于其他企业提供的类似产品。范围经济形成的差异化优势特别明显，差异化一方面满足了顾客“多样化、个性化、差别化”需求，同时，差异化也是企业寻求范围经济的出发点和追求的目标。

③市场营销优势。市场营销强调满足消费者的需要和欲望，从营销理论来说，就是从产品、价格、分销、促销、公共舆论、政治或权力等方面体现企业的竞争能力。而范围经

济形成的成本优势和差异化优势，体现了企业在产品、品质和价格方面的竞争能力。同时又能在内部建立的营销平台上，利用原有的渠道销售多种产品，还能更好地利用企业已经形成的品牌优势，为新产品开拓市场，使消费者更容易接受，同时形成进入障碍。

④技术创新优势。首先，对范围经济的理解和受益，使企业管理层对新产品、新工艺的开发更加重视；其次，范围经济利益的驱动可以导致科技创新的良性循环，持续的创新活动将使企业在应用新材料、采用新工艺、培养创新团队、加强市场调研等方面获得突破，最终将形成企业强大的核心竞争优势。

⑤抵御风险的优势。范围经济在成本、差异化、市场营销和技术创新等方面获得竞争优势，实际上是增加了企业抵御风险的能力。

经济观察

美团的范围经济

企业规模达到一定阶段，利用现有设备、渠道，增加一些产品种类，并没有显著增加成本，而使得产品平均成本降低。这是企业进行业务相关多元化的理论基础。实施多元化战略是为了获取经济价值，而要使公司的多元化具有经济价值，必须具备两个条件：第一，公司经营的多种业务之间必须存在某种范围经济；第二，通过公司内部的科层（层级）治理要比中间（混合）治理或市场治理更加有效。当公司业务组合能够带来成本的减少或收益的增加时，这种业务组合存在范围经济，而范围经济是实施多元化战略的首要动机。

从起家时的团购跨界到外卖、酒店、旅游、民宿、电影和生鲜等，秉承多元化发展的美团，其业务已超过200个生活服务品类。深入研究美团的跨界发展逻辑，可以发现：美团在团购业务之后形成了两大业务，一是吃，二是住。在此基础上，美团提出了它的新使命：help people eat better and live better（让大家吃得更好，活得更好）。可以看出，美团每一次跨界都遵循同样的逻辑：夯实一个核心，然后围绕核心进行逻辑的自然延伸。

美团的商业模式存在一个内核，这个内核的外层在客户看来是团购、外卖、电影票务、民宿、旅行、打车、支付、零售等各种服务，但美团的内核是一个交易平台。当我们抽离表面看起来纷繁复杂的业务之后，可以发现美团其实做的是一件事：促成交易。因此，美团的多元化表面上看似拉长了战线，但就像美团App启动页面说的“吃喝玩乐全都有”，这些垂直领域无一不与生活服务场景紧密相连。

范围经济和经营范围密切相关。当同时生产两种产品的费用低于分别生产每种产品所需成本的总和时，就存在这样的状况。从某个意义上说，美团看似多元化，实则是专业化的延伸。

——资料来源：一篇文章读懂美团的“八爪鱼”式扩张战略—多元化[EB/OL].（2018–08–13）[2023–09–12]https://www.sohu.com/a/246835229_167921.

启发思考

1. 美团形成范围经济后有哪些优势？
2. 你认为企业可以通过哪些措施形成范围经济，拓宽经营边界？

小结

企业本质上是一种资源配置的机制，按照财产的组织形式和所承担的法律责任的不同，可将企业的组织形式划分为个人独资企业、合伙制企业和公司制企业。生产要素是指生产中所使用的各种资源，包括劳动、资本、土地、企业家才能和数据要素。

短期生产函数是指在技术水平不变的条件下，当其他生产要素投入量固定不变时，一种可变生产要素的投入量与所能生产产品的最大产量之间的依存关系。长期生产函数是指在技术水平不变的条件下，当全部生产要素投入量可变时，多种可变生产要素的投入组合与所能生产产品的最大产量之间的依存关系。

成本是指企业为生产一定数量的某种产品所发生的各种支出。企业生产的最终目的是实现利润最大化，收益与利润是衡量企业经营成果的主要指标。

学习曲线描述的是单位产品生产时间与所生产的产品总数量之间的关系。范围经济是指同时生产两种产品的费用低于分别生产每种产品所需成本的总和时的状况。

练习与实训

一、选择题

1. 生产函数表示（　　）。
   A. 一定数量的投入至少能生产多少产品
   B. 生产一定数量的产品，最多要投入多少生产要素
   C. 投入与产出的关系
   D. 以上都对
2. 在总产量、平均产量和边际产量的变化过程中，下列首先发生的是（　　）。
   A. 边际产量下降　B. 平均产量下降　C. 总产量下降　D. B和C都对
3. 等产量曲线（　　）。
   A. 说明了为生产一个给定的产量，投入要素的各种可能的组合
   B. 除非得到了所有要素的价格，否则不能画出该曲线

C. 表明了投入与产出的关系

D. 表示无论投入数量怎样变化，产量都是一定的

4. 在生产有效区域里，等产量曲线（　　）。

A. 凸向原点　　B. 不能相交　　C. 斜率为负　　D. 以上都对

5. 生产上的短期是指（　　）。

A. 一年或者更短的时间　　B. 至少有一种生产要素不变

C. 所有投入要素都不变　　D. 所有投入要素都是可变的

6. 生产上的长期是指（　　）。

A. 所有投入要素都可变　　B. 生产资料投入可变，其他要素不变

C. 所有投入要素都不变　　D. 人力资本投入可变，其他要素不变

7. 如果仅劳动是变动要素，资本等为不变要素，则下列哪一项不是第Ⅱ阶段的特点？（　　）

A. 劳动的边际产量递减　　B. 劳动的平均产量递减

C. 劳动的总产量不断提高　　D. 资本的平均产量递减

8. 边际产量小于平均产量时，平均产量（　　）。

A. 不变　　B. 递减　　C. 递增　　D. 先增后减

9. 不随产量变动而变动的成本称为（　　）。

A. 平均成本　　B. 不变成本　　C. 长期成本　　D. 总成本

10. 在长期中，不存在（　　）。

A. 不变成本　　B. 平均成本　　C. 机会成本　　D. 隐含成本

11. 边际成本曲线与平均成本曲线的相交点是（　　）。

A. 边际成本曲线的最低点　　B. 平均成本曲线的最低点

C. 平均成本曲线的最高点　　D. 平均成本曲线下降的任何一点

12. 假设某企业全部成本函数为$TC=5\ 000+3Q-Q^2$，Q是产量。则AFC是（　　）。

A. 5 000　　B. $3-Q$　　C. $3Q-Q^2$　　D. $5\ 000/Q$

13. 已知产量为20单位时，总成本是2 000元，产量增加到21单位时，平均成本是101元，由此可知边际成本为（　　）元。

A. 101　　B. 111　　C. 121　　D. 131

14. 边际收益递减规律发生作用的前提条件是技术条件不变的情况下，（　　）。

A. 连续地投入某种生产要素而保持其他生产要素不变

B. 按比例同时增加各种生产要素

C. 按比例同时减少各种生产要素

D. 在产量达到最大以后

15. 下面哪项属于短期生产中的固定成本？（　　）

A. 设备折旧　　B. 劳动力投入

C. 原材料　　D. 生产过程中的水电费

二、实训实践

1．创业策划：要素组合与商业模式的创新

以3～5名同学为一组，梳理所需要的要素条件，商讨进入某个行业的可行性。确定经营的商业模式，进行成本和盈利的核算。

2．企业走访：对生产经营过程的直观感受

有条件的情况下，同学们走访不同类型的企业，形成对制造型、服务型企业生产经营过程的直观了解。

项目5

福利经济学与市场效率

学习目标

知识目标

了解福利经济学的含义，了解市场效率的概念；理解消费者剩余、生产者剩余、效率与公平的含义；重点掌握市场价格、税收、国际贸易对剩余的影响。

能力目标

能运用福利经济学的知识分析和阐述剩余的变动。

素质目标

正确、理性看待公平和效率的关系，准确理解税收和国际贸易对国民福利的影响。

思维导图

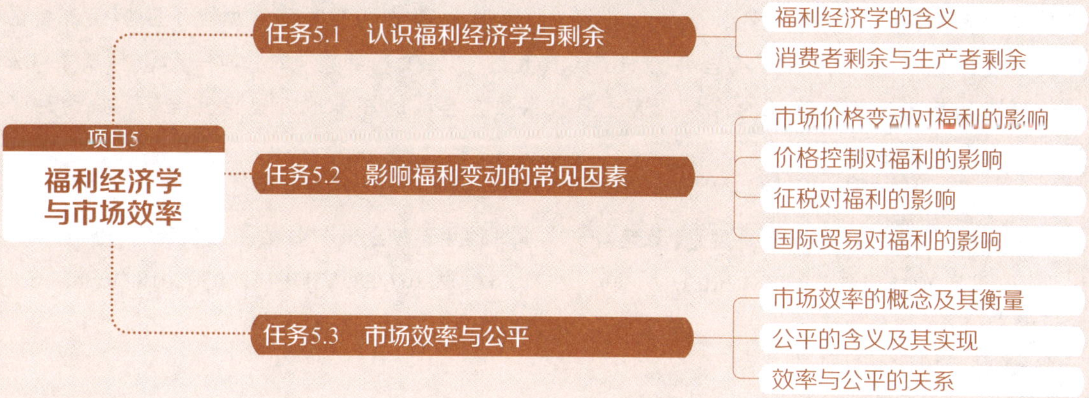

开篇案例

"四分钱"打破"大锅饭"

1979年的深圳蛇口，是改革开放的前沿阵地。当时，蛇口急需新建一个码头，使得运送建设物资的船只能够靠岸，600米的顺岸码头工程成为蛇口第一批基础设施的重头戏。通过公开招标，项目由原交通部四航局承建。建码头要炸山填海，大量的土石方需要转运。工期紧迫，但吃惯"大锅饭"的工人们却在"磨洋工"，上厕所、车抛锚、迟到早退……，即便是开着进口的日本挖土机和翻斗车，施工队每天每辆车只能拉20多车土石。

眼看着工期赶不上，怎么办？当年10月，蛇口工业区开出了一剂"猛药"——定额超产奖励制：工人每天装运石料定额40车，超出的，每多拉一车，就奖励4分钱。超产奖励制度一出，整个工地都沸腾了。干劲很快被调动起来，工人们一个月赚的钱比原来平均翻了三倍，工程进度也飞速提高。第二年，码头一期工程提前1个月竣工，为国家节省130万元资金。

今天很多人习以为常的KPI奖金激励机制，在当时可谓是史无前例的大胆创举。很快，反对"奖金挂帅"、认为此举"冲了红灯"的质疑声四起。1980年4月，"四分钱"定额超产奖励制被叫停了，码头二期工程的进度像踩了急刹车一样，施工现场又开始弥漫着懒洋洋的气息。在二期工程面临逾期的情况时，一份内参被直接送到党中央。当年8月份，在党中央的支持下，蛇口工地上的定额超产奖励制度重新恢复，并且进一步细化为：工人每天完成55车定额任务，每车奖励两分钱；超出55车，每车奖励四分钱。工地上热火朝天的场面又回来了。那年冬天，每位建设者都收到了另一份提前完工的"特殊奖金"。

1983年，蛇口工业区正式实施收入分配改革。在蛇口工业区《工资改革方案》中，明确了基本工资加岗位、职务工资加浮动工资的工资构成。而分配制度改革加快了深圳经济特区建设速度，蛇口的"高效率"与当年建设"国贸大厦""三天一层楼"的壮举一起，构成了"深圳速度"的标志、特区建设的符号。这一经验很快在全国的许多地方被积极推广，成为后来国内企业分配的主流模式。

——资料来源：共产党员网：《红色印记》第84集："四分钱"打破"大锅饭"[EB/OL].（2021年07月23日）https://www.12371.cn/2021/07/23/VIDE1627030201821598.shtml.

启发思考

1. 案例中，收入分配的改革为什么能激发人们的工作积极性？
2. 结合案例，请同学们思考，如何正确处理好效率与公平的关系？

任务 5.1　认识福利经济学与剩余

5.1.1　福利经济学的含义

（1）福利经济学的概念

福利经济学属于微观经济学中的规范分析。它从微观经济主体的角度出发，考察社会成员的经济福利（社会福利）最大化问题，也可以理解为它研究的是资源配置与个人及社会福利的关系，研究实现最大的社会福利所需具备的条件和有关的政策措施等问题。即，**福利经济学依据一定的价值判断标准，确定微观经济的运行是否符合既定的社会目标。**

英国经济学家阿瑟·塞西尔·庇古（Arthur Cecil Pigou）提出了福利经济学的概念，开创了福利经济学系统性研究的先河。他区分了经济福利和非经济福利，研究了如何从总体上提升人类福利，主张着力于穷人素质的提升。他认为要增加国民收入，就必须使生产要素在各个生产部门之间的配置达到最适宜的程度；把富人的收入通过合理而科学的途径适当向穷人转移会增进整个社会的经济福利；政府是公共资源和人民群众未来利益的受托者，应当履行职责，切实保护人民群众的资源和未来利益。

因此，当我们建设和谐社会、追求幸福生活以及“共同富裕”的时候，福利经济学中关于什么是福利、怎样才能使福利最大化的论述，对我们有很好的借鉴意义。

（2）福利经济学的社会目标

从经济福利最大化的角度出发，福利经济学至少有以下三大社会目标。

①最大的选择自由。在经济领域内，选择自由主要是指：个人有权自由提供生产要素、自由选择职业、自由经营企业、自由买卖产品等；企业有权自由选择生产什么产品、何时生产、生产多少等。当然，不能对选择自由作绝对的理解。任何个体的选择自由应以不危害社会福利、不损害别人的选择自由为前提。因此对选择自由加以适当限定是必要的，只有这样才能保证全社会范围的最大的选择自由。

②最高的经济效率。在现有资源、技术水平下，通过最优配置和利用资源，达到最高的经济效率。这时，所有生产要素都被用于最佳的用途，企业生产成本最低，个人收入最大，社会福利也最高。

③公平的收入分配。收入分配过于平均并不合理，它不利于提高社会经济效率。而且，效率高的人得不到相应的高收入，本身也是一种不公平。但收入分配过分悬殊也会降低社会整体的福利水平，不利于社会的稳定。

经济观察

货比三家为什么？

某同学是一位跑步爱好者，下半年是各地举办马拉松比赛的密集期，电商“双十一”活动又是一年中商品的最低价，于是他在“双十一”来临前，先是在几家电商平台将自己看中的运动鞋放在购物车中，再经过几天各种比价和征求多位同学意见后，最后决定在某知名电商平台购买某品牌的专业马拉松竞训跑鞋。

购买的主要依据如下。

1. 活动力度大，原价699元，双十一促销399元，同时店铺有30天保价。

2. 款式新颖，左右脚是鸳鸯色不对称设计，左脚晨曦，右脚晚霞，非常时尚。

3. 科技含量高，采用ETSIU弹力材料，回弹率高达70%。

11月8日该同学收到货物，非常开心，马上穿着走访同学宿舍，得到同学一致赞誉，心里就更开心了。

过了几天他无意中点开电商平台，发现“双十一”当天曾卖过369元，心里立刻一片失落，非常郁闷。他冷静下来马上在平台进行售后保价申诉操作，很快收到平台30元的退款，于是兴奋得大叫起来。到12月份，他闲时又一次点开平台，发现该款鞋售价449元，心里乐开了花。看来自己这双鞋买对了，买值了。

启发思考

1. 案例中，该同学花费399元买鞋，为什么会有时高兴有时不高兴？
2. 企业为什么不对商品统一定价，而是通过消费者主动领券的方式销售？
3. 你从该同学消费的经历中学到了什么？

5.1.2 消费者剩余与生产者剩余

假如某位同学去商场买衣服，看上了一件衬衫，他的心理价位是60元，结果商场衣服促销打折，这件衣服售价只要40元，其中20元的差价就是消费者剩余。同样，某位同学利用课余时间去兼职家教，他心理价位是每小时50元，结果雇主对其教学效果比较满意，支付他每小时60元薪酬，其中的10元差价就是生产者剩余。

（1）消费者剩余

消费者剩余的获得与个人的支付意愿相关。假如现在有一张明星签名的首张专辑在网站上拍卖，对于歌迷（粉丝）来说有收藏价值。不同的人对这张专辑有不同的看法，歌迷愿意为此支付的价格都有限。买者愿意为此商品支付的最高价格称为支付意愿，它衡量买者对物品的评价。

因为商品边际效用递减规律，随着消费者对某种商品的消费数量的连续增加，消费者愿意为连续增加的商品所愿意支付的最高价格越来越低。举例说明，比如某种食品，消费者在没有吃过的情况下，消费的欲望最强，对商品的评价也最高，愿意支付25元购买。当消费者以实际市场价格10元购买第一件商品时，就创造了15元的消费者剩余。随着消费第二个、第三个和第四个同种商品，他愿意支付的价格逐步递减，分别为20元、15元和10元。这样，消费者购买4件商品愿意支付的最高价格为25+20+15+10=70元，而4件商品实际支付为10×4=40元，于是消费者剩余为30元（表5-1）。由此可见，**消费者剩余，指的是消费者对每一种商品所愿意支付的最高价格与实际支付价格之间的差额。**

表5-1 消费者剩余状况表

消费数量 / 件	愿意支付最高价格 / 元	实际市场价格 / 元	消费者剩余 / 元
1	25	10	15
2	20	10	10
3	15	10	5
4	10	10	0

但需要说明的是，消费者剩余并非实际所得，而是消费者的主观心理评价，反映了消费者通过购买和消费商品所感受到的状态改善，常常用来度量和分析社会问题。

消费者剩余还可以从整个市场的角度来考察。实际上市场的需求曲线表达的就是消费者为每一数量产品所愿意支付的最高价格。假定市场达成的均衡价格为P_e，如果消费者购买商品的数量为Q_e，从主观上认为消费商品获得总的效用水平是面积AEQ_eO部分，而市场价格是固定的，为此付出的代价是P_eEQ_eO部分，于是图5-1阴影部分三角形AEP_e的面积，需求曲线以下价格线以上，代表的就是该商品市场上所有消费者所得到的消费者剩余。

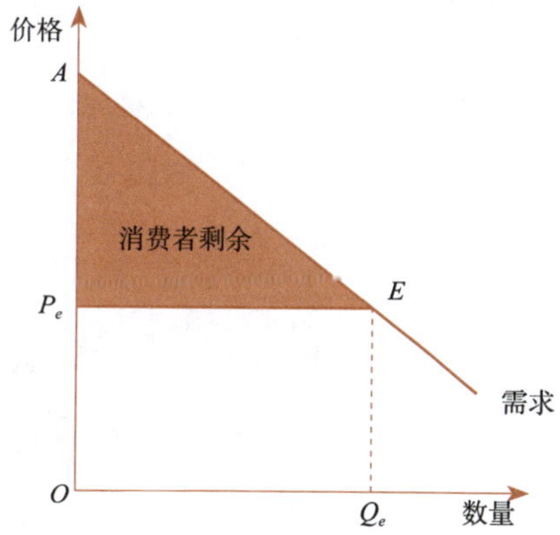

图5-1 消费者剩余

显然，消费者剩余是买者愿意为购买某种物品支付的数额减去其实际支付的数额，衡量了买者从一种物品的购买中感受到的利益，在大多数市场上，其能很好地反映经济福利。

（2）生产者剩余

生产者剩余，指的是生产者对每一提供的产品所获得的实际报酬与其愿意接受的最低价格之间的差额。

按照供给定理，生产者随着商品价格的提升而增加对商品的供给。如表5-2所示，某个劳动者其愿意工作4小时所接受的最低收入为20+25+30+35=110元。此时，劳动力的市场价格为35元/小时，工作4小时实际获得的报酬为35×4=140元，于是生产者剩余为30元。

表5-2　生产者剩余情况表

劳动数量／小时	愿意接受的最低价格／（元／小时）	实际市场价格／（元／小时）	生产者剩余／元
1	20	35	15
2	25	35	10
3	30	35	5
4	35	35	0

生产者剩余还可以从整个市场的角度来考察。实际上市场的供给曲线表达的就是生产者每一数量产品所愿意接受的最低价格（边际成本），市场达成的均衡价格为P_1，于是图5-2阴影部分三角形ABC的面积代表的就是该商品市场上所有生产者所得到的生产者剩余。

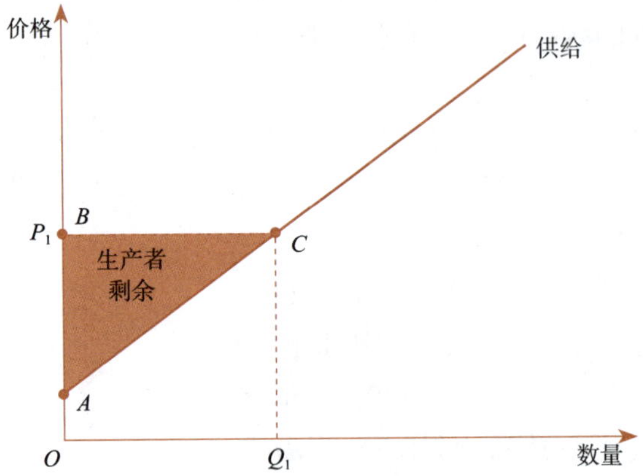

图5-2　生产者剩余

由此可见，价格之下和供给曲线以上的面积衡量一个市场的生产者剩余。供给曲线的高度衡量生产者的成本，而价格和生产成本之间的差额是每个生产者的剩余。因此，价格之下和供给曲线之上的总面积是所有生产者剩余的总和。

任务 5.2　影响福利变动的常见因素

5.2.1　市场价格变动对福利的影响

（1）市场价格对消费者剩余的影响

如图5-3所示，当商品的价格为P_1时，消费者剩余是三角形ABC的面积。当商品价格从P_1降到P_2时，消费者剩余是三角形ADF的面积，即由于商品价格的降低，消费者剩余增加了梯形$BCFD$的面积。增加的这部分消费者剩余可以看成来自两方面：矩形面积$BCED$表示的是消费者还是在购买数量Q_1时，由于商品降价少支付费用直接带来消费者剩余的增加；三角形CEF的面积则是由于商品降价，新进入市场的买者（从数量Q_1到Q_2）所得到的消费者剩余。在其他因素不变的情况下，由于商品价格降低，消费者的福利水平提高。

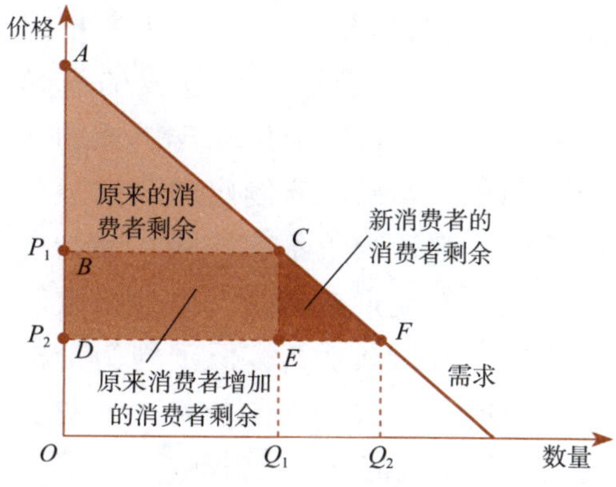

图5-3　市场价格变动对消费者剩余的影响

（2）市场价格对生产者剩余的影响

如图5-4所示，当商品的价格为P_1时，生产者剩余是三角形ABC的面积。当商品价格从P_1上升到P_2时，生产者剩余是三角形ADF的面积，即由于商品价格的上升，生产者剩余增加了梯形$BCFD$的面积。增加的这部分生产者剩余可以看成来自两部分：矩形面积$BCED$表示的是生产者还是在生产数量Q_1时，由于商品价格上升多获得的销售收入直接带来生产者剩余的增加；三角形CEF的面积则是由于商品价格上升，新进入市场的卖者（从数量Q_1到Q_2）所得到的生产者剩余。在其他因素不变的情况下，由于商品价格上升，生产者的福利增加了。

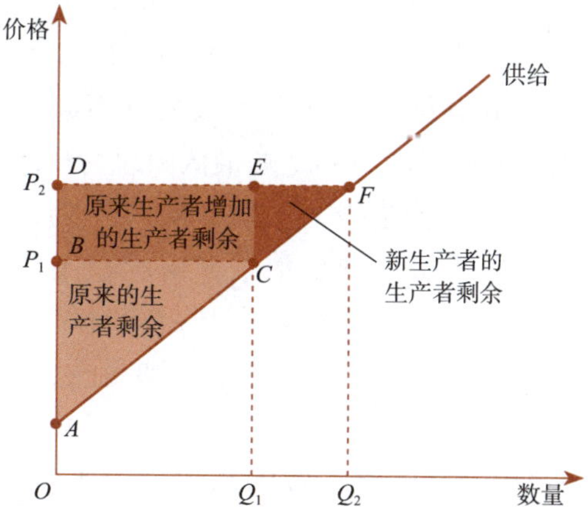

图5-4　市场价格变动对生产者剩余的影响

5.2.2 价格控制对福利的影响

政府的价格控制一般包含最高限价和最低限价。比如，目前实行的最低工资标准，是指劳动者在法定工作时间或依法签订的劳动合同约定的工作时间内提供了正常劳动的前提下，用人单位依法应支付的最低劳动报酬，属于最低限价。最高限价和最低限价是如何影响消费者和生产者福利的？我们作出以下分析。

（1）最高限价

如图5-5所示，在不存在外界干扰的情况下，需求曲线和供给曲线相交于E点，均衡价格为P^*，均衡产量为Q^*。消费者剩余是GEP^*围成的三角形面积，生产者剩余是FEP^*围成的三角形面积。如果政府制定的最高限价高于P^*，则该政策不起作用，因为市场可以自发地形成均衡。但如果政府制定的最高限价为P_0，低于均衡价格P^*，此时，面对较低的价格，消费者愿意多消费，需求量上升至Q_2。生产者不愿意多生产，产量减少至Q_1。市场出现供给短缺，数量为Q_2-Q_1。消费者剩余由于价格的下降增加了A部分，由于消费的减少损失了B部分，合计为$A-B$。由于产量的减少，生产者剩余减少了A和C部分，合计为$-(A+C)$。总的剩余变化是$(A-B)-(A+C)=-B-C$。在经济学中，这部分被称为无谓损失。

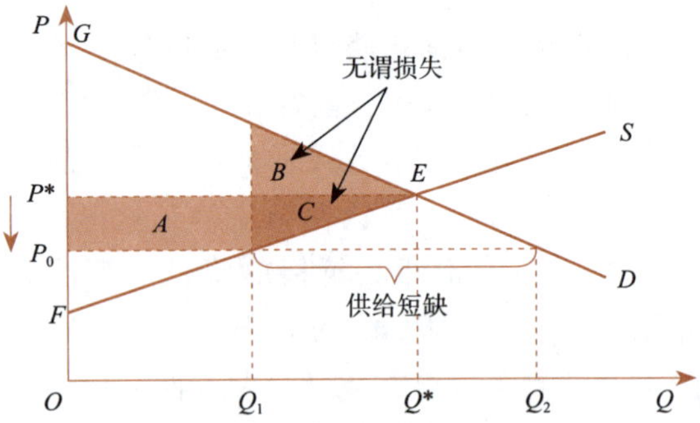

图5-5　最高限价对福利的影响

（2）最低限价

如图5-6所示，在没有外界影响的情况下，均衡状态在E点，均衡价格为P^*，均衡产量为Q^*。如果政府制定的最低限价低于P^*，则该政策不起作用。但如果政府制定的最低限价为P_0，高于均衡价格P^*，此时，面对较高的价格，消费者减少消费，需求量下降至Q_1。生产者愿意多生产，产量增加至Q_2。市场出现供给过剩，数量为Q_2-Q_1。消费者剩余由于价格的上涨减少了A部分，由于消费的减少损失了B部分，合计为$-(A+B)$。由于产量减少价格上涨，生产者剩余增加A部分，同时减少了C部分，合计为$A-C$。因此，总的剩余变化是$-(A+B)+(A-C)=-B-C$。同样，在经济学中，这部分被称为无谓损失。

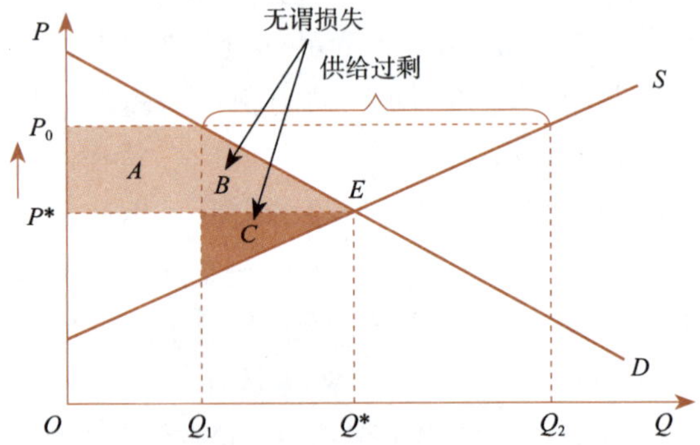

图5-6　最低限价对福利的影响

5.2.3 征税对福利的影响

税收是政府为了满足社会公共需要，凭借政治权力，强制、无偿地获得财政收入的一种形式。如图5-7所示，政府不征税，市场自发达成了均衡状态，均衡价格为P_1，均衡数量为Q_1。消费者剩余是需求曲线和价格线之间围成的面积，即$A+B+C$；生产者剩余是价格线和供给线之间围成的面积，即$D+E+F$。社会总剩余是消费者剩余和生产者剩余之和，即需求曲线和供给曲线之间围成的面积$A+B+C+D+E+F$。

现在假设政府征税，消费者购买商品的价格将从P_1上升到P_B，此时消费者剩余减少到面积A，减少了面积$B+C$。因为征税，卖方得到的价格也将从P_1下降到P_S，这时生产者剩余减少到面积F，减少了$D+E$。很显然，消费者剩余和生产者剩余减少的面积$B+D$转化为政府税收所得，社会总剩余为面积$A+B+D+F$。征税与不征税相比，社会总剩余减少了面积$C+E$，这部分因税收扭曲了市场资源配置带来的损失称为无谓损失。

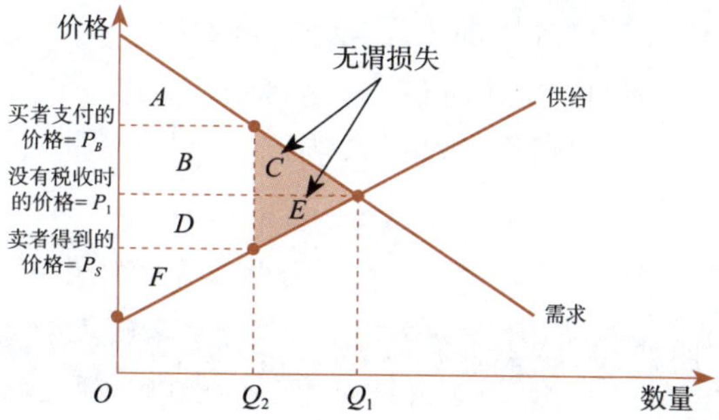

图5-7 征税对剩余的影响

我们可以通过表5-3直观看出，税收对福利的影响。

表5-3 税收前后剩余的对比

—	不征税时	征税时	变动
消费者剩余	$A+B+C$	A	$-(B+C)$
生产者剩余	$D+E+F$	F	$-(D+E)$
税收收入	无	$B+D$	$+(B+D)$
总剩余	$A+B+C+D+E+F$	$A+B+D+F$	$-(C+E)$

5.2.4 国际贸易对福利的影响

（1）贸易对出口国剩余的影响

如图5-8所示，在开展国际贸易前，国内和国际是两个分割的市场，国内市场自发调节的结果实现市场均衡，均衡价格低于国际市场价（即世界价格），消费者剩余是面积$A+B$，生产者剩余是面积C，国内社会总剩余是面积$A+B+C$。

开展国际贸易后，国内市场价格将会上升到世界价格（假定该国是一个“小国”，即出口商品的份额不大，对世界市场价格没有任何影响）。消费者剩余减少到面积A，生产者剩余增加到面积$B+C+D$，增加了$B+D$，社会总剩余为面积$A+B+C+D$，也就是通过开展国际贸易，出口国的社会总剩余增加了三角形面积D。

我们可以通过表5-4直观看出，贸易对出口国福利的影响。

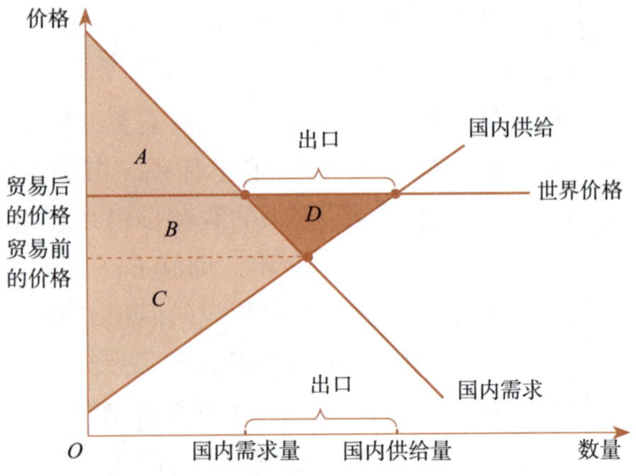

图5-8 贸易对出口国剩余的影响

表5-4 贸易对出口国剩余前后的对比

—	贸易前	贸易后	变动
消费者剩余	$A+B$	A	$-B$
生产者剩余	C	$B+C+D$	$+(B+D)$
总剩余	$A+B+C$	$A+B+C+D$	$+D$

（2）贸易对进口国剩余的影响

我们再来看看国际贸易对进口国剩余是否也带来好处？如图5-9所示，开展国际贸易前，进口国国内市场自发调节的结果实现市场均衡，市场均衡价格高于国际市场价格，消费者剩余是面积A，生产者剩余是面积$B+C$，社会总剩余是面积$A+B+C$。开展国际贸易后，国内和国际是一个统一的市场，进口国商品的价格将会下降到国际市场价格，消费者剩余增加到面积$A+B+D$，生产者剩余减少为面积C，社会总剩余也是增加到面积$A+B+C+D$。这就是说通过开展国际贸易后，虽然进口国生产者利益受损，但消费者剩余的增加超过了生产者剩余减少的部分，社会总剩余增加了面积D。

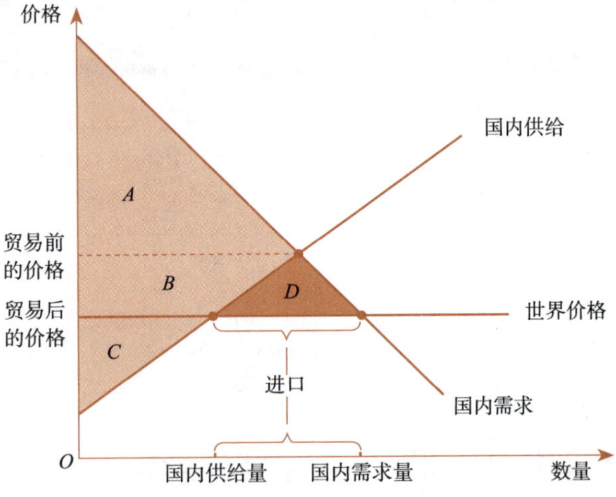

图5-9 贸易对进口国剩余的影响

我们可以通过表5-5直观看出，贸易对进口国福利的影响。

表5-5　贸易对进口国福利的影响

—	贸易前	贸易后	变动
消费者剩余	A	$A+B+D$	$+(B+D)$
生产者剩余	$B+C$	C	$-B$
总剩余	$A+B+C$	$A+B+C+D$	$+D$

拓展阅读

贸易的好处

一般认为一国开放贸易时有赢家也有输家，但赢家的好处大于输家的损失。开展国际贸易带来的好处主要如下。

增加了物品的多样性。不同国家生产的物品并不完全相同。消费者拥有了更多的选择。例如，德国的汽车和美国的汽车并不完全相同，自由贸易使得所有国家的消费者拥有了更多的选择。

通过规模经济降低了成本。一些物品只有大量生产时，才能以低成本生产，这种现象被称为规模经济。如果一个小国的企业只在较小的国内市场上销售产品，它就不能充分利用规模经济。自由贸易使企业可以进入更大的世界市场，并使企业可以更充分地实现规模经济。

增加了竞争。一个避开了外国竞争者的公司更可能拥有市场势力，这又使其能把价格提高到竞争性水平之上。这是一种市场失灵。开放贸易促进了竞争，并使看不见的手有了施展其魔力的更好机会。

加强了思想交流。技术进步在世界范围内的转移通常被认为是与含有这些技术进步的物品的国际贸易相关的。例如，对一个贫穷的农业国家来说，了解电脑革命的最好方法是从国外购买一些电脑，而不是努力在国内生产电脑。

因此，自由的国际贸易增加了可供消费者消费的物品的多样性，使企业可以利用规模经济，使市场更具竞争性，并有助于技术扩散。

——资料来源：N. 格里高利·曼昆. 经济学原理[M]. 梁小民，梁砾，译. 8版. 北京：北京大学出版社，2020.

启发思考

1. 你是否认同国际贸易带来的这些诸多好处？
2. 开展国际贸易有坏处吗？如有，请说明。

任务 5.3　市场效率与公平

5.3.1　市场效率的概念及其衡量

帕累托效率是经济学中一个重要的概念，用于描述资源配置是否达到了最佳平衡。从市场整体角度看，存在不同的资源配置方式A和B，如果至少有一人认为资源配置方式A优于资源配置方式B，而没有人认为A劣于B，则可以认定资源配置方式A优于B，这就是**帕累托最优状态标准**，简称**帕累托标准**。

利用帕累托标准，可以对资源配置状态的任意变化作出“好”与“坏”的判断：如果改变现有的资源配置，使得至少有一个人的境况变好，而没有使任何人的境况变坏，则认为这种改变是“好”的，否则认为是“坏”的。这种以帕累托标准来衡量为“好”的状态改变被称为**帕累托改进**。

更进一步，利用帕累托标准和帕累托改进，可以定义所谓“最优”资源配置，即如果对于某种既定的资源配置状态，不存在任何帕累托改进，即在该资源配置情况下，任意改变都不可能使至少一个人的境况变好而又不使任何人的境况变坏，则称这种资源配置状态为**帕累托最优状态**。**帕累托最优状态又被称为经济效率。**满足帕累托最优状态就是具有经济效率的；反之，不满足帕累托最优状态就是缺乏经济效率的。

5.3.2　公平的含义及其实现

公平是指社会成员收入分配平等。通常因为社会的经济发展状况、制度因素以及个体差异等原因导致收入分配不公平的出现。

收入分配不公平是有一定合理性的，但要有限度。收入分配差距过大，贫富悬殊两极分化严重，可能会造成严重影响社会的稳定，因此各国政府通过制定相关政策促进社会公平的实现。

公平在实施过程中有过程公平与结果公平两种形式。

过程公平是指政府承认个体情况能力差异，强调收入分配的机制或手段公平，而不过分关注结果。如多劳多得，少劳少得，不劳不得就是该原则的具体体现。

结果公平主要根据分配的结果来判断收入分配是否公平。简单来说，虽然穷人和富人可能努力程度不同，对社会的贡献大小差异巨大，但不应忽视低收入者的基本生存，政府通过税收和社会福利等收入再分配政策来增加贫困人口的收入就是这一理念的具体体现。

趣味知识

古代税收中的公平与效率

中国传统文化思想强调公平和正义，《论语》说“有国有家者，不患寡而患不均，不患贫而患不安”，《荀子》说“正利而为谓之事，正义而为谓之行”，班固在《白虎通》中说“公之为言，公正无私也”。同时，对公平的向往和追求不仅停留在思想理念上，它也是古代那些有理想、有眼光的政治家和改革家们治国理政追求的目标之一。

税收作为国家的一种重要政策工具，与百姓利益直接关联，构成一种特殊的分配关系，其政策最能显示出是否公平。

商鞅在秦国变法，税赋改革是重要内容之一，他提出的原则是“赋税平”，认为“訾粟而税，则上壹而民平”，“訾粟”就是计量亩产量，也就是在废除井田制之后重新丈量土地，按照土地实际占有情况征收税赋，这项政策废除了贵族阶层占有大量土地却不公平纳税的问题，实现了另一种公平。

唐朝中期，杨炎推行“两税法”，最大的突破在于将占有财产的情况作为纳税指标，即“人无丁中，以贫富为差”，也就是收税时不强调每家人口数量的多少，重点看的是每家的财产多少，以此确定征税数目，原则上“资产少者则其税少，资产多者则其税多”，具体做法是“计百姓及客等，约丁产，定等第，均率作，年支两税”。这种“唯以资产为宗，不以丁身为本”的税收政策与“计田而征”“计丁而征”相比，更符合按能力承担税赋的原则。

此后数百年里，尽管税收政策又不断调整，但“两税法”所确立的基本原则大体没变。“两税法”以及之后张居正的“一条鞭法”、清朝的“摊丁入亩”等，尽管政策设计都力求公平和严密，但在执行环节都面临了很大的挑战，影响到最终的成效。以“两税法”为例，其征税基础是要摸清每家每户的财产状况，不仅包括土地，还有房屋等其他财产，这在操作上相当困难，也为各级官员徇私舞弊制造了机会。

——资料来源：陈忠海. 古代税收中的公平与效率[J]. 中国发展观察，2019（08）：63−64+29.

启发思考

1. 中国古代的改革家们追求公平与效率的困难存在哪些方面？
2. 现代社会解决公平与效率问题了吗？

5.3.3 效率与公平的关系

公平与效率是既相互矛盾又相互联系的统一整体。在市场经济活动中，有利于促进经济效率提升则会影响到公平，过分强调公平则会导致经济效率丧失，经济发展缺乏活力，公平与效率之间的矛盾是客观存在的。效率优先、兼顾公平是相互联系的统一整体。强调效率优先，符合市场经济要求；兼顾公平，符合社会主义发展要求。在实践中重效率，但不唯效率；讲公平，但不搞“一刀切”。

（1）市场上追求效率

在市场经济条件下，应以追求效率为目标，以公平竞争为主要准则，即应该是效率优先。

（2）管理上以公平促效率

在组织运行中，管理的目标是以实现效率为导向。管理中虽然要体现出投入产出效率，体现出经济效率的优先性，但公平有助于管理目标的实现。

（3）社会制度上追求公平

在社会制度和社会价值方面，公平是全社会首要的价值理念和坚强基石。离开公平讲效率，社会将失去方向和目标。

国家在大力发展经济方面，要以效率为先，以发展生产力、富国利民为奋斗目标。同时，效率并不是在二者关系中必然处于优先地位的，在社会整体制度上要努力体现公平，保障人们在社会基本权利平等与公平。

总之，在公平与效率之间，既不能只强调效率忽视了公平，也不能突出公平而不要效率。

小结

福利经济学属于微观经济学中的规范分析，依据一定的价值判断标准，确定微观经济的运行是否符合既定的社会目标。至少有三大社会目标：最大的选择自由、最高的经济效率、公平的收入分配。

消费者剩余，指的是消费者对每一种商品所愿意支付的最高价格与实际支付价格之间的差额。生产者剩余，指的是生产者对每一提供的产品所获得的实际报酬与其愿意接受的最低价格之间的差额。

市场价格变动对消费者剩余和生产者剩余作用相反，国家征税会导致社会总剩余的减少，国际贸易的开展会促进双方的社会总剩余的增加。

帕累托最优状态又被称为经济效率，公平是指社会成员收入分配平等。公平与效率是既相互矛盾又相互联系的统一整体，实践中坚持效率优先、兼顾公平。

练习与实训

一、选择题

1. 消费者剩余是指消费者从商品的消费中得到的（　　）。
   A. 满足程度　　B. 边际效用
   C. 满足程度超过他实际支出的部分　　D. 满足程度小于他实际支出的部分
2. 生产者剩余是指生产者的所得（　　）。
   A. 小于边际成本部分　　B. 等于边际成本部分
   C. 超过边际成本部分　　D. 超过平均成本部分
3. 某消费者愿意为购买的第一件商品出价40元，第二件商品出价35元，第三件商品出价30元，第四件商品出价25元，现在商家按照25元的价格卖给他四件商品，其消费者剩余是多少？（　　）
   A. 25　　B. 30　　C. 35　　D. 40
4. 某生产者在商品价格为400元时愿意生产一件，商品价格500元时愿意生产第二件，商品价格600元时愿意生产第三件，商品价格700元时愿意生产第四件，现在其生产的四件产品都能以700元价格销售出去，问其生产者剩余是多少？（　　）
   A. 400　　B. 500　　C. 600　　D. 700
5. 一段时期内我们的经济发展面对效率和公平的关系是（　　）。
   A. 讲效率就不能有公平　　B. 讲公平不能谈效率
   C. 公平优先兼顾效率　　D. 效率优先兼顾公平
6. 以下说法正确的是（　　）。
   A. 贸易提升了出口国消费者剩余　　B. 贸易提升了出口国生产者剩余
   C. 贸易降低了出口国社会总剩余　　D. 贸易降低了出口国生产者剩余
7. 关于最高限价，以下说法正确的是（　　）。
   A. 最高限价使得消费者剩余增加了　　B. 最高限价使得生产者剩余增加了
   C. 最高限价使得全社会的剩余增加了　　D. 最高限价造成了无谓损失
8. 以下说法正确的是（　　）。
   A. 征税提升了消费者剩余　　B. 征税提升了生产者剩余
   C. 征税提升了社会总剩余　　D. 征税降低了社会总剩余
9. 商品价格上涨，以下说法正确的是（　　）。
   A. 提升了消费者剩余　　B. 提升了生产者剩余
   C. 消费者剩余不受影响　　D. 降低了生产者剩余
10. 商品价格下跌，以下说法正确的是（　　）。
   A. 提升了消费者剩余　　B. 提升了生产者剩余
   C. 消费者剩余下降　　D. 生产者剩余不受影响

11．以下哪项不属于福利经济学的社会目标？（　　）

A. 在全社会消除贫困　　B. 最大的选择自由

C. 最高的经济效率　　D. 公平的收入分配

12．有关剩余，以下哪项是正确的？（　　）

A. 剩余是消费者获得的实际利益

B. 剩余是生产者获得的实际利益

C. 剩余不能用来度量和分析社会问题

D. 剩余并非实际所得，而是一种主观心理评价

13．关于价格控制，以下哪项是正确的？（　　）

A. 价格控制一般包括最高限价和最低限价

B. 政府应该经常使用价格控制来调控市场

C. 最低工资标准属于最高限价

D. 政府制定经济适用房的价格，属于最低限价

14．关于效率问题，以下说法正确的是？（　　）

A. 效率和公平是对立的

B. 效率就是要考虑把“蛋糕”做大

C. 效率就是考虑如何切“蛋糕”的问题

D. 任何时候都要把效率放在第一位

15．有关公平，下面哪项是错误的观点？（　　）

A. 效率和公平是可以统一起来的

B. 要把收入差距完全消除，实现绝对的公平

C. 公平就是考虑如何切“蛋糕”的问题

D. 公平在实施过程中有过程公平与结果公平两种形式

二、实训实践

1．2013年11月，习近平总书记到湖南湘西考察时首次作出了“实事求是、因地制宜、分类指导、精准扶贫”的重要指示。请同学们从经济学的角度分析国家实施“精准扶贫”政策的重要意义。

2．围绕社会经济的发展历程，请同学们谈谈对“效率与公平”的认识。

项目6

不同市场结构下的厂商均衡

学习目标

知识目标

了解市场结构的类型和特征；理解垄断竞争市场的差异化策略，寡头市场的博弈行为；重点掌握完全竞争市场的均衡、完全垄断市场的均衡、垄断竞争市场的均衡。

能力目标

能运用市场结构理论分析和应用现实市场。

素质目标

准确理解市场结构的类型，正确看待不同市场结构下的厂商均衡，勇于在激烈的市场竞争中贡献自己的力量。

思维导图

- 项目6 不同市场结构下的厂商均衡
  - 任务6.1 完全竞争市场下的厂商均衡
    - 完全竞争市场的概念与特征
    - 完全竞争市场的厂商短期均衡
    - 完全竞争市场的厂商长期均衡
  - 任务6.2 完全垄断市场下的厂商均衡
    - 完全垄断市场的概念与特征
    - 完全垄断市场的厂商短期均衡
    - 完全垄断市场的厂商长期均衡
    - 垄断厂商的定价策略
  - 任务6.3 垄断竞争市场下的厂商均衡
    - 垄断竞争市场的概念与特征
    - 垄断竞争市场的厂商短期均衡
    - 垄断竞争市场的厂商长期均衡
    - 垄断竞争厂商的竞争策略
  - 任务6.4 寡头垄断市场
    - 寡头垄断市场的概念与特征
    - 囚徒困境：寡头厂商的竞争与合谋
    - 寡头厂商的定价策略

开篇案例

为什么轻工业产品市场最需要做广告宣传？

生活中你是否留意过这种现象？电视上或其他媒介经常看到的是化妆品、家用电器、洗涤用品、饮料食品等轻工业产品的广告，而很少看到过石油、煤炭、钢铁、自来水、电这类工业品的广告，也没见过大米、面粉、蔬菜、鸡蛋等农产品的广告，这是为什么？我们一起来探究。

经济学家根据市场上竞争与垄断的程度把现实中的市场分为四种类型：完全竞争市场、垄断竞争市场、寡头垄断市场和完全垄断市场。

最接近完全竞争市场的产品是农贸市场，在这个市场上有很多的消费者，也有很多的生产者，这个市场上的产品是没有差别的。这里所说的产品差别不是指不同产品之间的差别，而是指同种产品在质量、包装、牌号或销售条件等方面的差别。正是因为大米、面粉、鸡蛋和蔬菜等农贸市场上出售的商品没有差别，厂商也就没有必要做广告。在这个市场上价格是由全行业供给和需求决定的，个别厂商相当于大海中的一滴水，只能是市场价格的接受者。在完全竞争市场的条件下，价格可以充分发挥其“看不见的手”的作用，调节整个经济的运行。

电视广告一般都是轻工业产品居多。这个市场就是垄断竞争市场。引起这个市场存在的基本条件是产品有差别，如食品饮料，消费者的个人偏好不同，每一款饮料都可以以自己的产品特色在一部分消费者中形成垄断地位。但这种垄断因素力量有限，因为不同品牌的饮料是可以互相替代的，这就形成一种激烈的竞争状态。这也正是为什么生产轻工业产品的厂商不惜血本大做广告的目的。

钢铁、石油、煤炭等产品市场属于寡头垄断市场。这些行业通常由少数几家厂商把持整个行业，它有一个基本特点，就是这类产品只有在大规模生产时，平均成本才会下降，才能获得较好的经济效益。由于门槛很高，其他行业的厂商很难加入。

至于供水、供电这类政府自然垄断的行业属于完全垄断。在这个市场上一家厂商就是一个行业，市场上没有替代品。完全垄断厂商是价格的决定者，当然也会受到政府的管控。

——资料来源：刘华，李克国．经济学案例教材[M]. 大连：大连理工大学出版社，2007.

启发思考

1. 案例中，每类市场结构你都有熟悉的商家吗？
2. 如果你将来求职愿意去哪类市场结构的企业呢？为什么？

在现实生活中你会发现，有些行业厂商的数量非常多，产品种类也很多，厂商之间的竞争非常激烈，消费者在这样的市场中消费时可以“轻松的”讨价还价。而有一些行业，市场中厂商数量非常少，甚至是唯一的供给者，消费者在这样的市场上消费时通常不能议价。市场结构不同，生产者和消费者的行为会有比较大的差异。根据市场的集中程度、产品差异、进出市场的壁垒，可以把市场结构分为完全竞争市场、垄断竞争市场、寡头垄断市场和完全垄断市场四类，如表6-1所示。

表6-1　　各类市场结构的主要特征

市场类型	厂商数量	产品差异	进出壁垒	价格控制	常见例子
完全竞争	众多	无差别	无壁垒	价格接受者	农产品
垄断竞争	较多	有差别	壁垒较低	价格影响者	服饰、食品
寡头垄断	少数几个	有差别或无差别	壁垒较高	价格寻求者	电信、汽车
完全垄断	唯一	产品唯一，无替代品	壁垒很高	价格制定者	水、电、燃气等公用部门或专卖

任务 6.1　完全竞争市场下的厂商均衡

市场是由一些生产者和消费者为了商品交易而形成的相互关系，是将买者和卖者联系在一起的纽带。市场可以是实体、有形的场所，如农贸市场、商场等，也可以是虚拟、无形的场所，如网络上的电子商务平台、在线交易网站等。不同的市场结构具有不同的经济特征，厂商在决策时的依据差别很大，为此我们先从分析完全竞争市场开始，并以此作为分析其他市场结构的参照对象。

6.1.1　完全竞争市场的概念与特征

（1）完全竞争市场的概念和特征

完全竞争市场是指市场上厂商竞争充分且不受任何阻碍和干扰的一种市场结构。完全竞争市场是四类市场结构中企业竞争最充分的市场，是一种理想化的市场，现实生活很难找到完全符合完全竞争的市场。

完全竞争市场的基本特征可以归纳如下。

①市场上买卖双方数量众多。市场上有无数的消费者和生产者，每个企业的规模不大，单个厂商所占的份额在市场上微不足道，卖方只能随行就市，按市场形成的价格销售

自己的产品，是市场价格的被动接受者。每个消费者的购买数量占比很小，单个消费者没有办法影响市场价格，也是市场价格的接受者。

②产品是同质的。完全竞争市场的同类产品无论是质量、规格还是功能和售后服务都是一模一样的，完全没有差别，同类商品可完全替代，消费者无法识别是具体哪家厂商生产，因而企业也就只能按照统一的市场价格销售。这种情况下，如果单个厂商提高商品售价，消费者会全部转向购买其他厂商的商品。单个厂商也没有必要降低商品价格，因为该厂商在整个市场中的份额很小，在原有的价格水平上即可以销售他所希望销售的数量。

③进入或退出市场是自由的。企业可以自由进入和退出市场。当某一产品市场行情较好，经营的企业有较高的利润时，就会吸引其他行业的生产者进入该市场；同样，当某类产品市场行情不好，经营者普遍亏损时，就会有生产者从该行业中退出。在这个过程中，只有那些具备生产效率的厂商能持续生产经营，效率低的厂商被市场淘汰。这里所隐含的假设是技术要求低，资源具有通用性。比如，大蒜的价格上升吸引了新进入者，原来种植大米使用的资本和劳动能够毫无障碍地掌握大蒜种植技术，且自由地进入这个市场。

④完全信息。消费者和厂商完全了解市场的价格等信息，因而不存在任何人以高于市场价格购买同类商品，也不会有厂商以低于市场价格进行销售。完全信息还包括信息的对称性，即消费者对厂商的生产过程、投入成本和产品质量等信息充分了解，而生产者对消费者的需求情况、支付意愿也完全了解。这就排除了由于“信息差”而导致一个市场按不同价格交易的现象。

显然，完全竞争市场的实现条件非常苛刻，现实中完全满足上述四个特征的市场基本是不存在的，它是一种理论模式，为分析其他几类市场结构提供理论基础和比较对象。通常我们认为农产品市场比较接近完全竞争市场。

（2）完全竞争厂商面临的需求曲线

如图6-1（a）所示，众多的消费者和生产者构成了完全竞争市场，依然符合基本的需求定理和供给定理。D代表需求曲线，S代表供给曲线，由供求决定的均衡点E，对应的市场均衡价格为P_e。

对于完全竞争市场中的单个厂商而言，市场价格是一个既定的数值，不会因为个体的

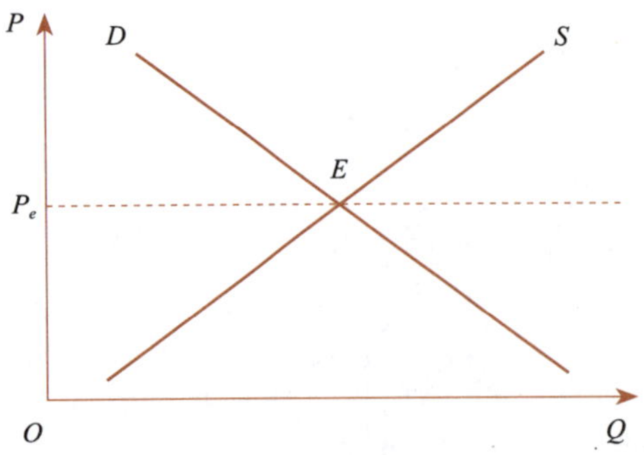

（a）完全竞争市场

（b）完全竞争厂商

图6-1　完全竞争厂商面临的需求曲线

产量变化而发生变化。因此，单个厂商面临的需求函数可以写成：

$$P=P(Q)=P_e \tag{6-1}$$

式中，P和Q分别表示价格和产量，P_e是某个既定的市场价格。用图形表示，横坐标为产量Q，纵坐标为价格P，需求曲线D就是一条平行于横轴的水平线，对应的价格为P_e，如图6-1（b）所示。无论厂商的产量定在多少，都不会改变面对的市场价格，厂商面对的市场需求量无限大，而且具有完全弹性。

（3）需求曲线与平均收益、边际收益曲线三线重叠

厂商获得的总收益（TR）是指按一定价格出售一定数量产品获得的全部收入。在完全竞争条件下，可用公式表示：

$$\mathrm{TR}(\mathrm{Q})=\mathrm{P}\cdot\mathrm{Q} \tag{6-2}$$

平均收益（AR）是指厂商平均销售一单位产品所获得的收入，可表示为：

$$AR(Q)=\frac{TR(Q)}{Q}=\frac{P\cdot Q}{Q}=P \tag{6-3}$$

边际收益（MR）指厂商增加一单位产品销售所获得的总收入的增量，可表示为：

$$MR(Q)=\frac{\Delta TR(Q)}{\Delta Q} \tag{6-4}$$

或者

$$MR(Q)=\lim_{\Delta Q\to 0}\frac{\Delta TR(Q)}{\Delta Q}=\frac{\mathrm{d}TR(Q)}{\mathrm{d}Q}=\frac{\mathrm{d}(P\cdot Q)}{\mathrm{d}Q}=P \tag{6-5}$$

由以上分析可知，厂商的平均收益等于边际收益，且等于市场价格，即$AR=MR=P$。在图中绘制出来，**完全竞争厂商的平均收益AR曲线、边际收益MR曲线和需求曲线d三条线重叠，都可用水平的价格线表示**。

6.1.2 完全竞争市场的厂商短期均衡

在完全竞争市场中，市场上供给和需求相互作用最终形成产品的市场价格，单个厂商必须而且只能按市场形成的价格销售产品，那么厂商如何决定其产量呢？这可以分为短期和长期两种情况加以讨论，我们先考察短期均衡情况。

均衡是指在某种既定市场条件下，厂商生产某一产量产品可实现利润最大化或亏损最小化时的状态。厂商的利润函数为收益减去成本，利润最大化条件也就是对利润函数求一阶导数令其为零，即边际收益（MR）等于边际成本（MC）时为均衡状态。

在短期，由于完全竞争市场厂商是市场价格的被动接受者，它只能按照市场决定的价格售卖产品，厂商只能通过调整产量，实现利润最大化或亏损最小化。均衡时单个厂商的成本可能高于、等于或低于市场价格，所以在短期厂商销售产品时有可能盈利、盈亏平衡或亏损。

（1）供给小于需求，$P=AR>AC$，经济利润大于零，盈利状态

如图6-2所示，完全竞争市场条件下，单个厂商的平均收益线和边际收益线以及市场需求曲线是同一条线，厂商按照边际收益等于边际成本原则（$MR=MC$）确定均衡状态为E，此时对应的产量为Q_0，在该产量下，企业销售商品的价格为P_0，高于产品的平均成本，阴影部分P_0EFG的面积即为短期获得的利润。

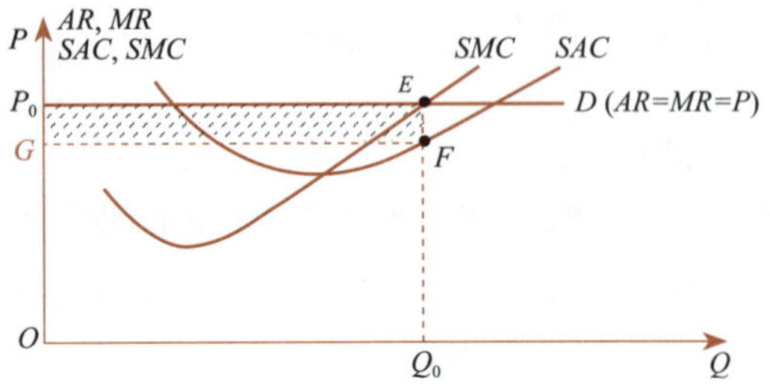

图6-2　完全竞争市场短期厂商盈利情形

（2）供给=需求，$P=AR=AC$，经济利润为零，可以实现正常利润

如图6-3所示，由于供求关系发生变化，市场的价格下跌，厂商的需求曲线与平均成本曲线相切，厂商按照边际收益等于边际成本原则确定均衡状态为E，此时对应的产量为Q_0，在该产量下，商品的销售价格与平均成本相等，经济利润等于零，该点也被称为**收支相抵点或盈亏平衡点**。

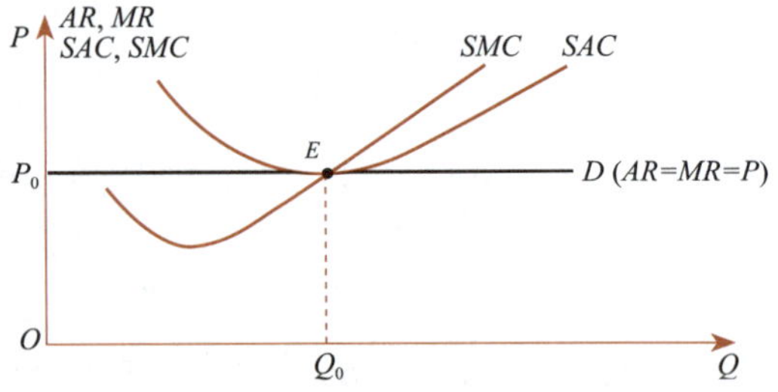

图6-3　完全竞争市场厂商盈亏平衡情形

（3）供给＞需求，$AVC<P=AR<AC$，厂商亏损但继续生产

市场价格继续下跌，厂商还是按照边际收益等于边际成本确定其均衡状态。如图6-4所示，边际收益和边际成本相等时所对应的E点为均衡点，此时产品的销售价格P_0低于平均总成本但高于平均可变成本，显然此时是亏损的，亏损金额为$GFEP_0$围成的矩形面积，但厂商会选择继续生产，因为可以弥补所有可变成本，还可以弥补部分固定成本，生产要比不生产强。

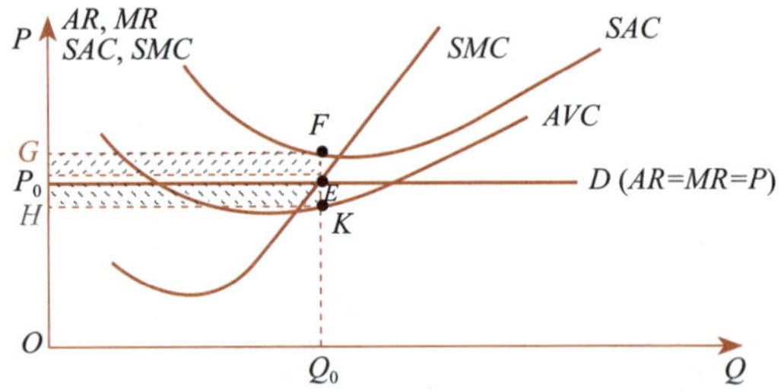

图6-4　厂商亏损但可收回部分FC的情形

（4）供给＞需求，$P=AR=AVC$，厂商处于亏损状态，企业到了关闭点

当市场价格继续下跌，厂商还是按照边际收益等于边际成本确定其均衡状态，如图6-5所示，需求曲线与平均可变成本线相切，E点为均衡状态，销售价格低于平均总成本，等于平均可变成本，此时厂商亏损，亏损额为$GFEP_0$围成的矩形面积，销售所得只能弥补所发生的可变成本，对固定成本弥补没有贡献，此时生产与不生产没有差别，因此我们把E点也称为**停止营业点**。

（5）供给＞需求，$P=AR<AVC$，停止生产

如图6-6所示，企业按照边际收益等于边际成本确定均衡状态，此时产品销售价格P_0已低于平均可变成本，即企业生产所得已不够弥补所发生的可变成本，更不用说弥补固定成本，所以此时无生产必要。

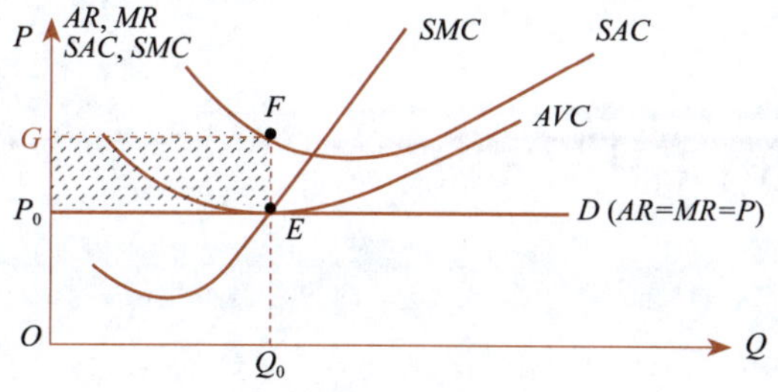

图6-5　厂商亏损能收回全部AVC的情形

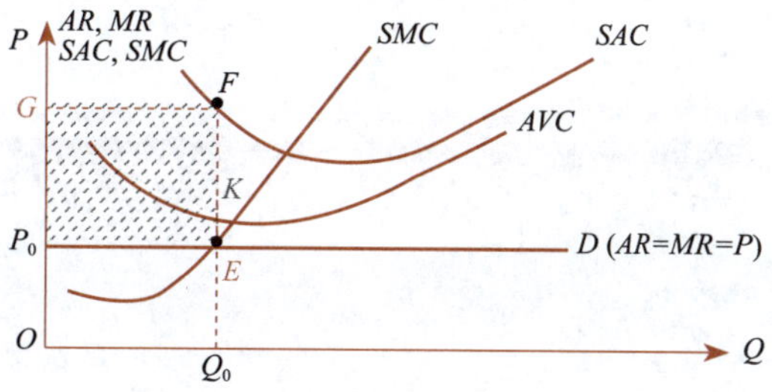

图6-6　厂商亏损且只能收回部分AVC的情形

6.1.3　完全竞争市场的厂商长期均衡

长期与短期不同，在长期中厂商可以根据市场供求情况调整全部生产要素的组合，企业可以自由进入或退出该行业。如果厂商看到某一行业有利可图，就会不断加入该行业，在需求一定的情况下，随着供给增加，市场价格会逐渐下跌，于是厂商利润减少，甚至有企业出现亏损。随着亏损的企业不断退出，市场供给减少，在需求一定的情况下，市场价格又会逐步回升，最终调整的结果是市场上厂商的经济利润为零，即不存在超额利润。此时整个行业达到供求平衡，各厂商的产量不再调整，也就是长期均衡状态。

如图6-7所示，在长期，企业按照边际收益等于边际成本确定*E*点是其均衡状态，此时市场价格等于平均成本，企业超额利润为零。

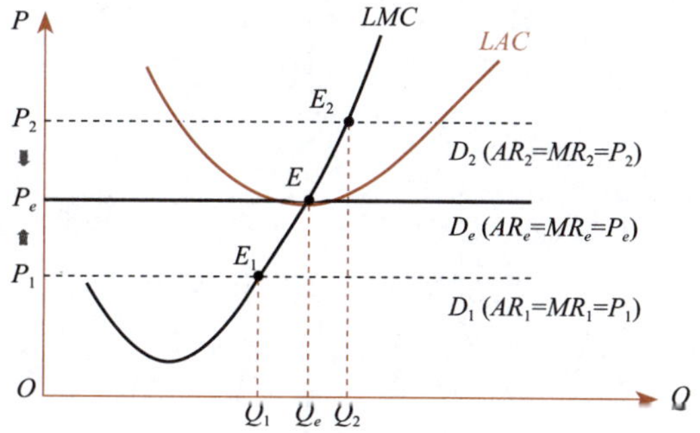

图6-7　完全竞争市场厂商的长期均衡

各国出台各种政策鼓励企业正当竞争，其理论基础是完全竞争市场有明显的优势，如在长期均衡点，平均成本最低，经济效率最高，商品价格最低，消费者剩余大，资源自由流动，供求相等，社会资源实现最优配置；企业生产的同类商品无差别，节省了大量的广告宣传费用。

当然，完全竞争市场也有一定的不足，如企业生产规模小，社会成本不一定最低；企业无进行重大科研的实力；难以满足消费者的多样化需求；信息完全的情形下，不利于保护技术创新等。

任务 6.2　完全垄断市场下的厂商均衡

6.2.1　完全垄断市场的概念与特征

另一个极端情况是完全垄断，也称纯粹垄断，**是指由一个独家厂商控制整个行业的市场结构。**完全垄断市场有四个主要特征。

（1）市场中只有唯一的厂商

全行业只有一个厂商，它提供整个行业的产品。所以，厂商的行为也就是市场的行为，单个厂商的供给也是市场的供给。

（2）提供的产品没有替代品

完全垄断市场厂商生产的产品没有相近的替代品，因此厂商没有任何竞争者的威胁。

（3）垄断厂商是价格的决定者

完全垄断市场的厂商不是价格的接受者，而是价格的制定者，它可以凭借其垄断地位，决定和控制价格。当然，这个价格的制定也会受政府管制和法律约束。

（4）市场存在很高的进入壁垒

由于政府管制、技术进入门槛、行业规模门槛、资源的独特性或是法律等方面的原因，其他厂商无法进入该行业。

知识点滴

形成垄断的主要原因

形成垄断的主要原因有以下四个方面。

1. 资源垄断

单个厂商控制了生产某种商品的全部资源或基本资源的供给。如果某种产品的生产必须有某种关键性资源，而这种关键性资源又为某个企业所独有，这种情况就可能会形成垄断。比如，在一个小镇上，居民看电视都需要购买镇上唯一一家厂商提供的电视信号服务时，就出现了完全垄断。

2. 技术垄断

企业发明新产品后申请了专利权，拥有一段时间内的政府保护，企业通过生产并出售商品来获得收益以弥补前期的成本投入。在专利保护期内，厂商独占该产品的生产和销售权利，是价格的制定者。比如我国的《专利法》规定，发明专利权的保护期限为20年，在此期间，发明人对其发明创造享有独占权。

3. 特许垄断

政府利用行政或法律的强制手段，把生产某种产品的权利赋予某个企业，而不允许其他企业进入该行业。许多公用事业企业如铁路运输、水电燃气部门等就属于这种类型的垄断企业。

4. 自然垄断

某种产品的生产涉及的固定成本非常高，而可变成本和边际成本又相当小，随着产量的增加，平均成本不断下降。所以，自然垄断常常与规模经济有关。前期进入的厂商随着产量的增加，平均成本和价格不断下降，对后续希望进入该行业的厂商形成了高门槛。

6.2.2 完全垄断市场的厂商短期均衡

与完全竞争市场不同，完全垄断厂商是价格的决定者，单个厂商的需求曲线也是市场的需求曲线，向右下方倾斜，所以其边际收益曲线与平均收益线是分离的，是一条向右下方倾斜更为陡峭的曲线。

在短期，完全垄断厂商也是按照边际收益等于边际成本确定其均衡状态，由于市场行情不同，其在短期均衡时可能盈利也可能亏损，具体如下。

（1）供给＜需求，$P=AR>SAC$，获得盈利

如图6-8所示，完全垄断市场条件下，垄断厂商的平均收益线、需求曲线和边际收益线分离，边际收益更为陡峭。厂商按照边际收益等于边际成本原则确定均衡状态为E，此时对应的产量为Q_0。在该产量下，企业销售商品的价格为P_0，高于产品的平均成本，阴影部分P_0FKG的面积即为短期获得的利润。

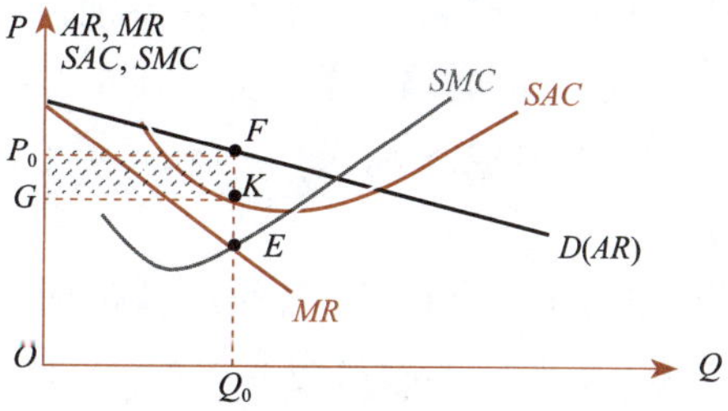

图6-8 完全垄断市场短期厂商盈利情形

（2）供给=需求，$P=AR=SAC$，经济利润=0

如图6-9所示，垄断厂商按照边际收益等于边际成本原则确定均衡状态为E，此时对应的产量为Q_0，在该产量下，垄断厂商的需求曲线与平均总成本曲线相切，切点为F，商品的销售价格与平均成本相等，经济利润等于零，该点也被称为收支相抵点或盈亏平衡点。

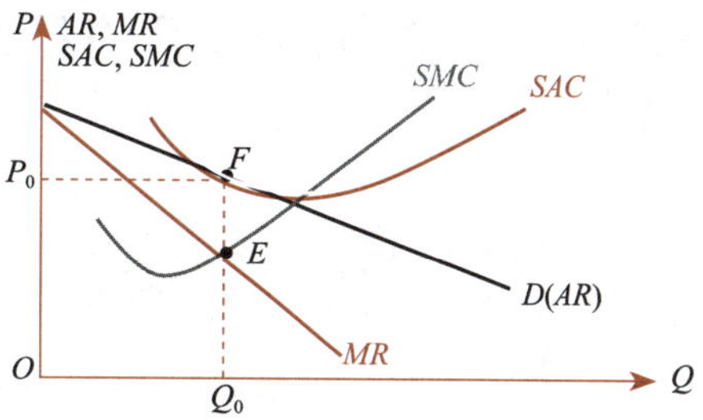

图6-9 完全垄断市场厂商盈亏平衡情形

（3）供给＞需求，$AVC<P=AR<SAC$，出现亏损

市场价格继续下跌，厂商还是按照边际收益等于边际成本确定其均衡状态。如图6-10所示，边际收益和边际成本相等时所对应的E点为均衡点，此时产品的销售价格P_0低于平均总成本高于平均可变成本，显然此时是亏损的，亏损金额为$GFKP_0$围成的矩形面积，但厂商会选择继续生产，因为在该产量水平下，垄断厂商可以弥补所有可变成本，还可以弥补所发生的部分固定成本，生产要比不生产强。

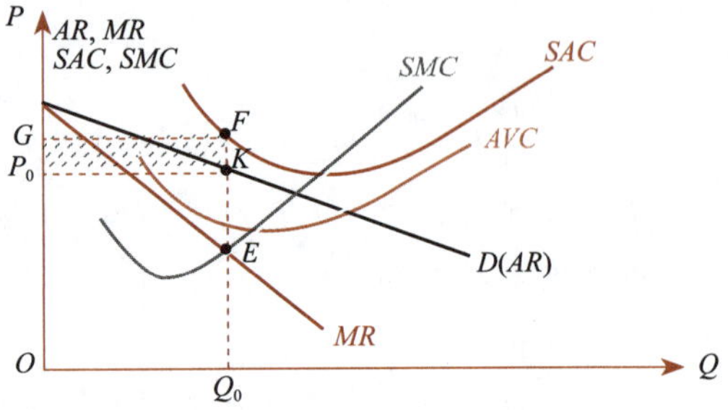

图6-10　完全垄断厂商亏损但可收回部分FC的情形

（4）供给＞需求，$P=AR=AVC$，关闭点

如图6-11所示，当市场价格继续下跌，厂商还是按照边际收益等于边际成本确定其均衡状态为E点，在该产量水平Q_0下，需求曲线与平均可变成本线相切，销售价格P_0低于平均总成本，等于平均可变成本，此时厂商亏损，亏损额为$GFKP_0$围成的矩形面积，销售所得只能弥补所发生的所有可变成本，对固定成本弥补没有贡献，此时生产与不生产没有差别，因此我们把E点也称为停止营业点。

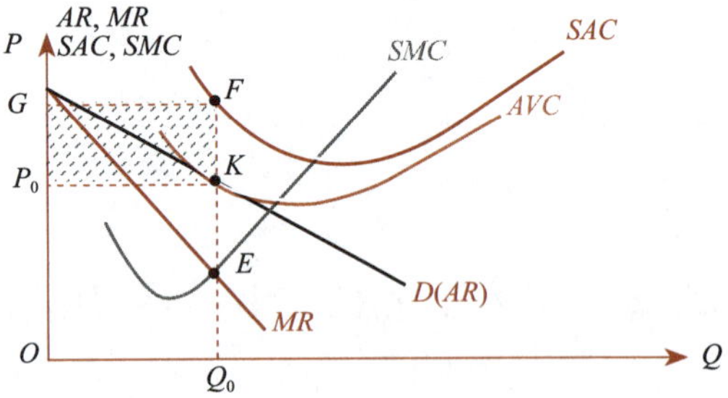

图6-11　完全垄断厂商亏损能收回全部AVC的情形

（5）供给＞需求，$P=AR<AVC$，停止生产

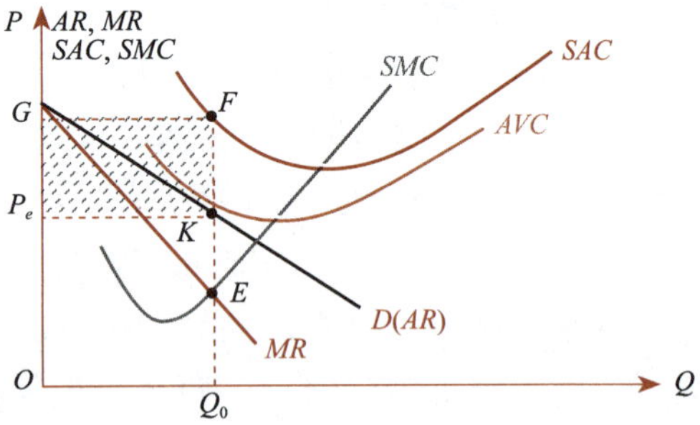

图6-12　厂商亏损且只能收回部分AVC的情形

如图6-12所示，垄断厂商按照边际收益等于边际成本确定均衡状态，此时产品销售价格已低于平均可变成本，即企业生产所得已不足于弥补所发生的可变成本，更不用说弥补固定成本，所以此时无生产必要。

6.2.3　完全垄断市场的厂商长期均衡

完全垄断情形下，厂商通过调整生产规模或退出某行业来追求长期均衡。如图6-13所示，假设垄断厂商在某一短期情形下，按照边际收益等于边际成本原则确定其均衡状态，即$MR=SMC_1$时，所对应的E_1点为此短期

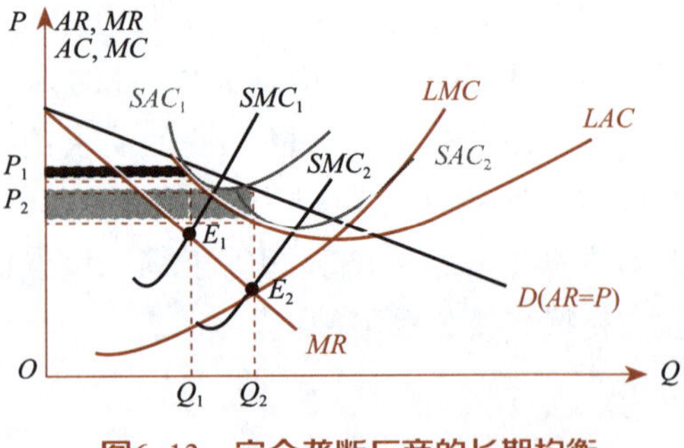

图6-13　完全垄断厂商的长期均衡

的均衡点，对应的产量为Q_1，产品的销售价格为P_1，高于平均总成本SAC_1，此时垄断厂商获得了小部分利润，但在长期，企业可以调整其全部生产要素组合，按照$MR=LMC$原则确定其均衡状态，LMC与MR线相交于E_2点，E_2点对应的是长期均衡状态，均衡产量Q_2，此时产品的销售价格为P_2，远高于长期平均成本，即垄断企业可以凭借其垄断地位，在长期可以获得比短期更大的利润。

6.2.4 垄断厂商的定价策略

垄断厂商与完全竞争市场不同，他们不是价格的被动接受者，而是凭借其特殊的垄断地位，享有定价权。垄断厂商常用的定价策略有两个：

单一定价策略，即对同样的商品收取相同的价格，其定价原则是根据消费者价格弹性系数而定，对缺乏弹性的商品，采用高价策略，对富有弹性的商品，可以适当地降低价格。**歧视价格策略**。价格歧视是垄断者对同一种物品向某些消费者收取的价格高于另一些消费者，或者对少量购买的消费者收取的价格高于大量购买的消费者，但并不是所有的价格差别都是价格歧视。

价格歧视

实行价格歧视的条件如下。

①市场是垄断性的，卖者可以控制价格。

②卖者能够了解不同层次的买者购买商品的愿望和能力（即知道他们各自的需求弹性）。

③不同市场之间必须是相互分离的。

根据垄断厂商实行价格差别的程度，可以把价格歧视分为三种类型。

一级价格歧视。一级价格歧视也称完全价格歧视，是指厂商对每一单位产品都按消费者愿意支付的最高价格出售。在一级价格歧视下，消费者剩余完全为厂商所得。一级价格歧视的发生通常需要两个条件：一是厂商生产的产品数量不多；二是厂商能够精准识别每一个消费者愿意购买的最高价格。

二级价格歧视。二级价格歧视要求垄断者对每一单位产品都制定一个不同的价格，而二级价格歧视只要求对不同的消费数量段规定不同的价格。例如，当游客购买1～4张公园门票时，单价为15元；购买5张以上团体票单价为13元。消费者买单件衣服时，价格为300元1件，3件以上单价降为260元，等等。可见，实行二级价格歧视的垄断厂商利润会增加，部分消费者剩余被垄断者占有。

三级价格歧视。三级价格歧视是指对同一种产品和服务在不同购买对象、不同时间或不同市场上收取不同价格。例如，电影院为白天和晚场电影规定不同价格；铁路和航空公司为大学生或老年人提供较低价格而其他旅客则要支付较高价格；出版社为新小说的精装本和平装本规定了相差几倍的价差等。

同一种产品在不同市场上出售，厂商如何分配不同市场销售量并确定价格，才能实现利润最大化目标呢？回答是厂商这时要遵循不同市场边际收益相等并与边际成本相等的原则，即对需求价格弹性较低的市场制定较高价格，而对需求价格弹性较高的市场制定较低价格。

经济观察

加强平台监管，防止“大数据杀熟”

在出行软件上预订同一间酒店，不同账号价格不同；使用打车软件，“钻石会员”价格还高于新会员，且更难打到车……一直以来，“大数据杀熟”是广大群众期待整治的问题。有网友在网上分享购买机票的经历：用3个账号，买同一趟航班同一舱位，价格最多相差900多元。春节前后，人们出行增多，大数据杀熟问题再次引发热议。

所谓大数据杀熟，是指一些企业通过掌握消费者的经济状况、消费习惯、价格敏感度等信息，对消费者在交易价格等方面实行歧视性的差别待遇，特别是利用用户不愿轻易更换惯用平台等心理，对老用户收取更高费用。据北京市消费者协会调查，61.21%的受访者认为大数据杀熟主要体现为不同用户享有不同的折扣或优惠，45.76%的受访者认为体现在多次浏览后价格自动上涨。有效解决大数据杀熟问题，才能更好保护消费者权益，推动数字经济健康发展。

大数据杀熟，是商家在利用消费者的信任和信息不对称套取超额利益，侵害了消费者的权益，背离了公平诚信的价值原则，也违反了相关法律规定。个人信息保护法规定，个人信息处理者利用个人信息进行自动化决策，应当保证决策的透明度和结果公平、公正，不得对个人在交易价格等交易条件上实行不合理的差别待遇。价格法、消费者权益保护法等也对大数据杀熟可能产生的价格欺诈等作出约束，对于处于市场支配地位的平台而言，大数据杀熟还涉嫌违反反垄断法。

治理大数据杀熟事关消费者利益，必须充分发挥消费者的监督作用。要为消费者畅通投诉举报渠道，可以在各类消费平台上建立“一键维权”等机制；针对举证难问题，相关部门不妨提供一些技术支持，帮助消费者寻找、固定证据；消费者协会等组织应做好相关知识普及，增强消费者的防范意识，并为消费者维权提供帮助。

网站平台和相关企业要想获得长远发展，形象和信誉至关重要。用户一旦发现自己被歧视对待，就会抛弃这些不良平台。诚信、平等地对待每一名消费者，将依法依规掌握的消费者信息应用在改进产品和服务上，在良性互动中实现互利共赢，才是数字时代平台企业的长远发展之道。

——资料来源：人民网：加强平台监管，防止“大数据杀熟”（人民时评）（2024-02-29）. https://baijiahao.baidu.com/s? id=1792182947200384296&wfr=spider&for=pc.

启发思考

1. 大数据杀熟现象是否属于价格歧视？
2. 有哪些方式可以避免这种现象的发生？

任务 6.3 垄断竞争市场下的厂商均衡

6.3.1 垄断竞争市场的概念与特征

垄断竞争是介于完全竞争和完全垄断之间，以竞争为主的市场结构。垄断竞争市场有四个主要特征。

（1）企业数量多，每家的市场份额很小

单个厂商对市场影响的能力非常有限，市场更多地表现为竞争性。

（2）不同厂商生产的同类产品有差别

产品的差异性，使得他们相互之间不能完全替代，从而厂商对于自己的产品有一定的垄断因素。

（3）进退壁垒低，企业进出市场较自由，竞争较激烈

因为厂商规模一般规模不大，所需进入投入或退出的资本不是太多，转产别的产品或提供其他服务比较容易。

（4）厂商对价格略有影响力

单个厂商调整价格的效果要受到其他同行的影响。单个厂商想降低价格扩大销量，市场上生产同类商品的厂商也会采取类似措施，从而该厂商通过降价增加的商品销量有限。

6.3.2 垄断竞争市场的厂商短期均衡

如图6-14所示，垄断竞争市场每个厂商都面对两条需求曲线：一是别的厂商保持价格不变，自己的价格变化后市场对自己产品的需求曲线d；二是别的厂商与自己采取相同行动时，市场对自己产品的需求曲线D。D是固定不变的，而d则随着不同的价格水平发生变化。

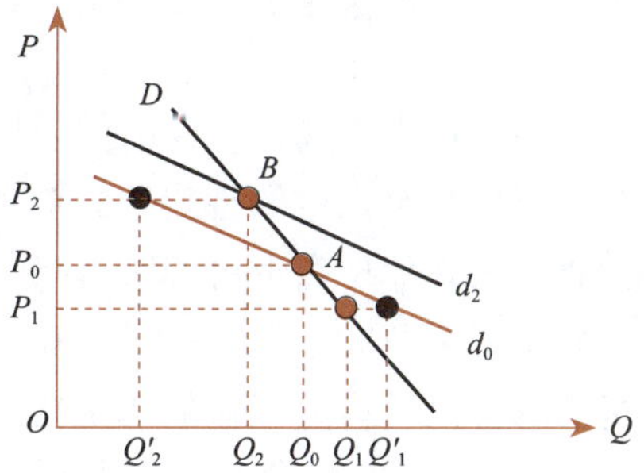

图6-14 垄断竞争厂商需求曲线

需求曲线d和需求曲线D的一般关系：第一，当垄断竞争生产集团内的所有厂商都以相同方式改变产品价格时，整个市场价格的变化会使得单个垄断竞争厂商的需求曲线d的位置沿着需求曲线D上下平移。第二，两条需求曲线的交点表示供求相等的状态。第三，d比D具有更大的价格弹性。

在短期内，垄断竞争厂商在既定的生产规模下，通过对产量和价格的调整，按照边际收益MR等于边际成本MC原则，确定其均衡状态。至于垄断竞争厂商在短期均衡状态盈利情况则与均衡时销售价格与平均成本关系而定。图6-15（a）(b)(c）幅图分别对应利润大于零，利润等于零，利润小于零三种情形。

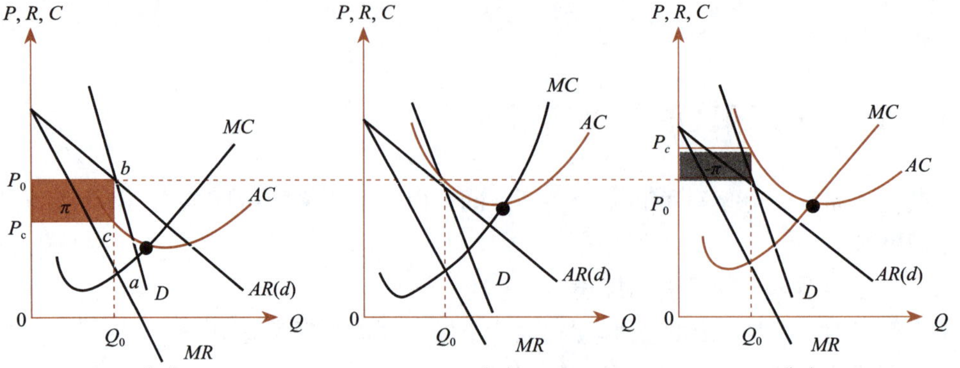

图6-15　垄断竞争市场厂商短期均衡情形

6.3.3　垄断竞争市场的厂商长期均衡

在长期，垄断竞争厂商不仅可以调整生产规模，还可以进入或退出行业。这点与完全竞争市场类似，即在长期，垄断竞争市场达到均衡时其利润为零。因此，垄断竞争市场厂商长期均衡的条件是$MR=LMC=SMC$，$AR=LAC=SAC$，如图6-16所示。

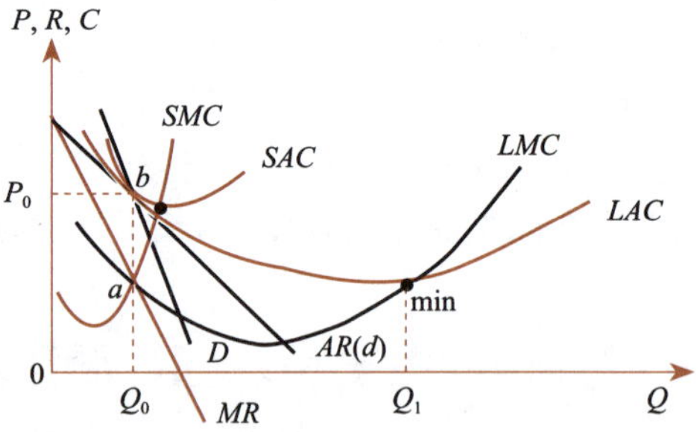

图6-16　垄断竞争市场厂商的长期均衡

6.3.4　垄断竞争厂商的竞争策略

在垄断竞争市场，厂商采用价格竞争和非价格竞争策略。由于垄断竞争市场厂商数量庞大，产品间有一定的替代性，单个厂商对价格的控制能力非常小。单个厂商降价，生产同类商品的其他厂商也可能跟着降价，厂商通过价格竞争手段未必能扩大自己的产销量。另一方面，垄断竞争市场产品间存在着差异性，这种差异性越大，厂商的垄断因素越强，从而厂商可以实行差别化的非价格竞争。

（1）技术创新，创造客观差异（改进质量及外观等）

厂商组织人力物力，创建科研团队，加大研发力量，使自己的产品从外观到内在技术参数领先或区别于同行竞争者，从而在竞争中取得优势。

（2）广告和各种促销活动，形成主观差异

厂商通过加大广告投放，开展多种形式的促销活动，改变自己的产品在消费者心目中的偏好程度，增强消费者的购买意愿。

创新故事

（3）服务竞争，延伸客观与主观差异

虽然某些垄断竞争厂商生产或销售的产品与其他竞争者在价格或外观及技术上没有太大区别，但可以通过比竞争者提供更为优质的客户服务在竞争中取得优势，如通过营造温馨的销售环境，提供比竞争对手更长的质保时间等。

经济观察

解码海尔式创新

2023年4月27日，中国家电及消费电子博览会（AWE2023）重启，作为全球家电行业的龙头，海尔智家在AWE上全面呈现在智慧住居领域的原创科技、场景科技引领，AWE成为海尔科技创新成果的最佳"秀场"。

比如，海尔推出底置集成制冷、3D透视烘干、复合软风等原创科技，引领行业趋势，以原创科技实现智慧成套方案定制。当场景成为在物联网时代的行业战略新高地时，海尔通过其场景品牌三翼鸟，让家庭为代表的主要场景实现家用电器的连接，并通过语音交互等方式实现全场景的高端智能体验。

海尔这些改变产业格局、行业趋势、用户体验的创新成果，离不开其"为用户研发"的创新基因。这种从用户中来、回到用户中去的科技创新思维，让海尔在智慧住居领域的创新更有"生活的味道"，不仅实现了全球市场的引领，更是在这个"以用户为主"的时代之下得到了业界全面认可。

根据GFK中怡康数据，海尔冰箱、洗衣机、热水器份额在第一的基础上实现持续增长。其中，冰箱份额持续净增至43.9%，洗衣机份额持续净增至46%，热水器份额持续净增至29.8%。同时，家用空调份额实现6年连涨，持续净增至19.5%，实现逆势增长；厨电线下份额持续净增，进入行业TOP3。据权威市场调查机构欧睿国际数据显示，海尔智家连续14年蝉联全球大型家用电器品牌零售量第一名。

为什么海尔能一直高效产出创新成果？这背后除了"用户思维"的创新理念外，也离不开其前瞻性的模式创新及战略升维。"世界就是我的研发部"是海尔创新的核心理念，这个开放式的智家大脑平台就是海尔创新理念的一个缩影。

海尔智家2022年报显示，其在全球构建了"10+N"开放式创新体系和HOPE创新生态平台。其中，"10+N"开放创新体系中，10代表十大研发中心，N代表N个创新中心和创新网络。10+N是一个用户和资源零距离交互的平台，也是一个全球协同创新的生态系统。

海尔以用户为中心，通过10+N创新触点和全球资源之间线上、线下协同融合，实现了24小时不间断创新，共同推动技术专利化专利、标准化、标准国际化，实现了全球引领。

——资料来源：半岛都市报—解码海尔式创新：以用户为中心，让创新更有“生活的味道”！（2023-04-30）https://baijiahao.baidu.com/s?id=1764596088258012255&wfr=spider&for=pc.

启发思考

1. 海尔的产品凭借哪些优势在激烈的竞争中赢得领先地位？
2. 搜集数据资料，分析家电市场是属于哪种类型的市场结构。

任务 6.4　寡头垄断市场

6.4.1　寡头垄断市场的概念与特征

寡头垄断是指市场上少数几家厂商规模非常大，在市场上举足轻重，所生产销售的产品或提供的服务占据市场大部分份额，有四个主要特征。

（1）厂商数量很少，实力很强

同一行业只有少数几个厂商占据主导地位，每个厂商都势均力敌，对行业的产量和价格都具有相当的影响力。

（2）厂商间存在依存关系

具有寡头地位的厂商在进行决策时，必须考虑其他竞争者可能会采取的反应和对策。

（3）进入和退出壁垒高

行业中原有厂商在资金规模、技术水平、商业信誉、市场份额等方面存在先发优势，其他厂商再加入市场是相当困难的。同时，由于资产规模和专用性决定了寡头垄断厂商从行业中退出也是相当困难的。

（4）非价格竞争激烈

寡头垄断厂商提供的产品或服务可以是无差别的，如汽油、钢材等，也可以是有差别的，如各种品牌的汽车、电信服务等。由于同行间产品替代性比较强，企业更加重视非价格竞争。

6.4.2　囚徒困境：寡头厂商的竞争与合谋

寡头垄断市场厂商之间有较强的依存关系，单个厂商为了在竞争中获取更多的利润，占据更大的市场份额，在做决策前会设法了解其他竞争对手的意向，从而使自己做出最有效的决策。西方经济学者们将博弈理论用于分析寡头厂商之间的行为决策，取得不错的研究成果，其中“囚徒困境”就是一个经典的案例。

“囚徒困境”描绘了这样一个场景。警察抓到犯罪嫌疑人甲和乙，为了防范他们串供，所以将这两个疑犯单独关押审讯。审讯时嫌疑人都有两种策略选择，即坦白和不坦白，但每个嫌疑人都不知道对方是怎么选择的，有没有把自己犯的事向警方坦白。

我们以支付矩阵的形式，将参与者得到的“利益”呈现出来。在每组数字中，第一个数字代表甲的选择将获得的“利益”，第二个数字则是乙的选择将获得的“利益”，如表6-2所示。

囚徒甲若选择坦白策略，囚徒乙也选择坦白，则每个人都交代了问题，警方掌握他们犯罪证据确凿，每个人各判五年。如果囚徒甲选择坦白策略，囚徒乙选择不坦白策略，则甲有立功表现，乙抗拒从严罪加一等，甲判1年，乙判10年。所以在甲选择坦白策略时，乙也选择坦白对其自身最有利。

若甲选择不坦白，则乙同样有坦白和不坦白两种策略选择。当乙选择坦白时，由于甲不坦白，属于抗拒从严罪加一等，甲判10年，乙有立功表现，判1年。甲选择不坦白，乙也不坦白，由于每个人都没有交代问题，警察掌握证据不足，每个人各判2年。显然，当囚徒甲选择不坦白时，囚徒乙选择坦白对其最有利。

也就是说，无论甲选择何种策略，坦白策略就是乙决策的占优策略。同样，无论乙选择何种策略，坦白策略也是甲决策的占优策略。最终两人通过其理性决策，选择到左上角的坦白-坦白策略均衡。而右下角不坦白-不坦白策略，每人各判两年这一整体“最好”的结局没有出现。

“囚徒困境”可以延伸到寡头垄断市场，市场上少数寡头都在追求自身利益最大化，而不考虑同行的利益，不相信同行之间的合作，尽管从其个体来看决策是理性的，但对整体而言是比较差的结果。

表6-2　　囚徒困境的决策支付矩阵

囚徒甲	囚徒乙	
	坦白	不坦白
坦白	-5，-5	-1，-10
不坦白	-10，-1	-2，-2

知识点滴

纳什均衡

纳什均衡（Nash equilibrium）是经济学家约翰·纳什在1950年获得美国普林

斯顿大学的博士学位论文中提出的一个“博弈论”的概念，又称为非合作博弈均衡。

其大意是在一个博弈过程中，无论对方的策略选择如何，当事人一方都会选择某个确定的策略，则该策略被称作支配性策略。如果任意一位参与者在其他所有参与者的策略确定的情况下，其选择的策略是最优的，那么这个组合就被定义为纳什均衡。

“纳什均衡”广泛运用在经济学、计算机科学、演化生物学、人工智能、会计学、政策和军事理论等方面。

1994年，纳什和其他两位博弈论学家约翰·海萨尼和莱因哈德·泽尔腾共同获得了诺贝尔经济学奖。

启发思考

分析纳什均衡在社会经济中的应用。

6.4.3 寡头厂商的定价策略

传统寡头垄断市场理论认为，厂商的定价策略大致有三种类型，即价格领先策略、成本加成策略和勾结定价策略。

（1）价格领先策略

价格领先策略是指寡头垄断市场上产品的价格通常是由该行业中规模最大或最具影响力的厂商率先制定，其余厂商随后确定各自产品的价格。如果产品是无差别的，价格及其变动基本是相同的，如果产品是有差别的，那么各企业的产品价格可能会有差别。

（2）成本加成策略

成本加成策略是指厂商在估算产品平均成本的基础上加上固定利润率作为商品的价格。这种定价策略，可以避免寡头厂商之间的恶意低价竞争而导致两败俱伤。由于价格比较稳定，厂商利益也有保证，企业生产积极性较高。

（3）勾结定价策略

勾结定价是指寡头垄断市场寡头之间勾结起来共同协商定价。寡头厂商相互勾结组成卡特尔（寡头价格联盟）组织，成员共同协商确定价格。为了维护其自身利益，卡特尔除共同制定统一价格外，还对产量实行限制。如石油输出国组织（OPEC）就是通过限制成员国石油产量，提高石油销售价格，保护其各成员国利益的。但是，因为卡特尔各成员之间的矛盾或相互猜忌，有时达成的协议也不能完全兑现，甚至会导致卡特尔解体。

趣味知识

资本主义寡头垄断的形式

寡头垄断组织是在企业生产集中的基础上产生的。由于在经济发展过程中生产社会化和生产集中的发展程度的不同，大型企业之间互相勾结或联合的程度和具体目的也不一样，因而寡头垄断组织便有各种不同的形式。卡特尔、辛迪加、托拉斯和康采恩是垄断组织的四种主要形式。

1. 卡特尔

卡特尔是由一系列生产类似产品的独立企业所构成的组织，集体行动的生产者，目的是提高该类产品价格和控制其产量。垄断利益集团、垄断联盟、企业联合、同业联盟也称卡特尔，是垄断组织形式之一。根据美国反托拉斯法，卡特尔属于非法。

2. 辛迪加

辛迪加是资本主义垄断组织的主要形式之一。大都是同一生产部门的少数大企业通过签订统一销售商品和采购原料的协定而建立的组织。辛迪加内各企业不能独立地进行商品销售和采购原料，须由总办事处统一办理，从而在争夺产品销售和原料分配份额上进行激烈竞争。

3. 托拉斯

托拉斯是英文trust的音译，垄断组织的高级形式之一。由许多生产同类商品的企业或产品有密切关系的企业合并组成，旨在垄断销售市场、争夺原料产地和投资范围，加强竞争力量，以获取高额垄断利润。

4. 康采恩

康采恩原意为多种企业集团。这是一种规模庞大而复杂的资本主义垄断组织形式。它以实力最雄厚的大垄断企业或银行为核心，由不同经济部门的许多企业联合组成，范围包括十个以至数百个矿业、工业、贸易、银行、保险、运输等企业，是金融寡头实现其经济上统治的最高组织形式。

启发思考

1. 如何看待寡头垄断在市场中的利弊？
2. 政府对待寡头垄断有何政策措施？

小结

市场结构分为完全竞争市场、垄断竞争市场、寡头垄断市场、完全垄断市场四种类型，后三者属于非完全竞争市场。

完全竞争市场上，单个厂商是价格的被动接受者，在短期均衡时可能有利润，也可能亏损，而在长期均衡时，完全竞争厂商的利润为零。

在非完全竞争市场上，厂商不同程度上能影响市场价格，厂商的需求曲线和边际收益线分离。在完全垄断市场，短期均衡时，垄断厂商可能盈利也可能亏损，但在长期均衡时，完全垄断厂商凭借其垄断地位，可以获得比在短期均衡时更大的利润；在垄断竞争市场，短期均衡时厂商可能盈利，也可能亏损，而在长期均衡时，垄断竞争厂商利润为零；在寡头垄断市场，既相互依存，又相互竞争，经济学上引入博弈论分析厂商的行为。

练习与实训

一、选择题

1. 在以下关于单位贡献利润的表述中，正确的是（　　）。
   A. 单位贡献利润就是商品价格减平均成本
   B. 单位贡献利润就是总收益减总成本
   C. 单位贡献利润就是商品价格减平均可变成本
   D. 单位贡献利润就是商品价格减平均固定成本
2. 已知某企业生产的商品价格为10元，平均成本为11元，平均可变成本为8元，则该企业在短期内（　　）。
   A. 停止生产且亏损　　B. 继续生产且存在利润
   C. 继续生产但亏损　　D. 停止生产且不亏损
3. 某企业生产的商品价格为12元，平均成本为11元，平均可变成本为8元，则该企业在短期内（　　）。
   A. 停止生产且亏损　　B. 继续生产且存在利润
   C. 继续生产但亏损　　D. 停止生产且不亏损
4. 某企业生产的商品价格为6元，平均成本为11元，平均可变成本为8元，则该企业在短期内（　　）。
   A. 停止生产且亏损　　B. 继续生产且存在利润
   C. 继续生产但亏损　　D. 停止生产且不亏损
5. 完全垄断企业定价的原则是（　　）。
   A. 利润最大化　　B. 社会福利最大化　　C. 消费者均衡　　D. 随心所欲
6. 采取（　　）时，消费者剩余最小。
   A. 一级差别价格　　B. 二级差别价格　　C. 三级差别价格　　D. 无差别价格
7. 只要企业遇到（　　）的情况，就要停止经营。
   A. $P<ATC$　　B. $P<AVC$　　C. $P<AFC$　　D. $P<MC$
8. 垄断竞争市场的主要特征是（　　）。
   A. 少数几家企业占统治地位　　B. 数量众多的企业，进入障碍较小
   C. 数量众多的企业，进入障碍较大　　D. 生产的产品具有同质性

9. 在完全垄断市场上，对于任何产量，厂商的平均收益总等于（　　）。

A. 边际收益　　B. 边际成本　　C. 平均成本　　D. 市场价格

10. 下列行业中哪一个最接近于完全竞争模式（　　）。

A. 飞机　　B. 卷烟　　C. 汽车　　D. 水稻

11. 非价格竞争是指（　　）。

A. 不同行业产品之间的竞争　　B. 以广告、促销及创新等手段进行竞争

C. 降低生产成本，但不降价　　D. 自主定价，完全忽略竞争对手

12. 垄断竞争市场既有竞争因素也有垄断因素，垄断因素主要来源于（　　）。

A. 产品的差异性　　B. 厂商之间共谋

C. 设置严格的进入门槛　　D. 少数几个厂商把持市场

13. 寡头厂商的产品（　　）。

A. 是同质的　　B. 是完全不同的

C. 市场上没有替代品　　D. 可以是同质，也可以是有差异的

14. 完全竞争市场上，厂商长期均衡满足什么条件？（　　）

A. $P>MR$　　B. $P<MR$　　C. $P=MC$　　D. $AR>AC$

15. 寡头垄断市场的进入障碍可能包括（　　）。

A. 规模经济　　B. 专利权

C. 生产所需资源的所有权　　D. 以上都是

二、实训实践

1. 调研各大购物平台，分析某一品类的市场结构特征。

登录国内和国外知名的在线购物平台，熟悉商品分类。选定某类商品，分析它的市场集中度，判断市场结构类型和特征，并形成分析报告。

2. 市场调研：“大数据杀熟”现象及其治理。

搜集身边的“大数据杀熟”案例，了解这种现象背后的经济学含义，分析政府对这种现象采取了哪些措施防范。

项目7

政府在市场中的作用

学习目标

知识目标

了解市场失灵的概念及表现形式；理解信息不对称、外部性的表现及影响、公共产品的特征及影响；重点掌握解决信息不对称、外部性和公共产品等问题的主要方式。

能力目标

能运用信息不对称、外部性、公共产品等经济理论解决和分析现实经济社会的相关问题。

素质目标

正确理性看待市场失灵现象，理解政府积极干预经济活动所采取的政策措施。

思维导图

- 项目7 政府在市场中的作用
  - 任务7.1 市场失灵与政府干预
    - 市场失灵的概念及表现形式
    - 政府干预市场活动的方式与目标
  - 任务7.2 信息不对称
    - 信息不对称的表现及影响
    - 解决信息不对称问题的主要方式
  - 任务7.3 外部性
    - 外部性的分类和特征
    - 解决外部性问题的主要方式
  - 任务7.4 公共产品
    - 公共产品的特征及分类
    - 解决公共产品问题的主要方式

开篇案例

受损还是获益?

20世纪初的一天，一辆列车飞驰在绿草如茵的英格兰大地上。车上一列车厢里坐着著名的经济学家庇古。他边欣赏风光边对同伴说，机车在田间经过溅出的火花（当时是蒸汽机）和燃料残渣污染到麦穗上，肯定会给农民造成损失，但铁路公司并不用向农民赔偿，这正是市场经济无能为力之处，称为“市场失灵”。

将近70年后，1971年美国经济学家乔治·斯蒂格勒和阿尔钦同游日本。他们在高速列车（这时已是电气机车）上见到窗外的农田，想起了庇古当年的感慨，就问列车员，铁路附近的农田是否受到列车的损害而减产。列车员说，恰恰相反，飞速驰过的列车把吃稻谷的飞鸟吓走了，农民反而受益。当然铁路公司也不能向农民收取“赶鸟费”。这同样也是市场经济的无能为力，也称为“市场失灵”。

——资料来源：刘华，李克国. 经济学案例教材[M]. 大连：大连理工大学出版社，2007.

启发思考

1. 案例中，同样是列车经过农田为何对农民生产影响不同?
2. 是否有方法或途径来弥补农民的损失?

西方经济学鼻祖亚当·斯密在1776年出版了《国民财富的性质和原因研究》一书，其中指出：有一种力量引导人们的各种经济活动，厂商和消费者都从自身的利益考虑问题，采取对自己有利的行动，最终社会能实现最佳的状态，这就是著名的“看不见的手”原理。也就是说在西方传统经济学家眼里，市场是万能的，市场通过价格调节，最终能实现资源的最优配置。

然而，1929年到1933年席卷整个资本主义世界的第一次经济大危机给整个社会带来巨大的灾难，市场上大量的商品积压卖不出去，农场主把过剩的牛奶直接倒入密西西比河。现实清楚表明，市场并不是万能的，有时甚至是失败或者失灵的。美国著名经济学家曼昆在其经典的教科书《经济学原理》中说道：“市场做了很多好事，但并不能做好每一件事”。当市场失灵时，就需要市场外的力量进行干预，以预防和减轻市场失灵所带来的损失。

本项目介绍几种常见的市场失灵的情况，包括信息不对称、外部性和公共产品等，以及在出现市场失灵现象的时候，政府可以通过什么样的方式来降低或减少这些情况。

任务 7.1　市场失灵与政府干预

7.1.1　市场失灵的概念及表现形式

市场失灵是指当市场经济中出现不能符合完全竞争市场的假设条件时，市场机制不能正常发挥调节作用，无法实现社会资源有效配置。市场失灵主要表现为四种形式，即不完全竞争、信息不对称、外部性影响和公共产品供给不足。所以，市场失灵也可以看作是对完全竞争市场苛刻条件的进一步放松，以更好地契合现实经济。

（1）不完全竞争

现实中完全符合完全竞争市场条件的市场几乎不存在，无论是垄断竞争市场、寡头垄断市场还是完全垄断市场，都有垄断因素的存在，这会产生对消费者利益的侵占。例如，垄断者为了维持较高的价格，常常人为地限制产量，以造成一种供不应求的局面。市场机制本身孕育着垄断，靠市场主体是无力消除垄断的。垄断还可能诱发寻租行为。所谓寻租，是指试图获得一种可以赚取经济利润的垄断活动。一个垄断企业可以通过占有一部分消费者剩余而获得经济利润。因此，企业会寻求各种办法谋求和维持垄断地位，以获得经济利润。寻租行为会造成经济资源配置的扭曲，产生很大的社会净成本。

（2）信息不对称

信息不对称是指在市场经济交易中供求双方对商品信息的获得是有差异的，掌握信息比较充分的一方处于比较有利的地位，而掌握信息不充分的一方则处于比较不利的地位。信息不对称是我们日常生活中的常见现象。在市场上，卖者总是掌握着比买方更多的关于商品的信息，由于这种信息的不对称，卖方可以随时根据顾客情况调整商品的价格，以获得更好的收益。同样，市场上也存在买方比卖方更具有信息优势的情况。例如，出售二手车的卖主比买主更了解自己汽车的缺陷，购买保险的投保人比保险公司更加了解自己所面临风险的可能性和大小，劳动力市场的雇员比雇主更了解自己劳动技能的高低等。

（3）外部性

外部性也称外在效应或溢出效应，主要是指一个经济主体的活动对社会其他成员福利的影响，这种影响并不是在有关各方以价格为基础的交换中发生的，因此，这种影响是外在的。外部性从作用效果来看有**正外部性和负外部性**，从产生主体来看有**生产的外部性和消费的外部性**。当外部性存在时，社会对市场结果的评价扩大到市场中买者和卖者的社会福利范围之外，私人成本同社会成本、私人福利同社会福利不相一致，靠市场行为形成的价格被扭曲，结果市场均衡并不能使资源实现有效率的配置。

（4）公共产品

公共产品通常是指提供给社会成员共同享用的物品，如国防、警察等，人们在使用这类商品或服务时甚至不需要交费。在向人们提供需要的物品方面，市场能否完美地发挥作用，取决于所涉及的物品类型。在市场机制配置资源情况下只能提供私人物品，私人物品既有排他性又有竞争性，而不会提供公共产品。但是，任何一个社会的生存与发展都离不开公共产品，所以必须依靠市场以外的机制来保证公共产品的供给。

7.1.2 政府干预市场活动的方式与目标

（1）政府干预市场活动的方式

市场失灵的事实说明仅仅依靠价格机制并不能实现社会资源配置最优，政府必须运用经济政策参与调节。从实际操作来看，政府干预经济的方式主要有两种类型：一种是制定宏观经济政策，另一种是实施微观经济政策。前者以宏观经济理论为依据，着眼于对经济总量的调控；后者以微观经济理论为依据，着眼于纠正市场机制本身的不完善之处。这里主要介绍微观经济政策。微观经济政策是指政府为了解决微观经济问题或主要由微观经济主体带来的经济问题，以及调节微观经济行为而采取的政策措施。

微观经济政策总体上可分为四类。

①促进市场竞争的政策，如颁布实施反垄断法律法规，促进公平竞争。

②消除外部性影响的政策，如对污染企业征税，对技术领先的企业，国家通过补贴进行扶持或奖励。

③在市场机制无法发挥作用的领域采取的政策，如增加公共产品供给。

④政府制定并监督实施关于提供真实信息的法规，如反对交易中的欺诈性行为、避免企业虚假宣传、及时公开披露证券信息等。

（2）政府干预经济的主要目标

提高经济效率。政府的一个重要经济目标是从社会整体利益出发，帮助市场促成资源的有效配置。政府可以通过取消和下放行政权限，鼓励和促进竞争，控制诸如污染等外部性问题以及提供公共产品等来提高效率。

维护市场秩序。现实经济中，实际市场是不完全竞争的，即市场结构中会有垄断竞争、寡头垄断和完全垄断形式的存在。垄断性市场力量的存在必然引起不公平竞争，干扰正常的市场秩序。这时，依靠市场本身的力量是无法消除这些情况的，政府干预就显得十分重要。

促进公平。即使市场经济运行良好，能够实现资源的有效配置，也有可能产生收入分配悬殊的状况。如果两极分化严重，会严重影响社会稳定。收入再分配一般是通过税收和转移支付政策来进行，政府通常通过一定的微观经济政策来调节收入分配关系，防止收入分配过于悬殊，努力实现公平目标。

促进经济稳定增长。政府总期望国民经济能持续稳定增长，经济稳定增长有助于促进就业。但现实经济却常常伴随着经济的周期性波动，甚至陷入危机。依靠市场机制来解决危机，社会所付出的代价太大。因此，政府担负着稳定经济和促进经济增长的职责。

任务 7.2　信息不对称

7.2.1　信息不对称的表现及影响

在现实经济中，市场交易主体之间的信息不充分且不对称。信息不对称是指在经济交易中，交易的双方（或多方）对于同一交易所掌握的信息不一样多，掌握信息多的一方在交易中占优势，而另一方则处于劣势。反之，市场上买卖双方掌握商品的同等信息被称为信息对称。信息不对称会导致市场无效率。

（1）信息不对称表现形式

信息不对称有两种情况：一种情况是卖方掌握的信息比买方多，一般商品交易大都是这种情况，也就是俗语说的“买的没有卖的精”。如汽车、食品、服装等的卖者比买者更了解产品的性能；要素市场上出卖劳动力的人比雇主更了解自身劳动力的水平及技能。

另一种情况则是买方所掌握的信息比卖方掌握的信息更多。如保险市场上保险购买者比保险公司更了解投保风险发生状况，购买车险的车主比保险公司更了解自己的驾驶习惯和驾驶水平，购买医疗保险的客户比保险公司更了解自己的身体状况等。

（2）信息不对称的影响

信息不对称导致市场失灵，常见的情形有“逆向选择”和“道德风险”这两种。

①逆向选择。逆向选择是指发生在交易之前，那些最有可能造成不利后果的交易对象，往往最积极寻找交易并有可能被选中。交易双方信息不对称和市场价格下降产生的劣品驱逐良品，进而出现市场交易的产品平均质量下降现象。它会导致一些市场的消失，以致市场经济不再充分有效。经济学家阿克洛夫在1970年发表了著名的论文《“柠檬”市场：质量的不确定性和市场机制》，最早分析了这类市场中的信息不对称问题给市场机制造成的困难[①]。

逆向选择导致市场低效率的一个典型例子是旧车市场。在旧车市场，二手车的质量良莠不齐。为方便分析，我们假定有两类汽车，一种是质量较好，称为“高质量”二手车，另一种是质量较差，称为“低质量”二手车。在旧车市场上，高质量的二手车价值20 000元，而低质量二手车价值是10 000元。

逆向选择与道德风险

二手车市场存在信息不对称的问题。卖主对自己将要出售的二手车具有完全的信息，而买主却没有办法完全获得二手车有关质量、性能、特点等完全信息。在这种情况下，买主就不清楚某辆二手车是属于高质量还是低质量。于是，买主就会认为，他在旧车市场买

① “柠檬”一词表示“残次品”或“不中用的东西”，所以，“柠檬市场”即“次品市场”。

到高质量或低质量汽车的可能性都存在。

假定买主了解到市场上高质量和低质量的二手车各占一半，那他会认为买到高质量汽车的概率为1/2。他的出价会定在（20 000×1/2）+（10 000×1/2）=15 000，显然，高质量的汽车卖主不愿意在这个价位出售，而低质量汽车的车主则非常乐意。消费者也意识到，他从二手车市场购买的汽车质量不高。逐渐地，高质量的汽车会退出二手车市场，低质量汽车的占比不断增加。最后，旧车市场就变成了“柠檬”市场。

②道德风险。道德风险是一个事后的信息不对称问题，是指交易双方在签订交易协议后，占据信息优势的一方倾向于从事交易另一方并不希望发生的高风险活动，从而可能给交易的另一方带来巨大的损失。它产生的原因在于交易协议给交易双方建立起了一种关系，在关系中处于信息劣势的一方无法观察到处于信息优势一方的行为，最多只能观察到行为产生的不利后果，但又无法确定这种不利后果的产生是否与处于信息优势一方的行为不当有关。

信息不对称产生的道德风险导致市场低效率的一个典型例子是保险市场。投保人进行投保涉及的成本是保险费用，获得的收益是保险赔偿。以个人健康险为例，投保人对自己的身体状况和风险更加了解，保险公司则处在信息劣势的一方。投保人在参加健康保险后，对自己的身体状况漫不经心，认为出了问题自然有保险公司进行赔付。因此，参保人由于就医成本较低，在保险事故发生后过度地使用医疗服务资源，造成小病大养、长期住院等不良现象，甚至可能出现欺诈的行为。这些都会给保险公司带来巨大的损失。

道德风险还会出现在劳动力市场。雇员对自己的工作能力及努力程度掌握充分的信息，雇主则处于信息劣势的一方。在签订工作合同后，雇员会想办法偷懒，少承担工作或将工作时间拉长，以实现自己的利益最大化。出现这种情况对雇主或企业来说，利益受到了损失。在经济上这种关系称为委托—代理关系，需要通过设计激励机制来规避。

四 趣味知识

反“摸鱼”，企业如何见招拆招？

技术改变了工作方式。如今，许多企业将钉钉、飞书、企业微信等线上办公系统纳入日常管理中，要求员工“随时保持在线”。这极大地打破了工作和生活的边界，给员工的工作和家庭造成了负面影响。作为一种心理补偿机制，员工也会在工作中使用互联网从事与工作无关的活动，也就是我们常说的“摸鱼”现象。

摸鱼现象在企业中较为普遍，根据36氪研究院发布的《2022年年轻人职场摸鱼报告》显示，96.18%的年轻人会在平时工作中摸鱼，从不摸鱼的员工只占3.82%。员工摸鱼的时间也是惊人的，超过六成的95后员工每天至少摸鱼1个小时，一年合计摸鱼30个工作日！员工如此团结地摸鱼，让企业伤透了脑筋。

如何阻断员工“摸鱼”的途径，众多企业想尽了办法。2018年，日本松下公司与Shiftall携手研发，推出了一款能提升注意力的高科技眼罩“Wear Space”

以减少员工注意力不集中现象。2019年，亚马逊被爆出使用AI系统监控物流仓储部门的工作效率。还有不少企业采用KPI考核制甚至是末位淘汰制来提升管理效率。

——资料来源：姚凯，丁棠丽. 反“摸鱼”，企业如何见招拆招？[EB/OL].（2022-05-19）[2023-12-15] https://mp.weixin.qq.com/s/FkgKeyHLAtkTjZV-Op3hJw.

启发思考

1. 员工“摸鱼”现象是否反映出信息不对称的问题？
2. 如果你是企业管理者，如何有效解决员工“摸鱼”问题？

7.2.2 解决信息不对称问题的主要方式

（1）建立信号传递机制

主动发出信号，即市场上处于信息优势的卖方向买方用令人可信的方式发出信号，以显示产品或其他交易对象的质量信息。例如，在二手车市场，为防止出现逆向选择问题，政府或汽车行业协会可以规定二手车商主动向购买者发送有关二手车质量的信号，如提供二手车运行公里数、维修和出险记录，对待售车辆提供第三方检测报告等。在劳动力市场同样如此，面试者可以通过学历水平、学分绩点、获奖证明、实践经历等传递一种强信号，而通过得体着装、言谈举止传递弱信号，来解决信息不对称问题，让雇主能更好地了解自身的特点和实力，提高面试成功率。

信号传递的方式可以是建立第三方认证市场。比如在本行业公认的机构来认证旧车的质量；会计师事务所审计上市公司的财务报表等。另一种方式可以采取对产品保修的办法。保修对低质量产品而言成本很高，因为它们经常出故障，所以卖者提供保修服务说明卖者对自身产品的质量有信心。

（2）采取有效激励机制

现代经济中，委托—代理关系非常普遍，例如雇员与雇主，公司所有人与管理者，医院与医生等。对委托人而言，代理人是信息具有优势的一方，关键在于如何确保代理人按照自己的要求行事？

一般来说，可以采取效率工资、股票期权计划等有效激励机制来弥补“信息差”。效率工资是指高于工人愿意接受的最低水平的工资，或者是高于同行业普遍的工资水平。采用效率工资可降低道德风险。工资收入高，意味着工人失去工作所遭受的损失大，在同行业找到同样工资水平的可能性较低。因此，工人的努力程度和对企业的忠诚度得到提升。

有些企业是采取股票期权计划。股票期权计划是指公司给予经营者在一定的时间期限内按照某个既定的价格购买一定数量的本公司股票的权利。值得注意的是，公司给予其经营者的不是现金报酬，也不是股票本身，而是购买本公司股票的权利。在股票期权计划下，如果公司经营得好，公司股票的价格就能够不断地上涨，经营者就可以通过行使股票期权计划所赋予的权利（即购买既定价格和数量的公司股票）而获得可观的收益。另外，一旦经营者购买了公司的股票，他们也就成了企业的所有者。作为企业的所有者，他们的目的当然也是实现利润的最大化，实现资产的保值增值。这样就使经营者的行为与所有者的利益相一致。

（3）政府管制

在市场信息不对称情况下，政府发挥管理职能，对信息问题做出相应规定。首先，政府制定企业强制性信息公开制度，为消费者多渠道提供企业信息，避免消费者权益受到损害；其次，政府依法打击和惩处企业虚假广告、虚假信息，提高企业提供虚假和违法信息成本，减少或杜绝这一现象出现；最后，政府出台相关法律法规，保证企业提供信息的真实性。例如，《中华人民共和国证券法》规定，企业必须真实及时披露相关信息，避免内幕交易等。

任务 7.3　外部性

7.3.1　外部性的分类和特征

在前面微观经济学的分析当中，有一个隐含的假定：单个消费者或生产者的经济行为对社会上其他人的福利没有影响，即不存在外部性（或外部影响）。现实生活中这个隐含的假定往往不能成立。外部性是指厂商（或个人）的经济活动对他人造成的影响而又未将这些影响计入市场交易的成本和价格之中。

（1）外部性的分类

按照个人或企业的行为对其他个人或企业所产生的影响是有利还是不利的，外部性可以划分为两种类型：正外部性和负外部性。按照发生外部性的主体是企业还是个人又可分为生产的外部性和消费的外部性。将其综合起来，外部性共有四种表现形式。

①生产活动的正外部性。当一个生产者采取的经济行为对他人产生了有利影响，而自己却不能从中得到报酬时，便产生了生产活动正的外部性。假如一个地区既有果园也有养蜂场，果农种植更多的果树，养蜂人就会受益，因为这样能产出更多的蜂蜜，但养蜂人并未将额外的利益补偿给果农。

②生产活动的负外部性。当一个生产者采取的行动给他人带来了不利影响，而其对此

付出的代价不足以弥补给他人或社会造成的影响时，便产生了生产活动负的外部性。

③消费活动的正外部性。当一个消费者所采取的行动对他人产生了有利影响，而自己却不能从中得到补偿时，便产生了消费活动的正外部性。如某户居民花钱在自家住宅周围种植花草，不仅会使自己受益，也会使邻居受益，受益的邻居不用为此支付任何费用。

④消费活动的负外部性。当一个消费者采取的行动对他人产生了不利影响，而又未对此付出代价时，便产生了消费活动的负外部性。

（2）外部性的特征

①外部性的产生独立于市场机制。外部性的产生不属于买者与卖者的关系范畴，换句话说，市场机制无力对产生外部性的主体给予惩罚或补偿。

②外部性产生于决策范围。企业在追求其利润最大化目标时，总是考虑其私人成本，而不是社会成本。就污染的排放而言，厂商的决策动机不是为了排污而进行生产，在现有的技术水平下，排污本身只是企业在生产过程中的附带产物。换而言之，外部性并不是行为主体刻意追求的结果，外部性是伴随着生产或消费而产生的。

③外部性具有某种强制性。在很多情况下，不管当事人是否同意，外部性加在承受者身上时都具有某种强制性，如住在飞机场附近的居民每日要面对飞机起降发出的巨大噪声，这种强制性是不能通过市场机制解决的。

④外部性很难完全消除。人们可以采取措施来限制、缓解外部性的影响，但很难做到完全消除外部性。在现有技术水平下，企业生产完全做到零污染是不太现实的。

（3）外部性条件下市场机制的资源配置失灵

要分析外部性对资源配置的影响，首先要了解私人成本和社会成本、私人收益和社会收益之间的区别。消费者或生产者从事市场活动时，获得的个人收益或支出的成本，我们称为私人收益或私人成本。同时，该市场活动对其他市场主体产生的外在的影响，我们称为额外收益或额外成本。从全社会的角度看，当出现负的外部性时，社会成本=私人成本+额外成本，当出现正的外部性时，社会收益=私人收益+额外收益。

某个生产者或消费者的一项经济活动会给社会上其他成员带来好处，但他自己却不能由此而得到补偿。此时，私人利益就小于该活动所带来的社会利益。另一方面，某个生产者或消费者的一项经济活动会给社会上的其他成员带来损失，但他自己却并不为此支付足够抵偿这种危害的成本。此时，私人成本就小于该活动所造成的社会成本。当任由市场机制进行资源配置的时候，我们发现，产生正外部性的市场活动比社会最优数量要少，而产生负外部性的市场活动比社会最优数量要多。

7.3.2 解决外部性问题的主要方式

外部性的存在导致私人成本低于社会成本，从而生产的产量高于社会真实需要的产量，即造成过度配置社会资源。那么解决外部性问题的主要方式有哪些？主要有征税或补贴、企业合并——外部影响内部化以及明确产权。

（1）征税或补贴

庇古在《福利经济学》一书中提出了著名的"庇古税"，通过征税或补贴方案纠正因经济当事人的私人成本与社会成本不一致而产生的外部性。对造成社会成本高于私人成本的外部性，即造成负外部性的企业和个人，征收相当于社会成本高于私人成本价值的税收，使私人成本与社会成本一致。同样，对于造成社会收益高于私人收益的企业和个人，政府应给予后者相当于多出部分收益的补贴，以鼓励此类行为。"庇古税"的原则是"污染者付费原则"，这已是国际公认和倡导实行的原则，征收污染税是目前各国普遍采用的一种控制污染的方式。

（2）企业合并——外部影响内部化

企业合并是指如果某企业的行为对另一个企业产生了外部性，那么可以将这两家企业合并为一家企业，即将企业外部影响内部化。如一个农药厂污水排放对周边的一家养殖场造成了影响，则可以由政府出面协调，通过将两家企业合并重组，使外部成本内部化，自然也就不存在外部性了。

（3）明确产权

科斯定理认为，只要产权是确定的，并且交易费用很小近似为零，哪怕存在严重的外部性，不需要政府出面干涉，通过市场经济机制也能够实现资源有效配置。

假设有一个工厂，其烟囱冒出的烟尘使附近5户居民晾晒的衣服受到污染，每户居民损失750元，总计损失3 750元。存在两种解决办法：第一，在烟囱上安装除尘器，费用为10 000元；第二，每户装一台烘干机，费用为500元，总费用为2 500元。显然，第二种办法费用更低，是最有效率的解决方案。

按照科斯定理，在市场经济条件下，不需要政府干预，只要产权明确，无论把产权明确给工厂还是居民，只要居民协商费用很小近似为零，最终的结果必然是选择第二种方法来解决这个问题。

如果把污染权明确给工厂，即工厂有排污的权利，那么，居民就会选择每户安装烘干机来避免晾晒衣服受损；如果把污染权明确给居民，即居民有不受烟尘污染的权利，那么，工厂就会主动出钱帮每户居民安装烘干机。

知识点滴

科斯定理

科斯定理是经济学中重要的理论之一，通过分析交易成本和资源配置问题，为经济学研究和实践提供了理论基础。科斯定理是指在某些条件下，经济的外部性或者说非效率可以通过当事人的谈判而得到纠正，从而达到社会效益最大化。根据交易成本及协商的不同，科斯定理又可总结为科斯三定理。

科斯第一定理是指，在没有交易成本的情况下，无论资源初始分配如何，通过私下协商可以达到有效的资源配置。也就是说，当市场交易没有成本时，资源会自动流向效益最大化的方向。

科斯第二定理是指，在存在交易成本的情况下，当权益明确的情况下，当资源的私有化权利完全明确时，可以通过交易来实现有效的资源配置。

科斯第三定理是指，在存在交易成本的情况下，如果交易双方无法达成协议，可以通过政府的干预来实现资源的有效配置。

启发思考

科斯三定理是否符合我们观察到的实际情况？请分别举例说明。

任务 7.4 公共产品

7.4.1 公共产品的特征及分类

公共产品是指在消费和使用上不具有排他性和竞争性特征的产品。“公共”带有共享的含义，是指在既定的价格条件下某个消费者在使用某一公共产品时并不影响其他消费者同时使用该公共产品，如国防、法律、警务和教育等。

（1）公共产品的特征

①非竞争性。非竞争性是指某一公共产品一旦被提供，无论增加多少消费者，都不会影响或减少其他人对该公共产品的消费。如良好的社会治安、优美的环境，一个人享用和很多人共享，其效用是相同的。

②非排他性。非排他性是指某一公共产品一旦被提供，任何人都可以无偿使用，或者说不能阻止未付费的人享用或消费该物品。如人们享有国防、警察保护时，并不会把没有纳税的公民排除在外。

（2）公共产品的分类

按照公共产品所具有的非排他性和非竞争性程度的不同，其可分为两大类：纯公共产品和准公共产品。

①纯公共产品是指同时具有非竞争性和非排他性的产品。它的主要特点是除了具有广泛的外部性以外，还包括无拥挤性和选择性，人们通过纳税间接购买与被动消费，消费时无法分割，所以一般只能由政府提供。比如，国防、外交、灯塔和港口等。

②准公共产品是指具有竞争性但无排他性或具有排他性但无竞争性的产品。准公共产品具有一定程度的拥挤性，即消费准公共产品的消费者增加到一定程度时，会出现拥挤而

产生消费的竞争。准公共产品可以分为两类：一类是与规模经济有联系的产品，称为自然垄断型公共产品，这类产品具备非竞争性，不具备非排他性。如下水道系统、供水系统、铁路运输系统、基础科学研究等，这类公共产品一般来说都属于社会基础设施。另一类称为共有产品，即那些不论人们的收入水平如何都应该消费或应该得到的公共产品，这类产品具备非排他性和竞争性，如社会基本医疗保障、中小学义务教育、传染病免疫措施等，如表7-1所示。

表7-1　　公共产品分类

分类	公共产品		私人物品
	纯公共产品	准公共产品	
特点	非竞争性 集体消费且边际成本为零	非竞争性和排他性 自然垄断产品	竞争性 不可集体消费
	非排他性 不能通过付费排除他人消费	竞争性和非排他性 共有产品	排他性 通过付费排除他人消费
示例	国防、法律、国家政策	高速铁路、公共牧场	食品、服装、手机等

在现实中，纯公共产品是少数，多数是准公共产品，并且两者在一定条件下可以转化。例如电视台节目本来具有非竞争性和非排他性，但通过有线频道可以做到排他使用，因而成为可收费的准公共产品。此外，不同国家或同一国家在经济发展不同时期对公共产品的界定标准也有所不同。例如，教育在少数一些国家从幼儿园到大学都是免费的，而在另一些国家则可能只实行一定年限的义务教育；高速公路在一些国家是不收费的，而在很多国家是收费的。

四 趣味知识

搭便车的经济学

搭便车理论首先由美国经济学家曼瑟尔·奥尔森于1965年发表的《集体行动的逻辑：公共产品和团体理论》（The Logic of Collective Action: Public Goods and the Theory of Groups）一书中提出的。在经济学上，搭便车是指不承担任何成本而消费或使用公共产品的行为，有这种行为的人让别人付钱而自己享受公共产品收益。

搭便车现象对经济产生了重要的影响。首先，由于搭便车现象的存在，市场价格无法反映完全的信息，从而导致市场失灵。这可能会导致资源分配效率下降，进而影响整个经济的效率。其次，搭便车现象可能会导致某些人或组织过度使用公共产品，从而导致公共产品的枯竭。这可能会影响整个社会的福利水平。最后，搭便车现象可能会导致某些人或组织过度依赖外部性，从而导致环境污染、资源浪费等问题。这可能会影响整个经济的可持续发展。

启发思考

1. 你如何看待生活中的搭便车现象？自己有过吗？
2. 搭便车问题如何解决？

7.4.2 解决公共产品问题的主要方式

公共产品具有的特征导致市场无法正常提供，必须由政府来提供社会所需的公共产品。政府提供公共产品并不等于全部的公共产品都由政府来直接生产，私人部门也能提供部分公共产品。

（1）政府提供公共产品的方式

①中央政府直接供给经营。在一些国家，中央政府直接经营军工、医院、自来水和燃气等准公共产品，而另一些国家对这些产品的经营是由于私人经营亏损或破产时转而由政府通过国有化来实现的。

②地方政府直接经营。由地方各级政府直接经营保健事业、医院、自然资源保护、街道、警察、消防、供电和图书馆等。

③地方公共团体、行业协会、集体组织等经营。有些国家将自来水、地方铁路、电气、煤气等由地方公共团体等组织来经营。

（2）私人部门提供公共产品的形式

①签订合同。政府与私人公司签订经营公共产品的合同，这种方式主要针对具有规模经济效益的自然垄断产品，如各类基础设施和公共服务行业。政府选择私人厂商的方式一般是公开招标，借助于投标者的竞争，把价格压到合理水平。比如，政府允许私人资本筹措资金建设基础设施，并通过若干年特许经营收回投资后，再由政府接收此项公共基础设施。

②授权经营。这种方式适合于提供那些外部性显著的公共产品，如政府将自来水、电信、供电、教育、医疗等许多公共领域以授予经营权的方式委托私人公司经营。

③政府经济资助或参股。主要适用于那些盈利性不高或者只有在未来才能盈利且风险大的公共产品。政府资助的方式有补贴、津贴、优惠贷款、无偿赠款、减免税等，如政府资助高精尖技术的基础研究和应用技术的超前研究等。

④社会服务。只要遵守宪法和有关法律，许多公共领域国家允许个人、团体、宗教团体、慈善机构等营利性和非营利性机构和组织参与经营。

小结

市场不是万能的，不完全竞争、信息不对称、外部性影响、公共产品供给不足等问题会扭曲资源配置，导致市场失灵。解决市场失灵需要政府介入。

信息不对称是指市场上买卖双方不同等掌握商品的信息，处于优势的一方获利。信息不对称会导致逆向选择和道德风险的发生，抑制市场充分发展。政府主要通过提升市场信息透明度等方式来解决问题。

外部性是指厂商（或个人）的经济活动对他人造成的影响而又未将这些影响计入市场交易的成本和价格之中。政府主要通过征税或补贴、企业合并、明确产权等方式来解决。

公共产品是指在消费和使用上不具有排他性和竞争性特征的商品。公共产品可分为纯公共产品和准公共产品。政府通过直接提供公共产品或允许私人企业以不同形式提供公共产品。

练习与实训

一、选择题

1. 市场失灵是指（　　）。
   A. 市场在私人部门和公共部门之间配置资源的不均
   B. 市场不能产生任何有用的成果
   C. 市场不能有效地配置稀缺的资源
   D. 收入分配所出现的不平等现象
2. 在以下哪种情况，“搭便车”问题就会出现？（　　）
   A. 所有消费公共产品的个人都支付相应的费用
   B. 个人愿意支付他们的消费费用
   C. 所有消费和生产的商品都是个人用物品
   D. 某些人享用了公共产品，并不需要支付其全部费用
3. 垄断缺乏效率的经济学含义是（　　）。
   A. 垄断厂商没有在平均成本曲线的最低点进行生产
   B. 消费者购买最后一单位商品得到的边际效用超过生产该商品的边际成本
   C. 垄断厂商没有遵循边际收益等于边际成本的利润最大化原则
   D. 垄断厂商的经济利润为零
4. 某人的行为给其他人带来经济利益，但其他人并不为此支付费用，这种现象称之为（　　）问题。
   A. 公共产品　　B. 搭便车　　C. 外部经济　　D. 外部不经济
5. 下列哪一种说法体现了外部不经济概念（　　）。
   A. 连天下雨减少了小麦的产量　　B. 小麦减产引起农民收入下降

C. 吸烟有害于自身健康　　D. 吸烟有害于他人健康

6. 经济活动具有消费的外部经济性的含义是（　　）。

A. 私人收益小于社会收益　　B. 私人收益大于社会收益

C. 私人成本小于社会成本　　D. 私人成本大于社会成本

7. 工厂排放的废水、废气、废料对社会产生的效应属于（　　）。

A. 生产的外部经济　　B. 生产的外部不经济

C. 消费的外部经济　　D. 消费的外部不经济

8. 个人乱扔生活垃圾对社会产生的效应属于（　　）。

A. 消费的外部经济　　B. 消费的外部不经济

C. 生产的外部经济　　D. 生产的外部不经济

9. 某生产活动存在外部经济时，其产量（　　）帕累托最优产量。

A. 大于　　B. 小于　　C. 等于　　D. 以上都有可能

10. 有关社会成本的正确说法是（　　）。

A. 与私人成本没有关系　　B. 包含私人成本

C. 不包含私人成本　　D. 以上都不正确

11.（　　）不是纯公共产品的特征。

A. 非排他性　　B. 竞争性　　C. 外部性　　D. 由政府提供

12. 关于科斯定理，说法正确的是（　　）。

A. 阐述的是产权和外部性的关系　　B. 假设没有政府干预

C. 涉及交易主体数目较少时才有效　　D. 以上各项都正确

13. 以下市场最有可能存在信息不对称问题的是（　　）。

A. 空调市场　　B. 保险市场　　C. 农产品市场　　D. 大型商场

14. 消费者在购买了汽车全保之后，随意停放，有时还忘记锁车，这属于（　　）。

A. 逆向选择　　B. 自私自利　　C. 非理性行为　　D. 道德风险

15. 以下不属于公共产品的是（　　）。

A. 国防建设　　B. 基础设施　　C. 收费高速公路　　D. 义务教育

二、实训实践

1. 实地考察：二手商品市场考察分析。

了解所在城市的二手商品市场，可以是二手车、二手家具等，分析商品的定价和消费者心理，理解为什么会出现市场失灵的情况。

2. 完成调研报告："绿水青山就是金山银山"的实践案例。

"绿水青山就是金山银山"是习近平总书记在2005年浙江安吉县余村调研时，提出的重要理念和科学论断。从所处的城市或家乡在环境治理方面取得的成效出发，分析"绿水青山就是金山银山"的经济学原理。

项目8

国民收入核算

学习目标

知识目标

了解国民收入核算中的基本指标，即国内生产净值、国民收入、个人收入、个人可支配收入等，理解这些总量指标之间的相互关系，了解宏观经济循环模型及其恒等关系；掌握国民收入核算的三种基本方法，国民收入核算中五个总量的关系，实际国民生产总值与名义国民生产总值的关系。

能力目标

正确理解国内生产总值这一总量指标，能初步运用国民收入决定的基本原理分析现实宏观经济现象。

素质目标

强化学生的中国特色社会主义道路自信和制度自信。了解改革开放以来我国国内生产总值的变化，增强国家认同，激发学生对国家经济社会发展的自豪感和荣誉感。

思维导图

- 项目8 国民收入核算
  - 任务8.1 国民收入核算基础知识
    - 国内生产总值
    - 国民生产总值
    - 其他总量指标
  - 任务8.2 国民经济运行与收入决定
    - 国民经济运行简图
    - 消费、储蓄和投资
    - 乘数理论
    - 两部门经济中国民收入的决定
  - 任务8.3 总需求与总供给
    - 总需求—总供给模型
    - 总需求—总供给模型的应用

开篇案例

2023年中国GDP超126万亿元，同比增长5.2%

2024年1月17日，国家统计局公布了中国经济运行数据。经初步核算，2023年全年国内生产总值126.06万亿元，按不变价格计算，比上年增长5.2%，增速比2022年加快2.2个百分点。这是我国顶住外部压力、克服重重困难，取得的来之不易的成绩。

2023年我国经济增速高于全球3%左右的预计增速，在世界主要经济体中名列前茅，对世界经济增长贡献率有望超30%，是世界经济增长的最大引擎。按照可比价计算，2023年经济增量超过6万亿元，相当于一个中等国家一年的经济总量。

过去几年受新冠病毒感染影响，经济指标增速走势波动较大。2023年供需指标均实现正增长是比较积极的变化，以后经济指标的增速将更加平稳，也有利于稳定企业和居民的预期。从三大需求对GDP的贡献率看，最终消费支出、资本形成总额、货物和服务净出口分别拉动经济增长4.3、1.5、−0.6个百分点，对经济增长的贡献率分别是82.5%、28.9%、−11.4%。其中，最终消费支出对经济增长的贡献率比上年提高43.1个百分点。

——资料来源：证券时报：同比增长5.2%！2023年中国GDP超126万亿元[2024−01−18]. https://baijiahao.baidu.com/s? id=1788380358910963391&wfr=spider&for=pc，有删改.

启发思考

1. 如何去衡量一个国家或者地区的经济增长？经济增长和经济发展有何区别？
2. 现在全国各地在充分挖掘自身旅游特色，因地制宜扩展文体旅融合发展内涵，这些能否带动当地经济发展，为什么？同学们还能举出哪些带动当地经济发展的例子？

宏观经济学研究经济体（一个国家或一个地区）的总体经济活动，着眼于国民经济的总量分析。宏观的经济状况也与微观个体息息相关。比如学生毕业后进入劳动力市场寻找一份合适的工作时，供选择的岗位数量和待遇水平等，在很大程度上受当时经济状况的制约。在经济增速较好的年份，企业在扩大物品与服务的生产，增加员工雇佣数量，找到一份工作比较容易。在经济较为迟缓的年份，企业会削减生产，缩小规模导致就业减少，找到一份好工作就比较难。

宏观经济学研究的是社会总体的经济行为及其后果，就是要研究为什么一些国家的经济会发生时而高涨、时而萧条的周期性波动，因此造成不同程度的失业和通货膨胀，并导致名义利率和汇率波动；为什么一些国家经济会迅速增长，而另一些国家经济发展很缓慢甚至停滞和倒退。这些问题产生的原因、后果及其对策，就是宏观经济学要研究的内容。

总的来说，宏观经济学是以国民收入为中心，因而也被称作收入理论。国民收入核算是研究宏观经济运行的前提条件。

任务 8.1 国民收入核算基础知识

8.1.1 国内生产总值

在宏观经济学的所有概念中，最重要的指标是国内生产总值指标，通过这个指标，可以判断宏观经济运行的状况。

（1）国内生产总值的含义

国内生产总值（Gross Domestic Product，GDP），是指经济社会（即一个国家或一个地区）在一定时期内运用生产要素所生产的全部最终产品（物品和劳务）的市场价值。GDP是国民经济核算的核心指标，也是衡量一个国家或地区经济状况和发展水平的重要指标。

为了更加准确地理解国内生产总值的定义，需要注意以下几点。

①GDP是一个市场价值的概念。各种最终产品的价值是在市场上达成交换的价值，都是用货币加以衡量，通过市场交换体现出来。产品市场价值就是用这些最终产品的单位价格乘以产量获得。这意味着，GDP是用某种货币单位来表示。例如，2022年按汇率折算，中国的GDP为17.96万亿美元，美国和日本的GDP分别是25.44万亿美元、4.26万亿美元。

②GDP测度的是最终产品的价值。中间产品价值不计入GDP，以免造成重复计算。国内生产总值是用最终产品和服务来计量的，即最终产品和服务在该时期的最终出售价值。一般根据产品的实际用途，可以把产品分为中间产品和最终产品。**所谓最终产品，是指在一定时期内生产的可供人们直接消费或者使用的物品和服务。**这部分产品已经到达生产的最后阶段，不能再作为原料或半成品投入其他产品和劳务的生产过程中去，如消费品、资本品等，一般在最终消费品市场上进行销售。**中间产品是指为了再加工或者转卖用于供别种产品生产使用的物品和劳务，如原材料、燃料、产品零部件等。**

③GDP是一定时期内（往往为一年）所生产而不是销售的最终产品价值。

④GDP是计算期内生产的最终产品价值，因而是流量而不是存量。

⑤GDP是一国范围内生产的最终产品和劳务的市场价值。

因此GDP是一个地域概念，而与此相联系的国民生产总值（GNP）则是一个国民概念，乃指某国国民所拥有的全部生产要素在一定时期内所生产的最终产品的市场价值。

⑥GDP一般仅涉及市场上经济活动所导致的价值。那些非生产性活动以及黑市交易等不计入GDP中，如家务劳动、自给自足的生产、赌博和毒品非法交易等。

学以致用

1. 以下活动是否纳入本国GDP核算？（1）股票交易；（2）购买二手房的支出；（3）二手房交易过程中的咨询费用；（4）古董；（5）本国国民收到的海外汇款；（6）当年生产的汽车，尚未售出。

2. 商场出售一件衬衫，其中包含初始的棉花价值是30元，纺纱后价值是50元，织布印染后价值是70元，经过设计裁剪印上Logo后售价是120元，最后在商场销售售价是200元，试问最后计入GDP的价值应该为多少？

趣味知识

为什么GDP增长率不等于幸福感？

在日常生活中，我们经常关注国家的GDP增长率，但与此同时，我们也会发现幸福感并不完全取决于经济的发展水平，具体原因如下。

1. 经济增长与人民生活质量的矛盾

虽然经济增长可以提高人们的物质生活水平，但是随着经济的发展，人们在追求物质享受的同时也面临着一系列问题。例如，环境污染、资源枯竭、社会不公等问题逐渐凸显，这些问题直接影响到人们的生活质量和幸福感。因此，单纯追求经济增长并不能保证人们的幸福感得到提升。

2. 经济增长与社会稳定的冲突

经济增长带来了社会变革和结构性调整，这在一定程度上会引发不稳定因素。例如，随着经济的发展，人们的收入差距可能会扩大，导致社会不公现象发生。同时，经济增长还可能带来技术升级加速、生活节奏加快等问题，社会出现焦虑增加、阶层固化等现象。因此，我们不能简单地认为经济增长就能够带来幸福感的提升。

3. 幸福感与非经济因素的关系

幸福感并不仅仅取决于经济因素，还与个人的心理健康、人际关系、社会环境等非经济因素密切相关。例如，在一个充满友善和互助精神的社区中生活，人们往往更容易获得幸福感。此外，个人对自身价值的认同、工作满意度等也对幸福感产生重要影响。因此，我们不能简单地用GDP增长率来衡量幸福感的提升。

总结起来，宏观经济发展只是影响幸福感的一个方面，而幸福感的提升还需要考虑到环境保护、社会公平、个人心理健康等多种因素。只有综合考虑这些因素，才能真正实现人民的幸福与社会的可持续发展。所以说，GDP增长率并不是衡量幸福感的唯一标准。

启发思考

1. 改革开放40多年来，中国GDP高速增长给我们带来了哪些变化？
2. 能否用经济学原理来解释GDP增长与国民幸福感之间的联系？

（2）国内生产总值核算的方法

在实际核算中，国内生产总值有三种计算方法，即生产法、收入法和支出法。三种方法分别从不同方面反映国内生产总值及其构成，理论上计算结果相同。这是三种等价的核算方式，因而有如下的关系式：产出=支出=收入。

为什么产出总是等于支出？这是因为最终产品的销售收入，就是最终产品购买者的支出。我们以衬衫制造为例。商场一件衬衫销售收入是200元，即消费者为购买商品支出了200元，这200元就是生产和销售衬衫的厂商（棉花种植、纺纱、织布、设计制衣和销售）创造出来的价值即产出。其他最终产品的生产也是同样的道理。因此，从全社会看，总产出等于购买最终产品的总支出。

为什么产出总是等于收入？新的衬衫被制造出来，意味着创造了200元的新价值。在生产制造销售的过程中，需要投入劳动、资本、土地、技术和企业家才能等要素，而使用要素需要支付代价，工人们获得工资，借贷资本需要支付利息，使用厂房需要支付租金，设计师们也要获得报酬。因此，工资是100元，利息是20元，租金是50元，那么剩余的30元就是利润。从全社会看，新的产出创造的新价值，最终会转化成生产要素提供者的收入。

下面来看，这几种方法是如何核算GDP的。

①生产法。又称为部门法，是从生产的角度衡量常住单位在核算期内新创造价值的一种方法，即从国民经济按提供物质产品与劳务的各个部门在核算期内生产的总产品价值中，扣除生产过程中投入的中间产品价值，得到的增加值。也就是最终产品价值等于整个生产过程中价值增值的总和。核算公式为：增加值=总产出-中间投入。

这种计算方法反映了国内生产总值的来源。运用这种方法进行计算时，各生产部门要把使用的中间产品的产值扣除，只计算所增加的价值。按生产法核算国内生产总值，可以分为下列部门：农林渔业、矿业、建筑业、制造业、运输业、邮电和公用事业、电、煤气、自来水业；批发、零售商业；金融、保险、不动产；服务业；政府服务和政府企业。把以上部门生产的国内生产总值加总，再与国外要素净收入相加，考虑统计误差项，就可以得到用生产法计算的GDP了。

从上述分析可知，总产出等于总支出。因此，GDP也可以通过核算整个社会在一定时期内购买最终产品的支出总和来求得。**支出法核算GDP，就是从产品的使用出发，把一年内购买的各项最终产品的支出加总而计算出的该年内生产的最终产品的市场价值。**这种方法又称最终产品法、产品流动法。

支出法核算
GDP

从支出法来看，国内生产总值包括一个国家（或地区）所有常住单位在一定时期内用于最终消费、资本形成总额，以及货物和服务的净出口总额，它反映本期生产的国内生产总值的使用及构成。

如果用Q_1、Q_2、…、Q_n代表各种最终产品的产量，P_1、P_2、…、P_n代表各种最终产品的价格，则使用支出法核算GDP的公式为：

$$Q_1P_1+Q_2P_2+\cdots+Q_nP_n=\text{GDP} \tag{8-1}$$

在现实生活中，产品和劳务的最后使用，主要是居民消费、企业投资、政府购买和出口。因此，用支出法核算GDP，就是核算一个国家或地区在一定时期内居民消费、企业投资、政府购买和净出口这几方面支出的总和。

居民消费（用字母*C*表示）：包括购买家电、汽车、家具等耐用消费品的支出，服装、食品等非耐用消费品的支出以及用于医疗保健、旅游、理发等劳务的支出。值得注意的是，购买住房的支出并不属于消费。

企业投资（用字母*I*表示）：是指增加或更新资本资产（包括厂房、机器设备、住宅及存货）的支出。投资包括固定资产投资和存货投资两大类。固定资产投资指新造厂房、购买新设备、建筑新住宅的投资。

存货投资是企业掌握的存货（或称为库存）的增加或减少。如果年初全国企业存货为2 000亿元而年末为2 200亿元，则存货投资为200亿元。存货投资可能是正值，也可能是负值，因为年末存货价值可能大于也可能小于年初存货。企业存货之所以被视为投资，是因为它能产生收入。从国民经济统计的角度看，生产出来但没有卖出去的产品只能作为企业的存货投资处理，这样是从生产角度统计的GDP和从支出角度统计的GDP相一致。

为什么住宅建筑属于投资而不属于消费呢？因为住宅像别的固定资产一样是长期使用、慢慢地被消耗的。

计入GDP中的投资是指总投资，即重置投资与净投资之和，重置投资也就是折旧。投资和消费的划分不是绝对的，具体的分类则取决于实际统计中的规定。

政府购买（用字母*G*来表示）：是指各级政府购买物品和劳务的支出，它包括政府购买军火、军队和警察的服务、政府机关办公用品与办公设施、举办诸如道路等公共工程、开办学校等方面的支出。政府支付给政府雇员的工资也属于政府购买。政府购买是一种实质性的支出，表现出商品、劳务与货币的双向运动，直接形成社会需求，成为国内生产总值的组成部分。

政府支出的另一部分如政府转移支付、公债利息等都不计入GDP。政府转移支付是政府不以取得该年生产出来的商品与劳务的作为报偿的支出，包括政府在社会福利、社会保险、失业救济、贫困补助、老年保障、卫生保健、对农业的补贴等方面的支出。政府转移支付是政府通过其职能将收入在不同的社会成员间进行转移和重新分配，将一部分人的收入转移到另一部分人手中，其实质是一种财富的再分配。政府转移支付发生时，即政府付出这些支出时，并不相应得到什么商品与劳务，整个社会的总收入并没有发生改变。因此，政府转移支付不计入国内生产总值中。

净出口（用字母*X*-*M*表示，*X*表示出口，*M*表示进口）：是指进出口的差额。进口应从本国总购买中减去，因为进口表示收入流到国外，同时，也不是用于购买本国产品的支出；出口则应加进本国总购买量之中，因为出口表示收入从外国流入，是用于购买本国产品的支出，因此，净出口应计入总支出。净出口可能是正值，也可能是负值。

把上述四个项目加起来，就是用支出法计算GDP的公式为：

$$GDP=C+I+G+(X-M) \tag{8-2}$$

在中国的统计实践中，支出法计算的国内生产总值划分为最终消费、资本形成总额与货物和服务的净出口总额，它反映了本期生产的国内生产总值的使用及构成。

最终消费分为居民消费和政府消费。居民消费除了直接以货币形式购买货物和服务的消费外，还包括以其他方式获得的货物和服务的消费支出，即所谓的虚拟消费支出。居民虚拟消费支出包括以下几种类型：单位以实物报酬及实物转移的形式提供给劳动者的货物和服务；金融机构提供的金融媒介服务；保险公司提供的保险服务等。

经济观察

支出法核算中国GDP及其构成

GDP的核算方式对经济规模的评估有着重要影响。在研究和应用GDP数据时，我们应该充分考虑数据获取和统计方式的差异，以获得更准确的经济信息。只有这样，才能更好地为经济发展和决策提供科学依据。

我国一般会在每年的9月发布《中国统计年鉴》，以反映上一年的国民经济整体运行情况。《中国统计年鉴》以统计图表和分析说明为主，通过高度密集的统计数据来全面、系统、连续地记录年度经济、社会等各方面的发展情况，是我们了解国家运行状况和进行经济研究的重要工具书。我们以GDP核算为例，呈现各部分构成情况。

表8-1　　支出法国内生产总值及构成

单位：亿元

年份	国内生产总值	最终消费支出	居民消费	政府消费	资本形成总额	固定资本形成总额	存货变动	货物和服务净出口	出口	进口
2016	745 981	410 806	288 668	122 138	318 198	310 145	8 054	16 976	146 177	129 201
2017	828 983	456 518	320 690	135 829	357 886	348 300	9 586	14 578	163 847	149 268
2018	915 774	506 135	354 124	152 011	402 585	393 848	8 737	7 054	175 694	168 640
2019	990 708	552 632	387 188	165 444	426 679	422 451	4 227	11 398	182 470	171 072
2020	1 025 628	560 811	387 186	173 625	439 550	430 625	8 925	25 267	187 926	162 659

续表

年份	国内生产总值	最终消费支出	居民消费	政府消费	资本形成总额	固定资本形成总额	存货变动	货物和服务净出口	出口	进口
2021	1 145 283	619 688	438 015	181 673	495 784	482 119	13 665	29 810	229 166	199 355
2022	1 205 017	641 633	447 910	193 723	523 890	507 958	15 933	39 494	250 413	210 920

资料来源：《中国统计年鉴（2023）》。

根据支出法，国内生产总值GDP=消费（C）+投资（I）+政府支出（G）+净出口（$X-M$）。根据表8-1，我们发现，最终消费支出包括居民消费和政府消费，这里的政府消费就是式中的政府支出（G）；资本形成总额就是式中的投资（I），包括固定资本形成总额和存货变动这两部分。

以2022年为例，居民消费占国内生产总值的37.2%，政府支出占比16.1%，这两项合计53.3%。资本形成总额占国内生产总值的43.5%，净出口占比3.3%，其中，出口对GDP的贡献为20.8%。从数据我们发现，经济增长主要还是依赖投资来驱动，居民消费占比较低，所以扩大内需仍然是促进国内大循环的重要手段。

启发思考

1. 自主查询统计年鉴等工具书，了解国家经济核算的主要方法。
2. 如何运用数据和所学知识，理解国家出台经济政策的背景和导向。

②收入法。从上述分析可知，总产出等于总收入，因此，国内生产总值还可以通过核算整个社会在一定时期内获得的收入来求得。**收入法又称为要素支付法、要素成本法，是从生产过程创造收入的角度，根据生产要素在生产过程中应得的收入份额反映最终成果的一种核算方法。**按照这种核算方法，增加值由劳动者报酬、生产税净额、固定资产折旧和营业盈余四部分相加得到。

假设在没有政府的简单经济中，企业的增加值即其创造的国内生产总值，就等于要素收入加上折旧，但当政府介入后，政府往往征收间接税，这时的GDP还应包括间接税和企业转移支付。间接税是对产品销售征收的税，它包括货物税、周转税等。这种税收名义上是对企业征收，但企业可以把它计入生产成本之中，最终转嫁到消费者身上，故也应视为成本。同样，还有企业转移支付（即企业对非营利组织的社会慈善捐款和消费者呆账），它也不是生产要素创造的收入，但要通过产品价格转移给消费者，故也应看作成本。资本折旧应计入GDP。因为它虽不是要素收入，但包括在应回收的投资成本中。

非公司企业主收入也应计入GDP中。非公司企业主收入，是指医生、律师、小店铺主、农民等的收入。他们使用自己的资金，自我雇用，其工资、利息、租金很难像公司的账目那样，分成其自己经营应得的工资、自有资金的利息、自有房子的租金等，其工资、利息、利润、租金常混在一起作为非公司企业主收入。

因此，**按收入法计算的公式就是：GDP=工资+利息+利润+租金+间接税和企业转移支付+折旧，也可看成是GDP=生产要素的收入+非生产要素的收入**。

从理论上说，按支出法、收入法与生产法计算的GDP在量上是相等的，但实际核算中常有误差，因而要加上一个统计误差项来进行调整，使其达到一致。实际统计中，一般以国民经济核算体系的支出法为基本方法，即以支出法所计算出的国内生产总值为标准。

在我国的统计实践中，收入法计算GDP分为四项：国内生产总值=劳动者报酬+生产税净额+固定资产折旧+营业盈余。

第一项为劳动者报酬，是指劳动者因从事生产活动所获得的全部报酬，包括劳动者获得的各种形式的工资、奖金和津贴，既包括货币形式的，也包括实物形式的，还包括劳动者所享受的公费医疗和医药卫生费、上下班交通补贴和单位支付的社会保险费等。

第二项为生产税净额，指生产税减生产补贴后的余额。生产税指政府对生产单位生产、销售和从事经营活动，以及因从事生产活动使用某些生产要素（如固定资产、土地、劳动力）所征收的各种税、附加费和规划费。生产补贴与生产税相反，是指政府对生产单位的单方面的收入转移，因此视为负生产税，包括政策亏损补贴、粮食系统价格补贴、外贸企业出口退税等。

第三项为固定资产折旧，是指一定时期内为弥补固定资产损耗按照核定的固定资产折旧率提取的固定资产折旧。它是非付现成本，体现为净现金流量的一部分，是新增价值的一部分。

第四项为营业盈余，是指常驻单位创造的增加值扣除劳动报酬、生产税净额和固定资产折旧后的余额。

③GDP平减指数。GDP平减指数（GDP deflator），又称GDP缩减指数，是指没有剔除物价变动前的GDP（现价GDP）与剔除了物价变动后的GDP，即不变价GDP（constant-price GDP）之比（也称为名义GDP与真实GDP之比）。它的计算基础比消费者价格指数（Consumer Price Index，CPI）更广泛，涉及全部商品和服务，除消费外，还包括生产资料和资本、出口商品和劳务等。因此，这一指数能够更加准确地反映一般物价水平走向，是对价格水平最宏观测量，其公式为：

$$\text{GDP平减指数}=(\text{名义GDP}/\text{实际GDP})\times 100\% \tag{8-3}$$

如果用当前的价格来计算最终产品和劳务的价值，所得到的GDP称为名义GDP。用人为规定的基年价格（即不变价格）计算的GDP称为真实GDP。真实量值衡量的产品和劳务的价值就只会因为真实数量的变化而变化，而不会因为价格的变化而变化。举个简单的例子：如果在2018年你的名义收入是5万元，而你在2023年的名义收入变为了10万元。但如果从2018年到2023年所有的价格都翻了一番，那么实际上你的生活水平并没有发生变化。

再举个例子说明：假设一经济社会生产三种产品：书籍、裤子和面粉，它们在2022年和2023年的产量和价格如表8-2所示。

表8-2　　2022年和2023年书籍、裤子和面粉的产量和价格

产品	2022 年		2023 年	
	产量	价格	产量	价格
书籍	100 本	20 元	110 本	25 元
裤子	200 条	5 元	200 条	6 元
面粉	500 千克	6 元	450 千克	8 元

可得出：

2022年名义GDP：100×20+200×5+500×6=6 000（元）

2023年名义GDP：110×25+200×6+450×8=7 550（元）

以2022年为基期，该经济社会2023年的实际GDP是：110×20+200×5+450×6=5 900（元）。2022—2023年的GDP平减指数=（名义GDP/实际GDP）×100%=7 550/5 900×100%=127.97%，2023年价格比2022年价格上升了27.97%。

综合来看，国内生产总值作为国民经济核算的常见指标，在衡量一个国家（地区）的生产能力和经济规模方面具有重要作用，但同时也要注意它的局限性。第一，由于GDP用市场价格来评价物品与劳务，没有把在市场之外进行的活动的价值包括进来。特别是，GDP漏掉了在家庭中生产的物品与劳务的价值。第二，GDP没有包括环境质量。设想政府废除了所有环境管制，那么企业就可以不考虑他们所引起的污染而生产物品与劳务。在这种情况下，GDP会增加，但福利很可能会下降。空气和水质量的恶化要大于更多生产所带来的福利利益。第三，GDP也没有涉及收入与分配。人均GDP是平均每个人的情况，但平均量的背后是个人收入存在较大的差异。由此可见，就大多数情况，但不是对所有情况而言，GDP是衡量经济福利的一个好指标。第四，GDP概念是源自交换产生财富的原理。这个原理的基本条件是：一是交换必须自愿，二是交换必须不妨碍第三人，三是交换必须在两个清晰的产权主体之间真正发生。假定不符合这三个条件，那么所得出的GDP数值的准确性恐怕就得大打折扣，或者说GDP的数据就会有瑕疵。

8.1.2　国民生产总值

国民生产总值（Gross National Product，GNP），是指某国国民所拥有的全部生产要素在一定时期内所生产的最终产品和服务的市场价值。它是一个国家（或地区）所有常住单位在一定时期（通常为一年）内收入初次分配的最终结果，是一定时期内本国的生产要素所有者所占有的最终产品和服务的总价值。所以，国民生产总值与国内生产总值有差异，它等于国内生产总值加上来自国外的净要素收入。

具体计算公式为：国民生产总值=国内生产总值+来自居民在国外的净要素收入-非居

民在国内的收入。举例说明：一个在中国工作的外国公民所创造的财富计入外国的GNP，但不计入外国的GDP，而是计入中国的GDP。

GNP比GDP更能反映一个国家真实的经济状况，因为GDP是国土原则，GDP包含了外国公司在本国创造的收入，而这些收入最终要流入外国。

8.1.3 其他总量指标

（1）国内生产净值（Net Domestic Product，NDP）

国内生产净值是一个国家（或地区）所有常住单位在一定时期（通常为一年）内运用生产要素净生产的全部最终产品（包括物品和劳务）的市场价值。最终产品价值并未扣去资本设备消耗的价值，如把消耗的资本设备价值扣除了，就得到净增加值，即从GDP中扣除资本折旧，就得到NDP。

“净”和“总”对于投资也具有类似的意义。总投资是一定时期内的全部投资，即建设的全部厂房、设备和住宅等，而净投资是总投资中扣除了资本消耗或者重置投资的部分。在实物形态上，它表现为各种消费品、服务和用于净投资的生产资料，是国民经济最终产出扣除国民经济固定资产折旧后的产品总量；在价值形态上，仅指产品价值中新创价值部分，即：NDP=GDP−资本折旧（Depreciation）。

国内生产净值的意义更重大。从经济学和社会学的双重角度来看，NDP的价值要远远大于GDP，也即衡量一国经济总量用国内生产净值指标要比国内生产总值指标优越得多。GDP是衡量一定时期一国范围内生产的最终产品的市场价值，是一个地域概念，但NDP考虑到了“消耗”或者说“折旧”在经济增长中的重要因素，较好地诠释了生产、增长及总价值与消耗、效率、净价值之间的关系。

（2）国民收入（National Income，NI）

从国内生产净值中扣除间接税和企业转移支付加政府补助金，就得到一国生产要素在一定时期内提供生产性服务所得报酬，即物质生产部门劳动者在一定时期所创造的价值，是一国生产要素（包括土地、劳动、资本、企业家才能等）所有者在一定时期内提供生产要素所得的报酬，即工资、利息、租金和利润等的总和。

在使用价值上，国民收入是由体现新创造价值的生产资料和消费资料所构成。创造国民收入的物质生产部门，有农业、工业、建筑业和作为生产过程在流通的运输业、邮电业及商业等。

（3）个人收入（Personal Income，PI）

从国民收入中减去公司未分配利润、公司所得税及社会保险税（费），加上政府给个人的转移支付，就得到个人收入。

（4）个人可支配收入（Disposable Personal Income，DPI）

税后的个人收入才是个人可支配收入，即人们用来消费或储蓄的收入。

$$DPI=PI-\text{个人所得税} \quad (8\text{-}4)$$

经济观察

表8-3　美国2019年从GDP到个人可支配收入

单位：10亿美元

项目	增减数值	合计数值
国内生产总值（GDP）		21 747.4
加：本国居民来自国外的要素收入	+1 165.9	
减：本国支付给外国居民的要素收入	−884.8	
等于：国民生产总值		22 028.5
减：固定资本消耗	−3 474.4	
等于：国民生产净值（NNP）		18 554
减：统计误差	−26.2	
等于：国民收入（NI）		18 527.8
减：包含存货价值和资本消耗调整的公司利润	−2 311.3	
净税收 *	−1 428.5	
净利息	−586	
社会保险税	−1 432.9	
政府所经营之企业的当期盈余	−（−7.9）	
企业当期转移支付	−152	
加：个人资产收入	+2 890.4	
个人当期接收的转移支付	+3 155.2	
等于：个人收入（PI）		18 760.8
减：个人所得税和非税支付	−2 221.2	
等于：个人可支配收入（DPI）		16 539.6

注：*净税收指生产与进口税和补贴的差额。

资料来源：高鸿业．西方经济学[M]．8版．北京：中国人民大学出版社，2022.

启发思考

请比较不同国家（地区）之间上述宏观经济指标衡量的异同。

任务 8.2　国民经济运行与收入决定

中国改革开放40多年来，经济的高速增长更是有目共睹。这些收入或者说经济增长究竟是由什么因素决定的呢？一种说法是由供给也就是生产决定的，理由是在市场经济中所有人的生产不是为了满足自己的消费需要，而是为了交换。换句话说，一种产品生产出来就是为了另一种产品创造了需求，打开了销路。总之，生产或者说供给本身就能创造需求。另一种说法是，收入或者说经济增长是由需求决定，理由是在市场经济中，如果商品生产出来了没有销路，即没有人购买，不过是堆在仓库里的无用的产品。企业生产出来的大量产品如果堆在仓库里卖不出去，资金就不能回笼，企业就不能再购买原材料，工人工资也发不出来，此时不仅生产不能扩大，简单的再生产都无法维持，工人就要失业，经济就要进入萧条状态。因此，收入或者经济增长归根到底是由需求决定的。

但实际上，经济增长是供给和需求两方面综合作用的结果。综合起来：第一，供给和需求是相互影响的。生产增加，人们的收入才会高，购买力或者说需求就上去了；需求上去，市场情况好，又会促使企业研究开发新产品以及增加现有产品的生产和供给。第二，短期和长期的关系。在短期，经济的产出水平主要是由需求因素决定，但长期的生产能力从根本上是由供给决定的。第三，潜在的生产能力与实际的生产水平之间的关系。潜在的GDP是供给方面因素决定的，因而决定经济增长主要取决于供给因素；实际GDP指在一定时期实际上生产了多少GDP，它是由这一定时期的社会总需求或者总供给水平决定的。

现代宏观经济学通常先讨论经济的需求因素如何决定实际GDP，也就是实际国内生产总值水平，它取决于社会的有效需求水平。

8.2.1　国民经济运行简图

（1）基本假设

说明一个国家的生产或收入如何决定，要从分析最简单的经济关系开始。为此，需要先作一些假设。

①假设所分析的经济中不存在政府，也不存在对外贸易，只有家庭部门（居民户）和企业部门（厂商）。消费行为和储蓄行为都发生在家庭部门，生产和投资行为都发生在企业部门，还假定企业投资是自发的或外生的，即不随利率和产量而变动。这种简单的经济关系称为两部门经济。

②假设不论需求量为多少，经济社会均能以不变的价格提供相应的供给量，也就是说，社会总需求变动时，只会引起产量和收入变动，而不会引起价格变动。这在西方经济学中有时被称为凯恩斯定律，一般被认为适用于短期分析，即分析短期中的收入和就业如何决定。因为在短期中，价格不易变动，或者说具有黏性，当社会需求变动时，企业首先

考虑的是调整产量而不是变动价格。

（2）两部门国民经济运行简图

如图8-1所示，假设市场上只有家庭（消费者）和厂商（生产者）两个部门。家庭对产品有需求，将收入用于支付产品购买。当家庭购买产品时，货币从消费者通过产品市场流向生产者；厂商销售产品获得的收入用于支付生产要素的报酬，包括工人工资、土地租金和企业所有者利润等，货币从生产者通过要素市场流向家庭（消费者）。

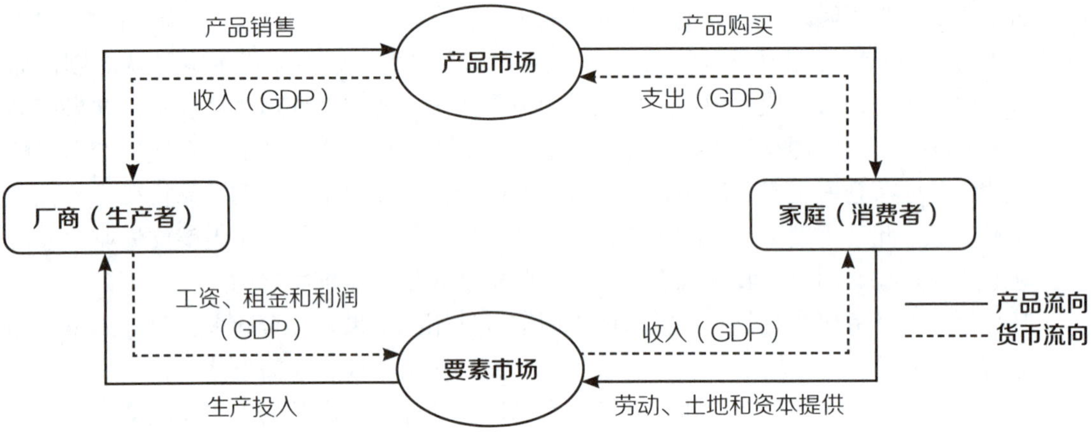

图8-1　两部门国民经济运行简图

当然，现实经济远比图8-1的情况复杂，还有政府、金融机构和出口部门等。家庭的收入一部分用于消费支出，另一部分用于储蓄和支付税收。厂商在资金不足的时候会向金融机构借贷，资金来源于家庭的储蓄。生产出来的产品除了家庭购买，还可用于厂商、政府购买和出口等。但不管如何，理论上整个经济的总收入仍等于总支出。

8.2.2　消费、储蓄和投资

（1）经济增长的“三驾马车”

从支出角度看，GDP是最终需求——投资、消费、净出口这三种需求之和，因此经济学上常把投资、消费、出口比喻为拉动GDP增长的“三驾马车”。以2022年为例：我国GDP为120.50万亿元，在“三驾马车”中，最终消费（包括家庭消费和政府消费）支出64.16万亿元；资本形成总额52.39万亿元；货物与服务出口额为25.04万亿元。

消费是指利用社会产品来满足人们各种需要的过程，就是本国居民和政府部门的消费需求，它是经济的主要动力；投资是对用于未来生产更多物品与服务的物品（资本品）的购买，包含固定资产和存货投资等。需要注意的是，GDP核算中的“投资”一词与日常生活中谈论的投资意义不同。日常生活中谈论的“投资”通常指金融投资，如股票、债券或基金等；出口是指外部需求，即指本国企业的产品通过出口打入国际市场，参与国际竞争，扩大自己的产品销路。

（2）投资等于储蓄

两部门经济是简化的假设，只有消费者（家庭）和企业（厂商），因而不存在企业间接税，也不用考虑政府支出和进出口贸易。不考虑折旧的情况下，国内生产总值就等于国内生产净值和国民收入，我们用Y表示。

一方面，从支出角度看，企业存货可看成是存货投资，因此，国内生产总值等于消费加投资，即$Y=C+I$。另一方面，从收入角度看，收入一部分用作消费，其余部分则当作储蓄。因此，国民收入=工资+利息+租金+利润=消费+储蓄，即$Y=C+S$。由于$C+I=C+S$，于是得到$I=S$，这就是储蓄—投资恒等式。

必须指出的是，这种恒等属于事后相等，并不意味着人们意愿的或者说事前计划的储蓄总会等于企业想要的或者说事前计划的投资。在现实经济中，居民储蓄企业投资，动机各不相同。计划储蓄和计划投资不一致，会导致总需求和总供给不均衡，引起经济的收缩和扩张。在后续分析宏观经济均衡时所讲的投资要等于储蓄，是指只有计划投资等于计划储蓄，或者说事前投资等于事前储蓄时，才能形成经济的均衡状态，与投资储蓄恒等不是一回事。

（3）消费函数

关于收入和消费的关系，凯恩斯认为，存在一条基本心理规律：随着收入增加，消费也会增加，但是消费的增加不及收入的增加多，消费和收入的这种关系被称作消费函数或消费倾向，用公式表示为：$c=c(y)$。

假定家庭的消费和收入之间有如表8-4所示的关系。

表8-4　家庭消费函数

编号	收入/元	消费/元	边际消费倾向（MPC）	平均消费倾向（APC）
A	9 000	9 110		1.01
B	10 000	10 000	0.89	1.00
C	11 000	10 850	0.85	0.99
D	12 000	11 600	0.75	0.97
E	13 000	12 240	0.64	0.94
F	14 000	12 830	0.59	0.92
G	15 000	13 360	0.53	0.89

当收入增加时，消费也随之增加，但增加得越来越少。增加的消费与增加的收入之比率，也就是增加的1单位收入中用于增加消费部分的比率，被称为**边际消费倾向**（Marginal Propensity to Consume，MPC）。边际消费倾向可表示为：

$$MPC=\frac{\Delta c}{\Delta y} \text{或} \beta=\frac{\Delta c}{\Delta y} \tag{8-5}$$

如果令 $\Delta y \to 0$求极限，则上述公式可写为：

$$MPC=\lim_{\Delta y \to 0}\frac{\Delta c}{\Delta y}=\frac{dc}{dy} \tag{8-6}$$

平均消费倾向指任一收入水平上消费支出在收入中的比率，平均消费倾向可表示为：

$$APC=\frac{c}{y}$$

根据上述公式可以计算得出表8-2的边际消费倾向和平均消费倾向。

表8-2所表示的是边际消费倾向递减的情况，如果消费和收入之间存在线性关系，则边际消费倾向为一常数，这时消费函数可用下列方程表示为：

$$c=\alpha+\beta y \tag{8-7}$$

当消费和收入之间呈线性关系时，消费函数就是一条向右上方倾斜的直线，消费函数上每一点的斜率都相等，并且大于0而小于1，如图8-2所示。

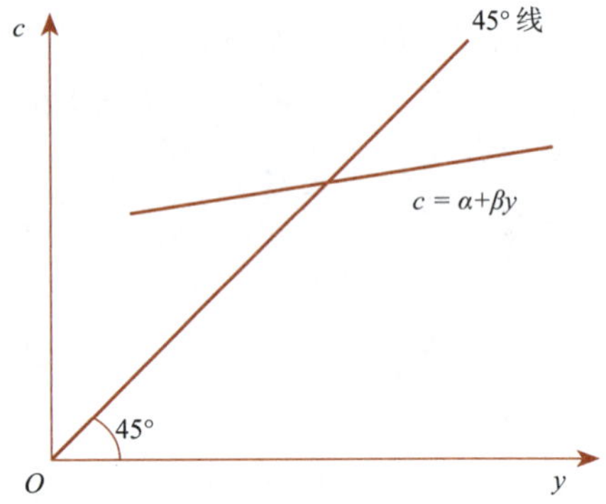

图8-2　线性消费函数

当消费函数为线性的时，$APC>MPC$这一点更易看清，因为消费函数上任一点与原点相连所成射线的斜率都大于消费曲线（这里是直线）的斜率，而且从公式看，

$$APC=\frac{c}{y}=\frac{\alpha+\beta y}{y}=\frac{\alpha}{y}+\beta \tag{8-7}$$

式中，β指的是MPC，由于α和y都是正数，因此，$\frac{\alpha}{y}>0$所以，$APC>MPC$。随着收入增加，$\frac{\alpha}{y}$越来越小，APC逐渐趋于MPC。

（4）储蓄函数

储蓄是收入中没有用于消费的部分。既然消费随收入增加而增加的比率是递减的（**边际消费倾向递减**），则可知储蓄随收入增加而增加的比率递增。储蓄和收入的这种关系就是储蓄函数，其公式为$s=s(y)$。

边际储蓄倾向（MPS）是储蓄增量对收入增量的比率，其公式可表示为：

$$MPS=\frac{\Delta s}{\Delta y} \tag{8-8}$$

如果令 $\Delta y \to 0$求极限，则上述公式可写为：

$$MPS=\lim_{\Delta y \to 0}\frac{\Delta s}{\Delta y}=\frac{ds}{dy} \tag{8-9}$$

平均储蓄倾向（APS）是指任一收入水平上储蓄在收入中所占的比率，其公式为：

$$APS=\frac{s}{y} \tag{8-10}$$

如果消费曲线和储蓄曲线为一直线，则由于$s=y-c$，且$c=\alpha+\beta y$，因此$s=y-c=y-(\alpha+\beta y)=-\alpha+(1-\beta)y$。说明这条直线在纵轴上的截距是$-\alpha$，斜率为$1-\beta$，如图8-3所示。

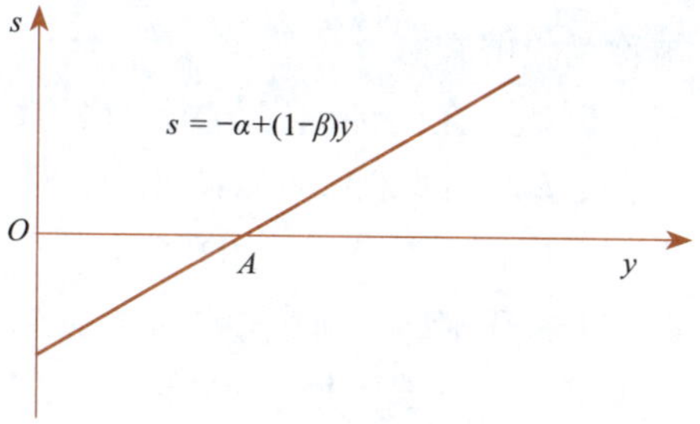

图8-3　线性储蓄函数

（5）消费函数和储蓄函数的关系

由于总收入等于消费和储蓄之和，因此消费函数和储蓄函数关系密切。

①互补关系。因为$y=c+s$，故$s=y-c$，所以消费和储蓄为互补关系。

②若APC和MPC都随收入增加而递减，但$APC>MPC$，则APS和MPS都随收入增加而递增，且$APS<MPS$。

③APC和APS之和恒等于1，MPC和MPS之和也恒等于1。

$APC=\frac{c}{y}$，$APS=\frac{s}{y}$，因而$APC+APS=1$

$MPC=\frac{\Delta c}{\Delta y}$，$MPS=\frac{\Delta s}{\Delta y}$，因而$MPC+MPS=1$

根据以上性质，消费函数和储蓄函数中只要有一个确立，另一个也就随之确立。

（6）影响消费和储蓄的其他因素

除了收入以外，其他因素同样影响消费和储蓄。

①利率。利率可以认为是借贷资金的成本，家庭储蓄的收益。如果利率水平高，家庭更愿意增加储蓄以获得更高的收益，消费被抑制。如果利率水平较低，意味着储蓄的收益率低，家庭更愿意将收入用于消费。所以当经济陷入低迷时，政府一般采取“降息”政策，扩大消费需求。

②价格水平。物价变动会影响消费，当货币收入（名义收入）不变时，若物价上升，则实际收入下降，若消费者要保持原有生活消费水平，则消费倾向就会提高；反之，若物价下跌，消费倾向就会下降。

③收入分配。一般来说，高收入家庭消费倾向较小，低收入家庭消费倾向较大。因此，国民收入分配越是平均，全国性平均消费倾向就会越大，而收入分配越是不平均，全国性平均消费倾向就会越小。

④社会保障制度。通常来说，社会保障制度越是完善，居民越是敢于消费；反之，社会保障制度越不完善，居民的储蓄意愿就越强，加强储蓄以备不时之需。

⑤其他因素。消费者对未来的预期、文化与价值观等都或多或少会影响消费。

8.2.3 乘数理论

以投资乘数为例。投资乘数是指国民收入的变动量与带来这种变化的初始投资支出的比率。当总投资增加时，国民收入的增量将是投资增量的数倍。如果以k代表倍数，这个k被称为投资乘数。

例如，在两部门经济中，假定C=500+0.6Y，S=-500+（1-0.6）Y=-500+0.4Y，I=300亿元，令I=S，即300=-500+0.4Y，计算可得Y=2 000亿元。这一结果是在经济处于均衡时得出的，所以是一个均衡的国民收入。如果将自主性投资支出从300亿元增加至500亿元，即500=-500+0.4Y，国民收入增加至2 500亿元。由此，国民收入的增量是（2 500-2 000）=500亿元，是投资增量200亿元的2.5倍。这个倍数就是投资乘数。

为什么会产生这种现象？根据上述例子，边际消费倾向是0.6，增加100亿元就会有60亿元用于消费，然后这60亿元又以工资、利息、利润和租金的形式流入生产消费品的生产要素所有者手中，从而使居民收入增加60亿元，这是国民收入实现第二轮增加。

消费品的生产者又将这60亿元中的36亿元（边际消费倾向为0.6）用于消费，社会总需求支出提高了36亿元。这个过程会一直持续下去。

根据上述分析，我们可以得到：

$$投资乘数=\frac{1}{1-边际消费倾向}$$

或者写成：

$$k=\frac{1}{1-MPC}=\frac{1}{MPS} \tag{8-11}$$

可见，投资乘数大小和边际消费倾向及边际储蓄倾向有关，边际消费倾向越大，或边际储蓄倾向越小，则投资乘数越大。

8.2.4 两部门经济中国民收入的决定

（1）使用消费函数决定收入

在收入决定的简单模型中，总是先假定计划净投资是一个给定的量，不随着利率和国民收入水平而变化。根据这一假定，只要把收入恒等式和消费函数结合起来就可以求得均衡收入为：

$$y=c+i$$
$$c=\alpha+\beta y \tag{8-12}$$

联立方程，得到均衡收入为：

$$y=\frac{\alpha+i}{1-\beta} \tag{8-13}$$

可见，如果知道了消费函数和投资量，就可得到均衡的国民收入。

表8-5显示了消费函数为c=1 000+0.8y及自发投资为600亿美元时均衡收入决定的情况。

表8-5　均衡收入的决定

收入 / 亿元	消费 / 亿元	储蓄 / 亿元	投资 / 亿元
3 000	3 400	−400	600
4 000	4 200	−200	600
5 000	5 000	0	600
6 000	5 800	200	600
7 000	6 600	400	600
8 000	7 400	600	600
9 000	8 200	800	600
10 000	9 000	1 000	600

表8-5的数据说明，当y=8 000亿元时，c=7 400亿元，i=600亿元，因此，$y=c+i$=8 000亿元，说明8 000亿元是均衡收入。如果收入小于8 000亿元，比方说为6 000亿元时，c=5 800亿元，加上投资600亿元，总支出为6 400亿元，超过了总供给6 000亿元，这意味着企业销售出去的产量大于它们生产出来的产量。存货出现意外减少，这时扩大生产是有利可图的。于是，企业会增雇工人，增加产量，使收入向均衡收入靠拢；相反，如果收入大于8 000亿元，比方说为10 000亿元时，说明企业生产出来的产量大于它们的销售量，存货出现意外增加，于是，企业便会减少生产，使收入仍向8 000亿元靠拢。只有在收入达到均衡水平时，既没有非计划存货投资，也没有非计划存货负投资（即存货意外减少），产量正好等于销量，存货保持正常水平，这就是企业愿意保持的产量水平。

均衡收入决定也可以用图来表示，图8-4表示如何用消费曲线加投资曲线和45°线相交决定收入。图中横轴表示收入，纵轴表示消费加投资，在消费曲线c上加投资曲线i得到消费曲线加投资曲线$c+i$，这条曲线就是总支出曲线。

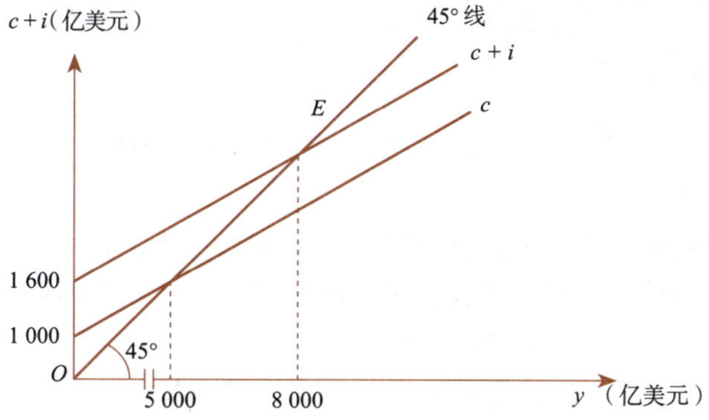

图8-4　消费曲线加投资曲线和45°线相交决定收入

由于投资被假定为始终等于600亿元的自发投资，因此，消费曲线加投资曲线所形成的总支出曲线与消费曲线平行，其间垂直距离即600亿元投资。总支出线和45°线相交于E点，E点决定的收入水平是均衡收入8 000亿元。这时，家庭部门想要有的消费支出与企业部门想要有的投资支出的总和，正好等于收入（即产出）。如果经济离开了这个均衡点，企业部门销售额就会大于或小于它们的产出，从而被迫进行存货负投资或存货投资，即出现意外的存货减少或增加，这就会引起生产的扩大或收缩，直到回到均衡点为止。

（2）使用储蓄函数决定收入

计划投资等于计划储蓄，即$i=y-c=s$，而储蓄函数为$s=-\alpha+(1-\beta)y$。

将此两式联立，求解同样可得（均衡）收入为：

$$\begin{cases} i=y-c=s & \text{（投资等于储蓄）} \\ s=-\alpha+(1-\beta)\ y & \text{（储蓄函数）} \end{cases} \tag{8-14}$$

求解同样可以得到均衡收入为：

$$y=\frac{\alpha+i}{1-\beta} \tag{8-15}$$

上例中，当$c=1\ 000+0.8y$时，$s=-1\ 000+(1-0.8)y=-1\ 000+0.2y$，$i=600$，令$i=s$，即$600=-1\ 000+0.2y$，得$y=8\ 000$亿元。这一结果也可以从表8-3上得到，从表中可见，只有当收入$y=8\ 000$亿元时，s和i才正好相等，为600亿元，从而达到均衡。

用计划投资等于计划储蓄的方法决定收入，也可以用图8-5表示。图中横轴表示收入，纵轴表示储蓄和投资，s代表储蓄曲线，i代表投资曲线。由于投资是不随收入而变化的自发投资，因而，投资曲线与横轴平行。投资曲线与储蓄曲线相交于E点，与E点对应的收入为均衡收入。

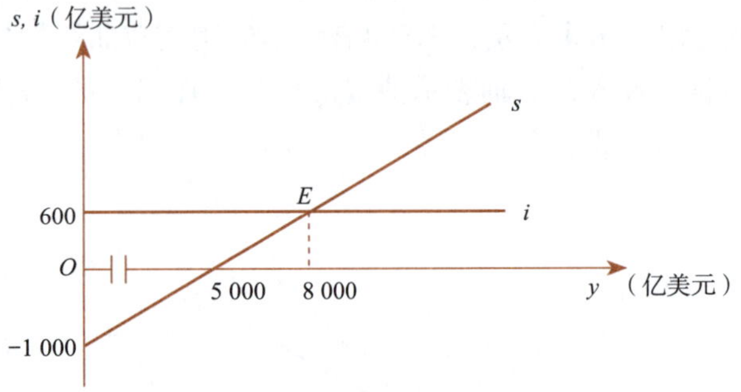

图8-5 储蓄曲线和投资曲线相交决定收入

若实际产量小于均衡收入水平，表明投资大于储蓄，社会上生产供不应求，企业存货意外地减少，企业就会扩大生产，使收入水平向右移动，直到达到均衡收入为止。相反，若实际产量大于均衡收入，表明投资小于储蓄，社会上生产供过于求，企业存货意外地增加，企业就会减少生产，使收入水平向左移动，直到达到均衡为止。只有在均衡收入水平上，企业生产才会稳定下来。

任务 8.3　总需求与总供给

8.3.1　总需求–总供给模型

（1）总需求和总需求曲线

总需求（Aggregate Demand，AD）也称为“总支出”，是宏观经济的概念，指的是一定时期经济社会对产品和劳务的需求总量或用于购买物品与劳务的支出的总和，这一需求总量通常以产出水平来表示。一个经济社会的总需求包括消费需求、投资需求、政府需求和出口需求（国外对本国商品的需求，包括消费品和资本品）。总需求量受多种因素的影响，其中价格水平是一个重要的因素。除此之外，收入水平、税收、货币供给以及对未来的预期等，都是影响总需求的因素。

我们用总需求函数反映价格水平与社会总需求的关系，表示在某个特定的价格水平下，经济社会需要多高水平的产量。在几何上，可以表示为总需求曲线（*AD*曲线），如图8–6所示。

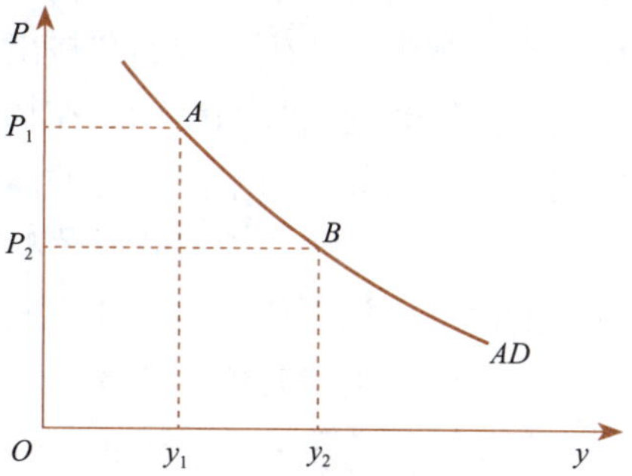

图8–6　总需求曲线

在图8–6中，我们可以看出，总需求曲线通常是向右下方倾斜。在其他因素不变的情况下，当价格在P_1时，对应的总需求量是y_1，随着价格降至P_2，总需求量上升至y_2。价格总水平提高使得个人持有的财富可以购买到的消费品数量下降，从而消费减少。反之，当价格总水平下降时，人们所持有财富的实际价值升高，人们会变得较为富有，从而增加消费。

（2）总需求曲线的移动

与项目3描述的需求曲线变化相似，总需求曲线的变化可分为曲线上的点沿着曲线移动以及曲线位置发生变化。前者涉及价格水平对需求总量的影响，后者则涉及在价格水平不变的条件下，其他因素变动导致需求总量变动的影响。

实际上，总需求方面任何因素的变动都会引起总需求曲线的移动。一般认为，扩张性的财政政策和货币政策会使总需求曲线在价格水平不变的情况下向右移动，紧缩性的财政政策和货币政策则相反（宏观经济政策将在项目9详细介绍），比如消费、投资、政府支出、出口、税收、货币供给量等。在其他因素不变的情况下，消费、投资、政府支出、出口、名义货币供给量的自发增加，会使总需求曲线向右上方移动，反之，总需求曲线则向左下方移动。税收额、税率、进口、实际货币需求等因素的自发增加，会使总需求曲线向左下方移动；反之，总需求曲线则向右上方移动。具体来看：

消费变动引起的移动。假如政府采取“家电置换”补贴等扩大内需政策，家庭将未来的消费转移到现在提前进行，储蓄减少了。这种情况所引起的消费支出增加意味着在物价水平既定时，物品与服务的需求量增加，故总需求曲线向右移动。同样，如果政府采取减税等措施，同样会使总需求曲线向右移动。

投资变动引起的移动。任何一个改变企业在物价水平既定时投资行为的事件也都会使总需求曲线移动。例如投资税收抵免政策增加了企业在既定利率时购买的投资品数量，从而增加了总需求使曲线向右上方移动。如果在短期中政府增加了货币供给，利率下降，使企业的借贷成本降低。成本的下降会刺激企业增加投资，从而使总需求曲线向右移动。如果反过来，货币供给减少会提高利率，抑制投资，从而使总需求曲线向左下方移动。

政府购买变动引起的移动。决策者使总需求曲线移动的最直接的方式是通过政府购买。在经济低迷时期，政府通过加大基础设施的投入（比如高速公路、机场、铁路、信息基础设施等）的方式增加社会的总需求，从而使在现有物价水平既定时物品与服务的需求量增大，因此总需求曲线向右移动。但要注意的是，政府购买增加会导致市场利率提高，私人投资减少，产生所谓的“挤出效应”。

净出口变动引起的移动。在物价水平既定时任何一个改变净出口的事件也会使总需求曲线移动。当国外对本国产品的需求增加时，会激励企业增加投入和产出，使总需求曲线向右移动。当本国货币面临升值时，本国生产的商品相对于外国来说更加昂贵，这会抑制本国的出口，从而使总需求曲线向左移动。

（3）总供给和总供给曲线

总供给是利用劳动、资本、技术等要素资源生产的产量，即经济社会所能提供的总产量。将既定物价水平和企业生产并销售的物品与服务总量之间的关系在几何上表示出来，我们称为总供给曲线。与总是向右下方倾斜的总需求曲线不同，总供给曲线的走势取决于所考察的时间长短。在长期中，总供给曲线是垂直的；而在短期中，总供给曲线向右上方倾斜。

①长期总供给曲线。在长期中，一个经济体的物品与服务产量（真实GDP）取决于其劳动、资本和自然资源的供给，以及把这些生产要素变为物品与服务的技术。物价水平由货币的供给数量决定，但货币量并不影响技术以及劳动、资本与自然资源的供给。因此，在长期中，经济中的劳动、资本、自然资源和技术决定了物品与服务的总供给量，而且无论物价水平如何变动，供给量都是相同的。这种长期供给曲线我们称为古典总供给曲线。

如果用*LRAS*表示长期总供给曲线，如图8-7所示，是一条垂直于横轴的直线，y_f称为自然产出水平，也称为潜在产量或充分就业产量，意思是经济体在长期中当失业率处在正常水平时达到的物品和服务的总供给量。

长期总供给曲线的影响因素。在古典模型中，产量取决于劳动、资本、土地和技术等要素，这些也是引起供给曲线变动的原因。

劳动变动引起的移动。比如，如果失业保险制度改革鼓励失业工人更努力地寻找新工作，则自然失业率就会下降，长期总供给曲线将向右移动。如果一个国家放开移民限制，使工人数量增多了，会使得长期总供给曲线向右移动。

资本变动引起的移动。如果资本存量增加了可以提高生产率，从而增加了物品与服务的供给量，长期总供给曲线向右移动。这里的资本包括物质资本和人力资本。

自然资源变动引起的移动。自然资源包括土地、海洋、矿藏等。新矿藏的发现会使长期总供给曲线向右移动。在许多国家，重要的自然资源是从国外进口的。这些资源的可获得性的变动也会使总供给曲线移动。

技术知识变动引起的移动。例如，当下人工智能、新一代信息技术的使用使我们可以用任何既定量的劳动、资本和自然资源生产出更多的物品与服务。随着这些技术的逐渐普及，使长期总供给曲线向右移动。

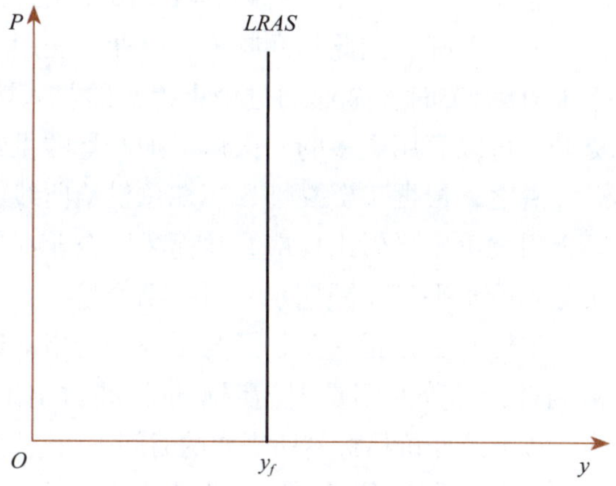

图8-7　长期总供给曲线

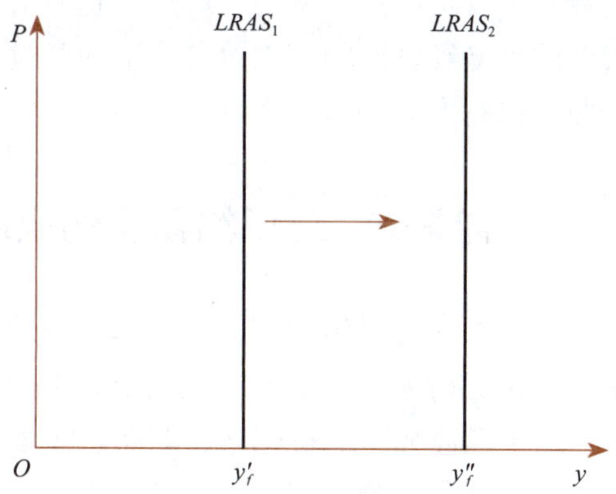

图8-8　长期总供给曲线的移动

如图8-8所示，受到上述因素影响时，长期总供给曲线从$LRAS_1$移动到$LRAS_2$，总产出从y_f'增加至y_f''。

②短期总供给曲线。长期总供给曲线是垂直的，因为在长期中物价总水平并不影响经济生产物品与服务的能力。短期则不同，物价水平的波动确实会影响经济的产量。因此，短期总供给曲线向右上方倾斜（图8-9）。

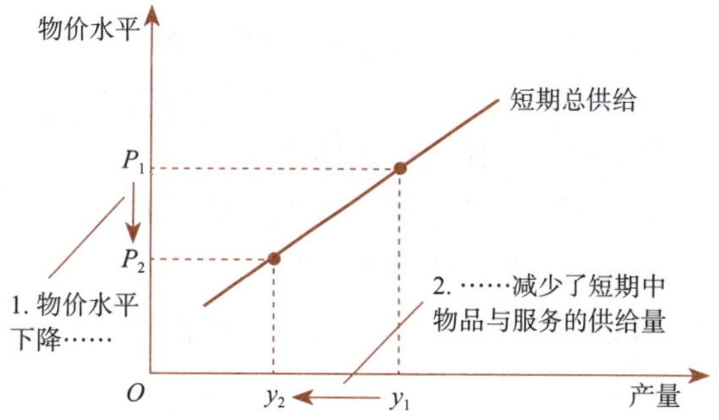

图8-9　短期总供给曲线

从图8-9中我们可以看出，物价水平从P_1下降到P_2，供给量从y_1减少到y_2。这种正相关关系可能是由于工资黏性、价格黏性造成的。

工资黏性指的是工资在短期调整缓慢，原因在于工人和企业之间签订了固定名义工资的长期合同，有时这种合同的期限是1～3年。根据这种理论，短期总供给曲线向右上方倾斜是因为名义工资对经济状况变动的调整是缓慢的。

假定预期的物价水平是100，企业根据这个预期与工人签订合同。当物价水平变为95

时，企业从销售产品中得到的收入减少了，但由于之前签订的工资合同，所以工人的工资成本并未下降，因此利润减少，企业少雇用工人，产品供应量减少。同样道理，当物价水平上升到105时，企业通过销售得到的收入增加了，但工人工资成本没有变化，企业利润提升，可以雇用更多的工人以增加产量的供给。

总之，根据工资黏性，短期总供给曲线向右上方倾斜是因为在短期中，名义工资不能马上对物价水平做出反应，从而激励企业在实际物价水平低于预期水平时降低产量，而在实际物价水平高于预期水平时提高产量。

价格黏性是指一些物品与服务的价格对经济状况变动的调整是缓慢的。这种缓慢的价格调整，部分原因是因为调整价格要付出菜单成本。菜单成本包括印刷和分发目录的成本，以及改变价格标签所需要的时间。由于这些成本，短期中价格和工资可能都是黏性的。

企业事先公布了产品或劳务的价格后，由于市场整体价格水平出现下跌，但企业不想引起额外的菜单成本，仍然按照原有的价格销售。这种滞后导致销售量减少，企业削减生产和就业。同样道理，如果市场整体价格水平出现上涨，企业没有及时提高价格。这种滞后导致销售量增加，从而引起这些企业增加就业和生产。因此，在价格调整滞后的企业以较低的价格经营期间，物价总水平和产量之间就存在正相关关系。这种正相关关系用总供给曲线向右上方倾斜来表示。

8.3.2 总需求-总供给模型的应用

总需求—总供给模型既可解释经济的长期趋势与短期波动，也可说明失业与通货膨胀情况，是分析宏观经济形势及制定政策的重要工具。

（1）描述经济的长期增长与通货膨胀

在长期，有许多因素引起总需求和总供给的变动。如降低利率及增加财政支出的经济政策使总需求增加，总需求曲线向右上方平移；技术进步使长期总供给增加，长期总供给曲线向右平移等，如图8-10所示。

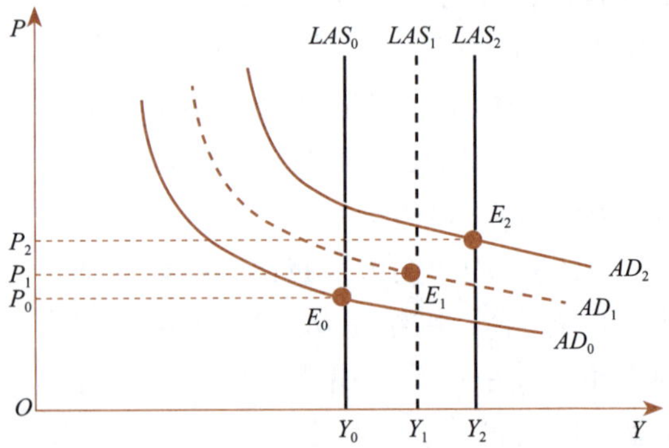

图8-10 经济长期增长与通货膨胀

在图8-10中，初始的总需求曲线AD_0与长期总供给曲线LAS_0相交于E_0，决定均衡总产量为Y_0，均衡物价水平为P_0。总需求增加，总需求曲线由AD_0向右平移至AD_1后，持续平移至AD_2；长期总供给增加，长期总供给曲线LAS_0向右平移至LAS_1后，持续平移至LAS_2，经济达到新均衡点E_2，决定均衡总产量为Y_2，均衡物价水平为P_2。均衡总产量由Y_0持续增至Y_2，表明经济长期增长；均衡物价水平由P_0持续增至P_2，表明存在通货膨胀。

结论： 经济的长期增长取决于长期总供给增加。在总需求不变的情况下，长期总供给增加，总产量增加，物价下降；在长期总供给不变的情况下，总需求增加，总产量并未增加，物价上升，导致通货膨胀。

（2）分析经济的短期波动

经济的长期趋势是短期波动叠加的结果，产量与物价水平的短期波动是对其长期趋势的背离。

①经济萧条与繁荣。 当短期总供给不变时，总需求决定一国经济萧条或繁荣状态下的均衡水平，如图8-11所示。

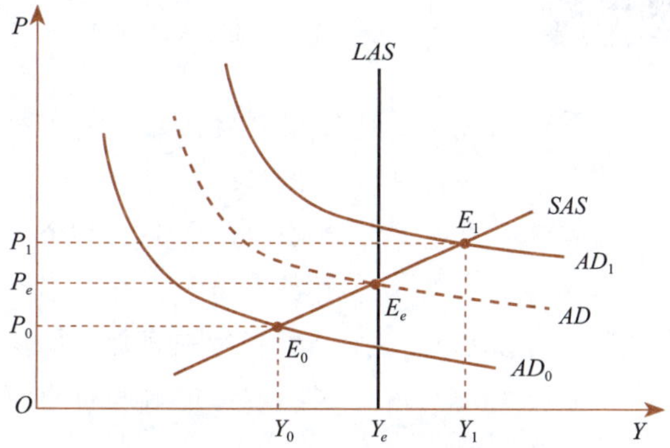

图8-11　短期总需求变动带来的影响

在图8-11中，AD为需求曲线，SAS为短期总供给曲线，LAS为长期总供给曲线，三者的交点E_e为长期均衡点。此时短期均衡总产量正好等于充分就业时的总产量Y_e，经济实现了充分就业均衡，这是最理想的宏观经济状况。

当总需求减少时，总需求曲线AD向左下方平移至AD_0，与短期总供给曲线SAS相交于短期均衡点E_0，此时均衡价格水平为P_0，均衡总产量为Y_0，$Y_0<Y_e$，资源闲置，存在失业，经济处于萧条状态。政府采取刺激总需求的经济政策，则AD_0曲线向右上方平移，当移至AD曲线时，达到长期均衡点。若此时市场上另有刺激总需求扩张的因素，则AD曲线有可能继续向右平移至AD_1，并与SAS曲线相交于短期均衡点E_1，此时均衡价格为P_1，均衡总产量为Y_1，$Y_1>Y_e$，资源过度利用，经济处于过度繁荣状态。

结论： 当短期总供给不变时，总需求增加，社会就业水平、总产量与物价同时上升，其政策含义是增加总需求可以增加就业和提高总产量，但以通货膨胀为代价。

②经济滞胀。 滞胀是指产量减少而物价上升的现象，是衰退与通货膨胀并存的经济状况。如图8-12所示，当总需求不变时，受各种因素如农业歉收、外汇市场波动或生产要素价格上涨等影响，短期总供给减少，会引起短期总供给曲线SAS_0向左上方平移至SAS_1，总产量由Y_0减少至Y_1，而物价由P_0上升至P_1。

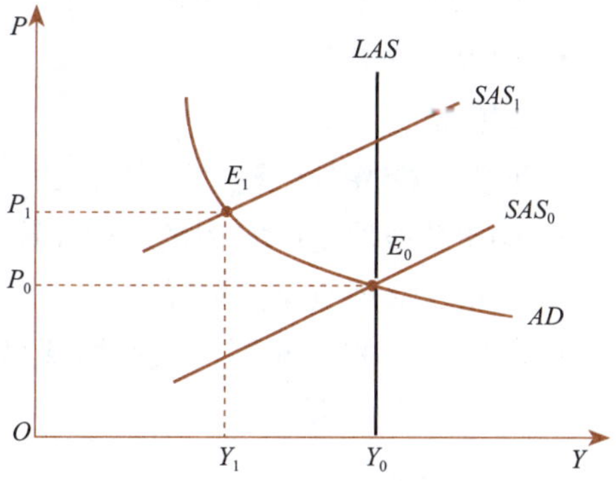

图8-12　经济滞胀

结论： 当总需求不变时，短期总供给减少引起滞胀，短期总供给增加引起总产量增加而物价下降。

从以上分析不难看出，单纯通过刺激总需求来推动经济发展具有明显的局限性。凯恩斯主义理论及政策以总需求为中心，侧重于短期的总量分析，而忽视总量结构的分析，从20世纪的实践结果来看，极易导致经济滞胀。事实上，经济过热或经济萧条都是经济结构失衡的表现，其真正的病因在于总供给结构不适应总需求结构。从长远的系统的观点来看，摆脱经济萧条或衰退的根本出路在于调整总供给结构而不是刺激总需求。

小结

国民收入核算是研究宏观经济运行的前提条件，可以通过三种方法计算和衡量国民收入：收入法、支出法和产出法。

收入法是加总当期本国居民、公司和个人直接得自货物和服务生产的收入，即要素收入之总和。支出法加总消费支出和投资支出，从而得出按市场价格计算的国内总支出，是最终购买价值总和，排除所有对中间货物的支出。产出法是汇总工业和生产性企业在每一生产阶段上的增加值。这些增加值之和得出按要素成本计算的国内生产总值，也包括来自国外的财产净收入。

国民收入决定理论是分析各种宏观经济问题与决定宏观经济政策的基础。储蓄-投资法、消费-投资法可以解释说明均衡国民收入的决定。

总供给-总需求模型能够说明一般价格水平和均衡产量的决定。要注意不同的国民收入决定模型的前提条件、影响因素和变动情况。

练习与实训

一、选择题

1．下列各项中哪一个属于存量？（　　）

A．国内生产总值　　B．投资

C．国民债务　　D．国民债务利息

2．以下关于GDP的说法，不正确的是（　　）。

A．GDP是根据生产实物量进行计算的　　B．GDP不反映地下经济

C．GDP反映环境保护情况　　D．GDP反映一段时期的财富量

3．在资料充足的情况下，最有意义的而又适用的衡量经济增长的工具是（　　）。

A．GDP的货币量　　B．实际GDP

C．人均实际产出　　D．人均货币收入

4．一定时期内发生的变量数值叫作（　　）。

A．存量　　B．流量　　C．内生变量　　D．外生变量

5．按照劳动要素所获得的收入计算GDP的方法是（　　）。

A．支出法　　B．产品流动法　　C．最终产品法　　D．成本法

6．宏观经济学要解决的问题是（　　）。

A. 资源配置　　B. 资源利用　　C. 整个经济如何实现最大化　　D. 国民收入的决定

7．GDP计算过程中遵循（　　）。

A. 国民原则　　B. 管理需要原则　　C. 现行价格原则　　D. 实际销售原则

8．在总需求不变的情况下，长期总供给增加会导致（　　）。

A. 总产量不变　　B. 总产量减少　　C. 物价下降　　D. 物价上升

9．消费函数与储蓄函数的关系有（　　）。

A. $MPC+MPS=1$　　B. $APC+MPS=1$　　C. $APS+MPC=1$　　D. $APC+APS\neq1$

10．使长期总供给增加的因素有（　　）。

A. 总需求增加　　B. 价格提高　　C. 本国资本投资海外　　D. 劳动力增加

11．下面可计入GDP的是（　　）。

A. 购买一套二手房　　B. 购买普通股票　　C. 当年生产未销售出去的汽车　　D. 购买一件古董

12．以下几种情况，投资乘数最大的是（　　）。

A. 边际消费倾向为0.5　　B. 边际储蓄倾向为0.4　　C. 边际消费倾向为0.4　　D. 边际储蓄倾向为0.3

13．以下说法错误的是（　　）。

A. GDP和GNP都是以市场交换为基础　　B. GDP和GNP都是流量　　C. GDP比GNP要大　　D. GDP是地域概念，GNP是国民概念

14．以下哪项不会引起总需求曲线的移动？（　　）

A. 社会总消费变动　　B. 社会总投资变动　　C. 政府支出变动　　D. 政府转移支付变动

15．经济中出现“滞胀”现象，指的是（　　）。

A. 产量减少物价上升　　B. 产量增加物价下降　　C. 产量减少物价下降　　D. 产量增加物价上升

二、实训实践

1．假设一个土豆种植户将其全年收获的土豆以10万元的价格卖给了某超市，该超市将土豆直接出售给最终消费者，一共卖了13万元。那么，这两次交易增加了多少消费支出？增加了多少GDP？

2．以下哪些项目应计入GDP，哪些项目应计入GNP？并解释为什么。

①一个木匠为自己做的衣橱；②汽车经销商向一位消费者卖出一辆新车；③某房产公司卖给客户一套新建房屋；④一本崭新的经济学教材的出版和销售；⑤一家外国独资公司生产的电视机；⑥企业存货增加20亿元；⑦本国企业在外国投资的工厂生产的产品；⑧小

王购买的价值10 000元的股票。

3．资料分析：通过官方统计网站查询近10年中国的宏观经济数据，进行国际比较。

4．搜集“供给侧结构性改革”的相关案例，与传统的需求管理进行对比。

项目9

宏观经济政策

学习目标

知识目标

了解有关宏观经济政策的基本知识，理解需求管理中的财政政策与货币政策及供给管理中各种政策。重点掌握宏观经济政策目标、财政政策的内容与运用、凯恩斯主义货币政策工具、货币政策的运用、收入政策等。

能力目标

能够结合社会经济的实际情况初步分析一国的财政和货币政策及其相互之间的关系。

素质目标

准确理解宏观经济政策内涵和局限性，形成着眼于全球、国家或地区范围内的经济增长和发展趋势的“正确的大局观”，准确理解经济规模的增加与经济结构的调整和产业技术水平的提升关系，准确理解只有在经济增长的基础上，才能实现全面的社会进步和人民生活水平的提高，着力提升“四个自信”。

思维导图

项目9 宏观经济政策

- 任务9.1 宏观经济政策概述
  - 宏观经济政策及其目标
  - 宏观经济政策工具
- 任务9.2 财政政策
  - 财政政策的内容和应用
  - 自动稳定器与赤字财政政策
  - 财政政策的挤出效应
- 任务9.3 货币政策
  - 货币政策的内容和应用
  - 凯恩斯主义的货币政策
  - 货币主义的货币政策
- 任务9.4 宏观经济政策的协调与局限
  - 财政政策与货币政策的协调
  - 宏观经济政策的局限性

开篇案例

2023年中国财政政策执行情况报告

2023年是全面贯彻党的二十大精神的开局之年，也是三年新冠疫情防控转段后经济恢复发展的一年。财政部门实施积极的财政政策，强化财政管理监督，把加强宏观调控、着力扩大内需、培育发展新动能、防范化解风险等结合起来，有力促进我国经济运行向好和高质量发展。

一是支持经营主体纾困发展。全年全国新增减税降费及退税缓费超过2.2万亿元。推动各级政府性融资担保机构加大对小微企业等融资增信支持，全年国家融资担保基金新增再担保合作业务规模1.31万亿元、同比增长8.67%。

二是着力扩大国内有效需求。延续和优化新能源汽车车辆购置税减免政策，支持充换电基础设施建设运营，全年新能源汽车销量增长37.9%。加快地方政府专项债券发行使用，全年各地共发行用于项目建设的新增专项债券3.7万亿元，累计支持项目超过3.5万个，带动扩大有效投资。

三是加快建设现代化产业体系。加大基础研究投入，全力保障关键核心技术攻关。将符合条件行业企业研发费用税前加计扣除比例由75%提高至100%，并作为制度性安排长期实施，引导制造业等企业加大研发投入。

四是不断加强民生兜底保障。延续降低失业保险、工伤保险费率，继续实施失业保险稳岗返还，优化调整一次性吸纳就业补贴政策等，推动就业形势总体改善，全年城镇调查失业率平均值比上年下降0.4个百分点。完善义务教育经费保障机制，延续实施国家助学贷款免息及本金延期偿还政策，大幅提高本专科生、研究生国家助学贷款额度上限。

五是全面推进乡村振兴。强化粮食和重要农产品稳产保供，新建和改造提升高标准农田，向实际种粮农民发放一次性补贴100亿元，完善玉米和大豆生产者补贴政策，扩大三大粮食作物完全成本保险和种植收入保险实施范围等。

六是持续加强生态文明建设。坚持协同推进降碳、减污、扩绿、增长，深入打好蓝天、碧水、净土保卫战，落实完善北方地区冬季清洁取暖补助政策，加大流域横向生态补偿机制建设力度，加强生态系统治理和保护，提升林草、矿山、海洋等重要生态系统多样性、稳定性、持续性，加快发展方式绿色低碳转型。

——资料来源：财政部《2023年中国财政政策执行情况报告》[2024年03月07日]http://www.mof.gov.cn/zhengwuxinxi/caizhengxinwen/202403/t20240307_3930117.html.

启发思考

1. 目前我国财政政策的实施情况如何？
2. 财政政策是通过什么手段调节经济、保障民生的？

宏观经济理论与宏观经济政策是一个不可分割、相互依赖的有机整体。宏观经济理论是宏观经济政策的基础、前提和依据，宏观经济政策则是对宏观经济理论的应用。

任务 9.1 宏观经济政策概述

9.1.1 宏观经济政策及其目标

宏观经济政策是政府为了增进整体经济福利、改善整体经济运行状况，以达到一定的政策目标而运用政策工具，对宏观经济领域进行的有意识干预。宏观经济政策通常包括财政政策和货币政策，以及收入分配政策和对外经济政策等。

（1）宏观经济政策的主要目标

宏观经济政策的目标有四个方面：充分就业、价格稳定、经济持续增长和国际收支平衡，宏观经济政策就是为了达到这些目标而制定的手段和措施。

充分就业是宏观经济政策第一目标，是指包含劳动在内的一切生产要素都以愿意接受的价格参与生产活动的状态。充分就业并不是指人人都有工作，它包括两种含义：一是广义上的，指一切生产要素都有机会以自己意愿的报酬参加生产的状态，也就是劳动力和生产设备都达到充分利用的状态；二是狭义上的，指总失业率等于自然失业率的状态。所谓自然失业率就是指在没有货币等外部干扰的情况下，劳动力以及商品两个市场通过自身的作用后处于均衡的状态，在这种情况下的失业率，也可以说是在充分就业状态下的失业率。决定自然失业率的因素有劳动力结构、科技进步、政府政策、区域性劳动力需求等。大多数西方经济学家认为存在4%～6%的失业率是正常的，此时社会经济就处于充分就业状态。

价格稳定是宏观经济政策的第二个目标。价格稳定是指价格总水平的稳定。价格稳定成为宏观经济政策的目标，是由于通货膨胀对经济有不良影响。价格稳定不是指每种商品价格的固定不变，也不是指价格总水平的固定不变，而是指价格指数的相对稳定，即不出现较大的通货膨胀。价格指数又分为消费物价指数（CPI），生产者价格指数（PPI）和国民GDP折算指数（GDP deflator）三种。物价稳定并不是通货膨胀率为零，而是允许保持一个低而稳定的通货膨胀率。所谓低，就是通货膨胀率在1%～3%。所谓稳定，就是指在相当时期内能使通货膨胀率维持在大致相等的水平上。这种通货膨胀率能为社会所接受，对经济也不会产生不利的影响。

经济持续增长是宏观经济政策的第三个目标。经济增长是指在一个特定时期内，经济社会的人均产量和人均收入持续增长，通常用实际国内生产总值的增长率来衡量。经济增长可以增加社会福利，但并不是增长率越高越好。这是因为经济增长一方面要受到各种资源条件的限制，不可能无限地增长，尤其是对于经济已相当发达的国家来说更是如此。另一方面，经济增长也要付出代价，如资源消耗、环境污染、社会问题等。因此，经济增长就是实现与本国具体情况相符的适度增长率。

国际收支平衡是宏观经济政策的第四个目标。国际收支平衡对现在开放型经济的国家是至关重要的。国际收支平衡具体分为静态平衡与动态平衡、自主平衡与被动平衡。静态平衡，是指一国在一年的年末，国际收支不存在顺差也不存在逆差；动态平衡，不强调一年的国际收支平衡，而是以经济实际运行可能实现的计划期为平衡周期，保持计划期内的国际收支均衡。自主平衡，是指由自主性交易即基于商业动机，为追求利润或其他利益而独立发生的交易实现的收支平衡；被动平衡，是指通过补偿性交易即一国货币当局为弥补自主性交易的不平衡而采取调节性交易而达到的收支平衡。

一国的国际收支状况不仅反映了这个国家的对外经济交往情况，还反映出该国经济的稳定程度。当一国国际收支处于失衡状态时，就必然会对国内经济形成冲击，从而影响该国国内的就业水平、价格水平及经济增长。

（2）对宏观经济政策目标的评论

以上四大目标相互之间既存在互补关系，也有交替关系。互补关系是指一个目标的实现对另一个的实现有促进作用。如为了实现充分就业水平，就要维护必要的经济增长。交替关系是指一个目标的实现对另一个有排斥作用。如物价稳定与充分就业之间就存在两难选择。为了实现充分就业，必须刺激总需求，扩大就业量，这一般要实施扩张性的财政和货币政策，由此就会引起物价水平的上升。而为了抑制通货膨胀，就必须紧缩财政和货币，由此又会引起失业率的上升。又如国内均衡与国际均衡之间存在着交替关系。这里的国内均衡是指充分就业和物价稳定，而国际均衡是指国际收支平衡。为了实现国内均衡，就可能降低本国产品在国际市场上的竞争力，从而不利于国际收支平衡。为了实现国际收支平衡，又可能不利于实现充分就业和稳定物价的目标。

因此，在制定经济政策时，必须对经济政策目标进行价值判断，权衡轻重缓急和利弊得失，确定目标的实现顺序和目标指数高低，同时使各个目标能有最佳的匹配组合，使所选择和确定的目标体系成为一个和谐的有机的整体。这就要求政府运用的各种政策手段必须相互配合协调一致。

此外，宏观经济政策目标的确定可能还是一个公共选择的过程，涉及多重因素。在西方一些国家实行任期制，多党竞争轮流坐庄导致的短视政治，即使一个政党制定了宏观经济政策，另一个政党上台可能就会把它推翻，为了选票往往难以选择长远的宏观经济政策目标。例如在危机期间，面对经济下行压力，一些西方国家不遗余力推行“零利率”“财政赤字货币化”政策，不愿意忍受经济的短期阵痛，却留下长期的后遗症。

史海沉钩

宏观经济调控思想的中国起源

经济学理论界比较流行的观点认为宏观经济调控思想是在1929—1933年世界经济大危机后产生的，凯恩斯在1936年出版的《就业、利息和货币通论》中，最早提出了运用财政政策、货币政策等宏观经济政策调控经济的政策主张，其成为宏观经济调控思想的源头。

其实，这种宏观经济调控思想的西方起源论是经不起历史检验的，翻阅中国古代浩若烟海的文献资料可以发现，中国早在两千多年前的春秋战国时期就已经产生了比较系统的宏观经济调控思想；到汉武帝时期，桑弘羊在全国范围内推行均输和平准两大宏观经济调控政策，这是世界历史上第一次由中央政府组织实施的宏观经济调控政策。东汉时期著名的历史学家班固在《汉书》中总结的“故管氏之轻重，李悝之平籴，弘羊均输，寿昌常平，亦有从徕”，基本勾勒出了中国传统宏观经济调控思想产生的大致历史轨迹，也道出了中国古代宏观经济调控思想长期领先世界的历史事实。

以下以管子为例，探究其宏观经济调控思想。

《管子》一书相传为春秋时期齐国著名政治家管仲所著，是中国古代论述经济问题最为系统全面的一部经典著作。管子的宏观经济调控思想主要包括以下几个方面。

第一，宏观经济调控的重要性和必要性。管子认为“凡将为国，不通于轻重，不可为笼以守民；不能调通民利，不可以语制为大治”。“故善者委施于民之所不足，操事于民之所有余。夫民有余则轻之，故人君敛之以轻；民不足则重之，故人君散之以重。敛积之以轻，散行之以重，故君必有十倍之利，而财之横可得而平也”。即统治者要想治理好国家，实现人民安居乐业、国家长治久安，必须掌握轻重之术以调控国家经济，协调好民间的利益分配关系。

第二，宏观经济调控的基本原则。管子提出宏观经济调控基本原则是“以重射轻，以贱泄平。万物之满虚随财，准平而不变，衡绝则重见”。就是要采取相机抉择的方法来调节市场供求关系、稳定物价。当市场上某种商品供过于求、价格过低时，国家以适当高于市场的价格收购该商品，能够起到促进商品价格回升的作用；当某种商品供不应求、价格过高时，国家以适当低于市场的价格来销售国家储备的这种商品，能够起到促使商品价格回落的作用。

第三，提出运用扩张性财政政策应对经济危机的政策主张。“若岁凶旱水泆，民失本，则修宫室台榭，以前无狗后无彘者为庸。故修宫室台榭，非丽其乐也，以平国策也”。就是当遭遇自然灾害引发的经济危机时，国家可以通过雇用失去生活来源的贫民来兴建公共工程，通过以工代赈的方式来增加就业，提高贫困人群的收入，促进消费，刺激经济复苏。管子的这种思想，用现代经济学的语言来表述就是运用扩张性财政政策应对经济危机，类似的思想及实践在西方直到20世纪30年代美国总统罗斯福为了应对经济大萧条而实行的“罗斯福新政”中才出现，“罗斯福新政”的一项重要内容就是大规模雇用失业工人兴建公共工程以刺激经济复苏，但这已经是管子身后两千多年的事了。

——资料来源：王静峰. 宏观经济调控思想的中国起源[J]. 湖北经济学院学报，2021，19（04）：29-36. 有删改。

启发思考

1. 文中提到管子的宏观经济调控思想，用现代语言可以如何表达出来?
2. 挖掘中国历史上的经济思想，与当前的现代经济思想进行对比。

9.1.2 宏观经济政策工具

宏观经济政策工具是为了达到政策目标采取的手段，包括需求管理政策、供给管理政策、国际经济管理政策等。

（1）需求管理政策

需求管理是通过调节宏观经济的总需求来达到一定政策目标的宏观调控的方式，其理论基础是凯恩斯主义关于国民收入的相关理论。在封闭经济中，短期内的政策目标主要是实现充分就业和价格稳定。实现既定的宏观经济政策目标，可以借用财政政策和货币政策工具。但总需求管理的政策也存在着一系列的限制条件，比如经济态势和程度判断方面的困难、政策实施过程中的时滞、宏观经济政策作用的不确定性等。

（2）供给管理政策

供给管理是通过调节总供给来达到一定政策目标的宏观经济政策工具。供给管理包括两种政策手段，即提高生产要素（资本、劳动力和土地）的使用效率，并在竞争性部门之间进行资源的有效分配，以提高近期产出量；促进国内储蓄和投资，提高教育水平，鼓励技术革新，以提高长期的产出增长率，与此相关的政策包括鼓励外资流入等。供给管理包括收入政策、指数化政策、人力政策和经济增长政策。

（3）国际经济管理政策

各国在充分考虑国际经济联系前提下会以互利的方式调整各自的经济政策。在利益发生冲突或无法确保相关国家的经济福利同时达到最大化的情况下，会对财政、货币等经济政策进行国际协调，从而使相关各国整体利益趋于最大化。国际经济管理政策包括关税政策、非关税壁垒和鼓励出口政策等对外贸易政策，以及外汇管理政策和国际收支调节等对外金融政策。

知识拓展

供给管理为何可被用于短期宏观调控

在许多人的心目中，总供给决定于一个经济可用的资源总量和技术水平，而一个经济的可用资源总量和技术水平是个存量，在短期内难以发生大的变化。因此，供给管理被许多人认为只能用于长期调控，如促进经济增长等，在短期内则不适用。这种观点是不对的。

一个经济的可用资源总量和技术水平在短期内难以发生大的变化，因此无法作为短期调控的变量，这一点没有问题。然而，一个经济的可用资源和技术水平的利用率和利用效率在短期内却是可以发生大的变化的，也是可以通过政府政策进行调控的；而一个经济的可用资源和技术水平的利用率和利用效率则取决于经济活动的参与者所面临的激励。一个经济的资本、劳动力、自然资源、技术等在短期内可能无法发生变化，但生产者的激励却是可以随时变化的。正如供给学派的代表人物拉弗所说："一旦人们面临的激励发生变化，其行为就会随之改变。正的激励吸引人们做一些事情，而负的激励阻止人们做一些事情。处于这种情境中的政府的作用就在于改变人们面临的激励，从而影响社会行为。"因此，调节生产者面临的激励是短期供给管理政策的核心。

20世纪80年代初的农村改革实际上就是激励机制的改革，这一改革大大提高了农民的生产积极性，从而为解决温饱问题奠定了基础，而屡次提高粮价实际上也是在提高农民种粮的积极性。可以说，我国的农村改革是最成功的供给管理实践。此后的国企改革、金融体制改革、财税体制改革等，实际上都是在设法提高经济活动的参与者的积极性。

因此，不论从理论上还是从实践来看，经济活动的参与者的激励都是可以迅速发生变化的，因而会导致总供给的迅速变化。

——资料来源：苏剑．供给管理的历史渊源和逻辑思路．[2015 11 26]. https://mp.weixin.qq.com/s? __biz=MzA4MjQ0NDE2OA==&mid=401591448&idx=1&sn=eb7252216a4731dd4c84576f59b9eeb2&chksm=0d9ec67f3ae94f694670d72f617668fa3c2ef35c7e1b9e2dfc673960f01e30b69ac143201cd1&scene=27.

启发思考

1. 与需求管理相比，供给管理的主要特点有哪些？
2. 列举当前宏观经济政策中的供给管理工具。

任务 9.2　财政政策

9.2.1　财政政策的内容和应用

财政政策是指为促进就业水平提高，减轻经济波动，防止通货膨胀，实现稳定增长而对政府财政支出、税收和借债水平所进行的政策调节，或对政府财政收入和支出水平所作的决策。西方国家的政府为了实现既定的经济政策目标，主要是通过政府预算变动等财政政策工具来调整政府支出和收入。其中，政府支出包括政府购买，以及转移支付、净利息支付等，政府收入包括征税、发行公债等。

政府支出是指整个国家中各级政府在一定时期内的支出总和，有许多具体的支出项目构成，主要可分为政府购买和政府转移支付两类。政府购买是指政府对产品和劳务的购买，如国防军队建设支出、购买机关办公用品、发放政府雇员报酬、教育投入、实施公共项目工程所需的支出等，都属于政府购买。政府购买是一种实质性支出，有着产品和劳务的实际交易，因而直接形成社会需求和购买力，是国民收入的一个组成部分。因为这部分的政府支出变化能引起社会总需求的变化，又是决定国民收入大小的主要因素之一，所以政府改变这部分的支出水平是实施财政政策的有力手段之一。

政府支出中另一部分是**转移支付**。与政府购买不同，政府转移支付是指政府在社会福利保险、贫困救助和补助、公债利息等方面的支出，这是一种货币性支出，政府在付出这些货币时并无相应的产品和劳务的交换发生，这是一种不以取得产品和劳务作为补偿的支出，因此转移支付不能算作国民收入的组成部分。

政府收入则包括税收和公债两个部分。

税收是政府收入中最主要的部分，也是财政政策的另一种形式。税收是国家为了实现其职能，按照法律预先规定的标准，强制地、无偿地从个人和企业取得财政收入的一种手段，因此税收具有强制性、无偿性、固定性三个基本特征。税收是政府收入最主要的来源，根据我国财政部公布的数据，2023年，全国一般公共预算收入216 784亿元，其中，税收收入181 129亿元，非税收入35 655亿元，即税收占财政收入的比例为83.6%。税收主要可分为四种类型：个人所得税、社会保险税、产品和进口税以及公司税。个人所得税主要包括个人收入所得税和财产税。社会保险税又称社会保障税，它是以纳税人的工资、薪金所得作为课税对象的一种税收，是实施社会保障制度的财政来源。产品和进口税主要是销售税。公司税主要指公司利润税。

税收作为一种政府收入手段，既是国家财政收入的主要来源，也是国家实施财政政策的一个重要手段。例如，当政府削减个人所得税时，就增加了家庭和消费者的可支配收入。家庭将一部分额外的收入储蓄起来，把另一部分用于消费支出。减税增加了社会消费支出，从而使总需求曲线向右移动。反过来，增税会抑制消费支出，从而使总需求曲线向左移动。

税收变动引起的总需求变动的幅度要受乘数效应和挤出效应的影响。当政府减税并刺激消费支出时，收入和利润增加，这又进一步刺激了消费支出。一直循环下去，这就是乘数效应。同时，较高的收入引起较高的货币需求，这又倾向于使利率上升，而较高的利率使借款成本上升，从而减少了投资支出，这就是“挤出效应”。根据乘数效应与挤出效应的大小，总需求曲线的移动幅度可能大于也可能小于引起它的税收变动幅度。

当政府税收不足以弥补政府支付时，政府就会发行公债。**公债是政府对公众的债务或公众对政府的债权，是指政府运用国家信用筹集财政资金时形成对公众的债务，包括中央政府的债务和地方政府的债务。**政府借债一般有短期债，中期债和长期债三种形式。公债的发行既可以筹集财政资金、弥补财政赤字，又可以通过其在资金市场的流通来调节货币的供求从而影响社会的总需求。

9.2.2 自动稳定器与赤字财政政策

（1）自动稳定器

“自动稳定器”，又称“内在稳定器”，是一种宏观经济的内在调节机制。它能在宏观经济的不稳定情况下自动发挥作用，使经济趋向稳定。财政政策工具的这种内在的、自动产生的稳定效果，可以随着社会经济的发展，自行发挥调节作用，不需要政府专门采取干预行动。自动稳定器一般可以从财政政策、货币政策和收入政策三个方面发挥作用。

财政政策中的自动稳定器。一是税收的自动变化。在经济扩张和繁荣阶段，随着生产扩大就业增加，国民收入和居民收入增加，政府税收相应增加，居民可支配收入减少，因而具有遏制总需求扩张和经济过热的作用。**二是政府转移支付的自动变化。**财政转移支付有助于稳定可支配收入，进而稳定消费需求。在经济繁荣阶段，失业率下降，失业人数减少，失业救济金和其他福利的支出会随之自动下降，从而抑制可支配收入和消费需求增长。**三是政府维持农产品价格的政策。**在经济繁荣阶段，对农产品的需求增加，农产品价格上升，政府根据农产品价格维持方案，抛售库存的农产品，平抑农产品价格，以减少农民和农场主的可支配收入。**四是个人和企业储蓄的自动变化。**由于边际储蓄倾向递增，边际消费倾向递减，在经济恢复及繁荣阶段，随着个人和企业的收入增加，储蓄增长的幅度会更大，而消费需求增加得较少。

货币政策与收入政策中的自动稳定器。一是利息率效应（凯恩斯效应）。由于利率变动能刺激或抑制投资，所以在货币供应量不变的情况下，利率变动有自动调节社会总需求、调控与稳定物价的作用。**二是实际货币余额效应（庇古效应）。**当通货膨胀物价上涨时，人们持有的货币数量不变，但所能购买的商品数量减少，人们就会自动减少消费，这样会使有效需求减少，从而自动抑制通货膨胀，避免经济过热。**三是再分配效应。**通货膨胀会导致收入再分配，由于边际消费倾向递减规律的作用，这种再分配就具有了自动抑制通货膨胀的作用。

但自动稳定器对于平衡供求、稳定物价、保持国民经济平稳运行的作用是非常有限的，它只能缓和经济衰退或通货膨胀的程度，而不能改变它们的总趋势。仅靠其自动调节，远不能保证经济持续均衡增长，必须有政府的适度干预，国民经济才能健康运行。

（2）赤字财政政策

为确保经济稳定，政府要主动采取一些财政措施，变动支出水平或税收以稳定总需求水平，进而稳定物价和就业水平。财政政策可划分为扩张性财政政策、紧缩性财政政策和中性财政政策，是根据财政政策调节国民经济总量和结构中的不同功能来划分的，这就是斟酌使用的或权衡性的财政政策。

当认为总需求过低出现经济衰退时，政府应削减税收、降低税率、增加国债、增加支出（提高政府购买和转移支付）或双管齐下以刺激总需求。反之，当认为总需求过高出现通货膨胀时，政府可用增加税收、减少国债或削减开支（减少政府购买和转移支付）以抑制总需求，前者称为扩张性财政政策，后者称为紧缩性财政政策。凯恩斯主义者认为，当总需求过低，衰退和失业加剧时，政府应采取刺激需求的扩张性财政政策（又称积极的财政政策）。当总需求过高，通货膨胀加剧时，政府应采取抑制总需求的紧缩性财政政策（又称适度从紧的财政政策），简言之要逆经济风向行事。

赤字是指财政年度内财政支出超过财政收入的差额，赤字财政指国家制定赤字财政政策，实行赤字财政计划。在制定预算时，政府有意将当年预算支出安排得大于当年预算收入，不足的预算资金，依靠发行国债、向银行透支、发行财政性货币的办法来应付。赤字财政是一种客观存在的经济范畴，也是一种世界性的经济现象，它是国家职能的必然产物。在经济增长缓慢、市场萎靡的时候，一般都以财政赤字的增加为代价来支持经济持续发展。

1929—1933年，西方资本主义发生了经济危机，为解释和解救危机，催生了赤字预算论的观点。其中，英国经济学家凯恩斯和美国经济学家汉森的理论最具代表性。他们认为，财政收支平衡不是必须坚持的原则，负债多少也不是衡量一国财政稳定的尺度。资本主义经济之所以陷入了长期萧条和危机，原因在于有效需求不足。国家为了促进就业和消除危机，应该积极进行经济干预，采用扩大国家预算支出的方式，举办公共工程、增加政府投资、增加军事订货、支付出口补贴等。国家在实行这些政策中难免会出现赤字，但可以刺激社会总需求，增加就业，从而增加国民收入缓解或消除经济危机。

第二次世界大战后，凯恩斯主义被西方各国奉若神明，纷纷采取赤字财政政策。在当时的历史条件下和一段时间内，赤字财政政策对就业与缓和经济危机起到了一定作用。但是，长期的赤字财政政策最终导致通货膨胀与经济停滞的交织并发，即“滞胀”现象。以美国为例：1952—1957年间，通货膨胀率一般在2%上下，失业率在4%左右，即表现为低通货膨胀率和低失业率，这一时期被称为凯恩斯主义的“黄金时代”；1958—1965年间，通货膨胀率在1.3%上下，失业率在5%左右，即低通货膨胀率与高失业率并存；1966—1969年间，失业率在4%以下波动，而通货膨胀率则从2%左右上升到5%以上，表现为低失业率，高通货膨胀率；1970—1979年间，失业率和通货膨胀率同时上升，使美国陷入滞胀困境。凯恩斯主义宣告失灵。

由此我们可以看出，赤字财政政策有利有弊。在短期内，如果经济处于非充分就业状态，社会的闲散资源并未充分利用时，财政赤字可扩大总需求，带动相关产业的发展，刺激经济回升。从这个角度说，财政赤字是国家宏观调控的手段，它能有效动员社会资源，积累庞大的社会资本，支持经济体制改革，促进经济的持续增长。但赤字财政政策并不是包治百病的良药。首先，实行扩张性政策，有可能是用进一步加深未来的生产过剩的办法来暂时减轻当前的生产过剩。因此，长期扩张积累的后果必然会导致更猛烈的经济危机的爆发。其次，财政赤字可能增加政府债务负担，引发财政危机，损害国家信用。

拓展阅读

宏观经济专题研究：3%与60%红线的历史溯源

1991年，欧共体首脑们在荷兰小城马斯特里赫特签订协议，以推动欧洲经济货币联盟成立，实现成员国经济、通胀、利率和财政稳定性等多方面的趋同，即著名的《马斯特里赫特条约》。该条约规定了成员国的赤字率和政府债务规模的上限，也被称为马斯特里赫特红线（马线）：一是赤字率不应超过3%；二是政府债务总额占GDP的比例不应超过60%。

20世纪90年代欧盟对“马线”的执行不断强化，1997年签订的《稳定与增长公约》（SGP）重申3%和60%的上限要求，连续超出红线三年的成员国将面临欧盟的巨额罚款（最高为GDP的0.5%）以及暂缓为其融资等惩罚手段。每个成员国都必须定期向欧盟委员会和部长理事会提交一份合规报告以接受评估和审查，该报告还包括成员国当前和未来三年的预期经济发展情况。

“马线”在20世纪90年代初根据当时的各国经济情况确立，经过一段时间已经跟不上时代的发展，并被逐渐放弃。进入21世纪，法国、德国、意大利和英国先后超过60%的债务率红线。由于欧盟政策投票以经济体量加权，2003年欧盟财长们决定暂缓制裁德国和法国，“马线”已经名存实亡。此后包括欧盟在内的主要发达国家，政府债务占GDP的比例都远远超过了60%，即使德国这种完全不存在政府债务问题的国家，政府债务率也达到66%。2020年3月起，欧盟启动了一般例外条款，允许成员国在特殊情况下超过红线并免于处罚，爆发乌克兰冲突后该条款延长至2023年。在此期间为了刺激经济，欧洲各国的政府债务占比继续攀升，根据IMF的数据，2022年欧盟整体的公共债务率已达到91%。

事实上，增长与削减赤字总是面临权衡取舍，对于财政制度仍然割裂的欧盟诸国，实施一致的财政纪律困难重重。赤字率和债务率红线应因时而变、因地制宜，不变的上限规定在变化的时代面前无异于刻舟求剑。

——资料来源：国信证券经济研究所宏观固收团队：《宏观经济专题研究：3%与60%红线的历史溯源》[2024-02-02]https://mp.weixin.qq.com/s/kD3AzfLKlxkFD8Tq_620gQ.

启发思考

1. 从欧共体到欧盟，为什么要划定赤字率和政府债务总额占比的“红线”？
2. 赤字率和政府债务占比过高会导致什么后果？

9.2.3 财政政策的挤出效应

挤出效应是指政府为了平衡财政预算赤字，采取发行政府债券的方式，向私人借贷资金市场筹措资金，从而使市场利率上升，私人投资和支出因而相应地下降。这就是公共支出造成的财政赤字对私人投资和支出的挤出效应。

挤出效应取决于私人储蓄和投资对市场利率的反应程度和中央银行在公开市场上买进和卖出政府债券从而调整货币供给的程度。货币主义经济学家认为，如果不调整货币供给，那么凯恩斯主义的财政政策对总需求的促进和阻碍的作用将是有限的；而单纯的财政政策将导致利率上升，使私人投资和支出受到影响。

财政政策挤出效应的大小取决于多种因素。第一，支出乘数的大小。政府支出增加会使利率上升，乘数越大，利率提高使投资减少所引起的国民收入减少也越多，挤出效应越大。第二，货币需求对产出水平的敏感程度。敏感程度越高，政府支出增加引起的一定量产出水平增加所导致的对货币的交易需求增加越大，使利率上升得越多，挤出效应越大。第三，货币需求对利率变动的敏感程度。敏感程度高，货币需求稍有所变动，就会引起利率的大幅度变动，因此当政府支出增加引起货币需求增加所导致的利率上升越多，挤出效应越大；反之，挤出效应越小。第四，投资需求对利率变动的敏感程度。敏感程度越高，一定量利率水平的变动对投资水平的影响就越大，因而挤出效应就越大；反之，则越小。

任务 9.3 货币政策

9.3.1 货币政策的内容和应用

货币政策是指一国货币当局运用各种工具，通过货币供应量和利率等中介目标影响宏观经济运行，以实现宏观经济目标的政策和措施的总称。货币政策通常由一国的中央银行制定贯彻执行。一般来说，货币政策有两个显著的特性：一是货币政策是一种宏观经济政策。它通过调节和控制全社会的货币供给来影响宏观经济的运行，进而达到某一特定的宏观经济目标。二是货币政策是一种调节社会总需求的政策。通过对社会总需求的调控影响社会总供给及构成，从而实现社会总需求和总供给的均衡。

货币政策一般也分为扩张性的和紧缩性的，前者是通过增加货币供给来刺激需求的增长，当货币供给增加时，利率会降低，取得信贷更为容易。因此，经济萧条时多采用扩张性货币政策。反之，紧缩性货币政策是通过削减货币供给来降低总需求水平，在这种情况下取得信贷比较困难，利率也随之提高，因此，在通货膨胀严重时多采用紧缩性的货币政策。

知识点滴

西方的银行制度

要了解货币政策，必须首先具备一些西方银行制度的知识，因为货币政策要通过银行制度来实现。在银行制度方面，西方主要国家的金融机构并不完全相同，大致来说包括金融中介机构和中央银行两类。金融中介机构最主要的是商业银行，还包括储蓄和贷款协会、信用协会、保险公司、私人养老基金等。

商业银行的主要业务是负债业务、资产业务和中间业务。负债业务主要是吸收存款，包括活期存款、定期存款和储蓄存款。资产业务主要包括放款和投资两类业务，放款业务是为企业提供短期贷款，包括票据贴现、抵押贷款等；投资业务就是购买有价证券以取得利息收入。中间业务是指代为顾客办理支付事项和其他委托事项，从中收取手续费的业务。

中央银行有三个职能：①作为发行的银行，发行国家的货币。②作为银行的银行，既为商业银行提供贷款，又为商业银行集中保管存款准备金，还为商业银行集中办理全国的结算业务。③作为国家的银行，第一，代理国库，一方面根据国库委托代收各种税款和公债价款等收入作为国库的活期存款。另一方面代理国库拨付各项经费，代办各种付款和转账。第二，提供政府所需资金，既用贴现短期国库券等形式为政府提供短期资金，也用帮助政府发行公债或直接购买公债方式为政府提供长期资金。第三，代表政府与外国发生金融业务关系。第四，执行货币政策。第五，监督、管理全国金融市场的活动。

——资料来源：《经济学原理》编写组．经济学原理[M]．4版．北京：中国人民大学出版社，2022.

中央银行采用哪些工具来调节货币供给呢？西方国家运用工具的具体方式并不完全相同，但是在基本原则上大体一致。

（1）再贴现率政策

再贴现是商业银行以未到期的合格票据向中央银行贴现。中央银行对其他金融机构请求贴现、再贴现或请求给予转贷款的票据、有价证券等，规定了一定标准、条件及应付的借款成本率。中央银行根据当时的贴现率，从票据总金额中扣除再贴现利息后，再将余额付给申请款项的商业银行等金融机构，这是再贴现的一般做法。对中央银行而言，再贴现是买进票据，让渡资金；对商业银行而言，再贴现是卖出票据，获得资金。再贴现是中央银行的一项主要的货币政策工具。中央银行可以通过提高或降低再贴现率来影响金融机构向中央银行借款的成本，从而影响货币供应量和其他经济变量。

贴现率提高，取得贷款的成本相应增加，这将起到抑制信贷需求，减少供给的作用。商业银行向中央银行的借款就会减少，导致准备金减少，从而货币供给量就会减少；贴现率降低，商业银行向中央银行的借款就会增加，准备金增加，从而货币供给量就会增加。

中央银行的再贴现率政策不仅对借款机构的行为有重要影响，也能对企业和个人的借款行为产生间接影响。在实践中，改变贴现率并不会自动、立即地引起货币存量和其他利率的变动，因为这种预期变动的发生，不仅需要一定的时滞，而且还需要其他政策手段相配合。

（2）公开市场业务

公开市场业务是指中央银行在金融市场卖出或买进有价证券，吞吐基础货币，以改变商业银行等存款货币机构的可用资金，进而影响货币供给量和利率，实现货币政策目标的一种政策措施。中央银行公开市场业务买卖的证券主要是政府公债和国库券，有些国家的中央银行也可买卖地方政府债券、政府担保的证券、金融债券、银行承兑汇票等。

与一般金融机构所从事的证券买卖不同，中央银行买卖证券的目的不是为了盈利，而是为了调节货币供应量。根据经济形势的发展，当中央银行认为需要收紧银根时，便卖出证券，相应地收回一部分基础货币，减少金融机构可用资金的数量；相反，当中央银行认为需要放松银根时，便买进证券，扩大基础货币供应，直接增加金融机构可用资金的数量。

公开市场业务与其他货币政策工具相比，具有主动性、灵活性和时效性等特点。公开市场业务可以由中央银行充分控制其规模，中央银行有相当大的主动权；公开市场业务是灵活的，多买少卖，多卖少买都可以，对货币供应既可以进行“微调”，也可以进行较大幅度的调整，具有较大的弹性；公开市场业务操作的时效性强，当中央银行发出购买或出售的意向时，交易立即可以执行，参加交易的金融机构的超额储备金相应发生变化；公开市场业务可以经常、连续地操作，必要时还可以逆向操作，由买入有价证券转为卖出有价证券，使该项政策工具不会对整个金融市场产生大的波动。

目前，越来越多国家的中央银行将公开市场业务作为其主要的货币政策工具。20世纪50年代以来，美国联邦储备委员会90%的货币吞吐是通过公开市场业务进行的。从20世纪80年代开始，许多发展中国家也将该业务作为货币政策工具。1998年以后，公开市场业务逐渐成为我国中央银行货币政策操作的主要工具。

（3）法定存款准备金率

存款准备金是限制金融机构信贷扩张和保证客户提取存款和资金清算需要而准备的资金。当中央银行提高法定存款准备金率时，商业银行可提供放款及创造信用的能力就下降。因为准备金提高，货币乘数就变小，从而降低了整个商业银行体系创造信用、扩大信用规模的能力，其结果是社会的银根偏紧，货币供应量减少，利息率提高，投资及社会支出都相应缩减。反之，亦然。

从理论上说变动法定存款准备金率是中央银行调节货币供给最简单的方法，然而，中央银行一般不愿意轻易使用变动法定存款准备金率的手段，这是因为商业银行向中央银行报告准备金和存款状况有一个时滞。变动法定存款准备金率一般要过一段时间才起作用，而且变动法定存款准备金率的作用十分强烈，一旦法定存款准备金率变动，所有银行的信用就会必然扩张或收缩，因此这一政策手段会谨慎使用。

货币政策除了以上三种主要工具外，还有一些其他工具，比如道义劝告就是其中之一。所谓道义劝告是指中央银行运用自己在金融体系中的特殊地位和威望，通过对银行及其他金融机构的劝告，影响其贷款和投资方向以达到控制信用的目的。

知识点滴

存款创造和货币供给

商业银行吸收的存款，有随时给客户提取的义务。尽管如此，很少会出现所有储户在同一时间里取走全部存款的现象。因此，银行可以把绝大部分存款用于从事贷款或购买短期债券等盈利活动，只需要留下一部分存款作为应付提款需要的准备金即可。

这种经常保留的供支付存款提取用的一定金额，称为存款准备金。在现代银行制度中，这种准备金在存款中应当占的最低比率是由政府（具体由中央银行）规定的。这一比率称为法定存款准备金率。按法定存款准备金率提留的准备金是法定准备金。法定准备金的一部分是银行库存现金，另一部分存放在中央银行的存款账户上。由于商业银行都想赚取尽可能多的利润，因此它们会把法定准备金以上的那部分存款当作超额准备金贷放出去或用于短期债券投资。正是这种可用较小比率的准备金来支持活期存款的能力，使得银行体系得以创造货币。

下面举例说明这一点。

假定法定存款准备金率为20%，银行客户会将其一切货币收入以活期存款形式存入银行。在这种情况下，甲客户将100万美元存入自己有账户的A银行，银行系统就因此增加了100万美元的存款。A银行按法定存款准备金率保留20万美元作为准备金存入中央银行，其余80万美元全部贷出，假定是借给一家公司用来向乙公司购买机器。乙公司得到这笔从A银行开来的支票后，又全部存入与自己有往来的B银行，B银行得到这80万美元支票存款后，留下16万美元作为准备金存入中央银行，然后贷出64万美元，得到这笔贷款的丙厂商又会把它存入与自己有业务往来的C银行，C银行留下其中12.8万美元作为准备金存入自己在中央银行的账户上，然后贷出51.2万美元。由此，不断存贷下去，称为存款创造过程，如表9-1所示。

表9-1　存款创造过程

单位：万美元

存款人 （1）	银行存款 （2）=（3）+（4）	银行存款 （3）=（2）×0.8	存款准备金 （4）=（2）×0.2
甲	100	80	20
乙	80	64	16
丙	64	51.2	12.8
…	…	…	…
合计	500	400	100

各银行的存款总额为：

$100+80+64+51.2+\cdots$

$=100\times(1+0.8+0.8^2+0.8^3+\cdots+0.8^{n-1}+\cdots)$

$=\dfrac{100}{1-0.8}=500$（万美元）

贷款总额为：

$80+64+51.2+\cdots$

$=100\times(0.8+0.8^2+0.8^3+\cdots+0.8^{n-1}+\cdots)=400$（万美元）

存款的初始增加会引起多倍的存款创造，是因为具备以下两个基本条件：部分准备金制度和部分现金提取。如果不具备这两个条件，就不具备存款创造。

第一是部分准备金制度。在这种制度下，当你在银行存入一笔现金或者支票之后，银行不必将这笔金额都放入保险柜中，或者存入中央银行，以等着你来提取；而只要保证一定的比例作为准备金就可以了，其余的可以贷出去，或者用来购买证券。正是在银行将存款者存款的一部分用于贷款或购买证券的过程中，新的存款被创造出来了。

第二是部分现金提取。假定法定存款准备金率为20%，这样银行在收到100万元的存款之后，可以把其中的80万元贷放出去。但是如果借款人在得到这笔贷款之后，立刻以现金的形式把它全部从银行取走，而且在贷款归还之后这笔现金始终在公众手中流通，而不被存进银行，这时候也不会有存款创造。因为收到100万元存款的那家银行，在它的80万元贷款被提走之后，就不再有多余的准备金来扩张贷款，从而也不能创造新的存款；同时这笔现金又未被存入别的银行，所以别的银行的资产和负债都保持不变。这样整个银行系统存贷款的增加都是一次性的，不存在多倍的存款创造。

——资料来源：高鸿业．西方经济学[M]．8版．北京：中国人民大学出版社，2021.

9.3.2 凯恩斯主义的货币政策

凯恩斯主义的货币政策，即中央银行通过改变货币供给量以影响利率，再通过利率影响总需求与国民收入的经济政策，它是需求管理中的一项重要内容。货币政策的中间变量是利率，即货币量的变动影响利率，利率又影响总需求与国民收入。

货币政策的这种机制是以人们的财富只有货币与债券这两种形式的假设为前提的。在这一假设之下，债券是货币的唯一替代物，人们在保存财富时只能在货币与债券之间作出选择。持有货币无风险，但也没有收益；持有债券有收益，但也有风险。人们在保存财富时总要使货币与债券之间保持一定比例。如果货币供给量增加，人们所持有的货币增加，原有的货币与债券的比例就被破坏。为了恢复原有的比例，人们就要以货币购买债券，从而债券的价格就会上升，反之，如果货币供给量减少，人们就要抛出债券以换取货币，债券的价格就会下降。

债券价格与债券收益成正比，与利率成反比。货币供给量增加，债券价格上升，利率下降；反之，货币供给量减少，债券价格下降，利率上升。利率的变动又会影响投资，进而影响总需求与国民收入。即利率下降，投资增加，总需求与国民收入增加；利率上升，投资减少，总需求与国民收入减少。因此，以货币供给量增加为例，货币政策的机制是：货币供应量增加—债券价格上升—利率下降—投资增加—总需求与国民收入增加。

凯恩斯主义货币政策是要通过对货币供给量的调整来调节利率，再通过利率的变动来影响总需求的货币政策。凯恩斯主义货币政策的机制就是：货币量—利率—总需求。在这种货币政策中，政策的直接目标是利率，利率的变动通过货币量调节来实现，所以调节货币量是手段。调节利率的目的是要调节总需求，所以总需求变动是政策的最终目标。

9.3.3 货币主义的货币政策

“货币主义”这一名称最早由美国经济学家卡尔·布朗纳于1968年提出。到20世纪70年代，西方经济学的重心就已转移到货币主义者的立场和方法上来了。芝加哥大学教授米尔顿·弗里德曼是货币主义的最主要代表人物。

货币主义的主要经济政策包括“单一规则”的货币政策、“收入指数化”的政策、提倡负所得税制、提倡浮动汇率制度等。

（1）“单一规则”的货币政策

根据名义国民收入理论，货币供应量是决定物价水平和通货膨胀率的关键。货币数量的变化不仅对长期名义收入变化起决定性作用，而且也是短期名义收入、实际收入和经济波动的主要因素。所以，合理控制货币的存量（供应量），把控制货币存量作为唯一的政策工具。以弗里德曼为代表的货币主义主张以货币增长作为政策目标，确定单一的货币增长规则。他们认为，经济波动主要是由货币供给的波动引起的，因此要保持经济稳定，货币供给应该始终按照一个既定的速度稳定增长，不应该因为宏观经济发生了波动而有所调整，这样才可以为私人经济提供一个稳定的货币环境，让市场机制更好地起作用。弗里德曼还建议，根据不同年份的经济增长情况，货币供给增长率可以在2%、4%或5%中选择。这些增长率是和经济增长率相当的，因此能够满足总产出增长引起的对货币需求的增加。

尽管在现实生活中实行“单一规则”的货币政策无法排除非货币因素及其他原因对经济的干扰和影响，难免产生温和的通货膨胀或通货紧缩，但是弗里德曼确信，在目前的知识水平上，这是我们能够向货币政策提出的最高要求。如果中央银行不去控制力所能及的货币数量，而是去控制没有能力控制的利息率，结果会在两方面都惨遭失败，导致通货膨胀和利息率同时增长。

由此可见，这种政策规则的缺陷是没有考虑到货币流通速度的变化。如果货币流通速度变化而货币供给稳定，经济中的货币量也会过多或者过少，这同样会带来经济波动。

（2）“收入指数化”的政策

收入指数化是现代货币主义者为减轻通货膨胀的副作用而提出的一项实行对工资、物价的冻结、管制政策的措施。该政策的核心是把工资、政府债券收益以及其他收入等同生活费用和消费品物价指数紧密联系起来，即对各种不同的收入实行“指数化”，使其按照物价指数的变动随时得到调整。弗里德曼认为，这样可以抵消物价波动对收入的影响，“消除”通货膨胀所带来的收入不平等现象，“剥夺”各级政府从通货膨胀中捞取的非法利益，从而杜绝搞通货膨胀的动机。

（3）提倡负所得税制

针对凯恩斯主义的“最低生活水平维持制度”，即对低收入者实行差额补助的政策，弗里德曼提出了负所得税政策。他认为，给低收入者发放差额补助金，不但不能刺激其劳动积极性，无助于提高社会经济效率，而且会增加政府开支、推动通货膨胀，但要完全取消对低收入者的补助也不现实。因此，他主张采取负所得税制。所谓“负所得税制”是指政府规定收入保障数额（最低收入标准），然后根据个人实际收入给予适当补助。负所得税的计算公式为：负所得税＝政府规定的最低收入标准-（实际收入×负所得税率）。个人可支配收入＝个人实际收入+负所得税。

假定政府规定的最低生活标准（月收入保障数额）为1 500美元，负所得税率为50%，那么个人实际收入为1 000美元、1 500美元、2 000美元和3 000美元时，通过补助可以使他们的个人可支配收入分别为2 000美元、2 250美元、2 500美元和3 000美元。弗里德曼认为，按这种负所得税制发放补助，既能使低收入者维持最低生活水平，又能在一定程度上克服依赖政府补助金生存的懒汉思想，提高经济效率。

（4）提倡浮动汇率制

按照弗里德曼的通货膨胀理论，在开放型经济中，固定汇率制必然使通货膨胀通过国际贸易和国际资本的流动而传递到各国。这样，即使一国的货币增长率是稳定而适度的，其他国家货币供给过度增长所引起的通货膨胀也会把前者拖入通货膨胀之中，造成世界经济的不稳定。

于是，货币主义者提出，浮动汇率制可以缓解世界通货膨胀对各国经济的冲击，在相当程度上避免固定汇率制所带来的弊端。这是因为浮动汇率制可以自动调节一国的进出口以及资本流出、流入量，从而减轻世界通货膨胀压力以及对本国经济的影响。因此，浮动汇率制是一种自动调节机制。只有浮动汇率制才能既保证平衡、有效的国际贸易扩张而又不妨碍重要的国内目标。

任务 9.4　宏观经济政策的协调与局限

9.4.1　财政政策与货币政策的协调

国家调节手段是实现国民经济和社会发展总体目标的必要条件和措施，主要包括财政政策、货币政策、价格政策、收入分配政策、产业政策等若干个政策构成政策系统主体的经济政策。财政政策与货币政策的运用是互为条件和相互补充的。一是两者的政策目标一致，即防止通货膨胀、促进经济增长、充分就业和保持国际收支平衡；二是政策的实现手段具有交叉性，财政政策能否顺利实施并取得成效与货币政策的配合密不可分，反之亦然。但两者各有特点，财政政策更具控制性和时滞性，而货币政策更具灵活性。财政政策和货币政策的协调，不只是体现在不同政策手段的搭配上，而且还表现在对两种政策相衔接问题的处理上，主要有以下三种模式。

一是扩张性的财政政策和扩张性的货币政策，即“双松”政策。当经济处在萧条时，扩张性财政政策和扩张性货币政策能更有力扩张经济。一方面通过减少税收或扩大支出规模等扩张性财政政策来增加社会总需求，增加国民收入，但同时会引起利率水平提高；另一方面通过降低法定准备金率、降低再贴现率、买进政府债券等扩张性货币政策促使商业银行扩大信贷规模，增加货币供给，抑制利率的上升，以消除或减少扩张性财政政策的挤出效应，使总需求增加，其结果是在利率不变的条件下，刺激了经济，并通过投资乘数的作用使国民收入和就业机会增加。通过两种政策的协调，可以尽量消除经济衰退和失业，比单独运用财政政策或货币政策更有缓和衰退、刺激经济的作用。但要得到更好的政策效应，双扩张政策必须满足企业设备闲置、劳动力没有实现充分就业、大量资源有待开发、市场疲软等条件。

二是紧缩性的财政政策和紧缩性的货币政策，即“双紧”政策。当经济过度繁荣，通货膨胀严重时，可以把紧缩性财政政策和紧缩性货币政策配合使用。即是通过增加税收和减少政府支出规模等紧缩性财政政策压缩总需求，从需求方面抑制通货膨胀，而利用提高法定存款准备金率等紧缩性货币政策减少商业银行的准备金，使利率提高，投资下降，货币供给量减少，有利于抑制通货膨胀。同时，由于紧缩性财政政策在抑制总需求的同时会使利率下降，而通过紧缩性货币政策使利率上升，从而不使利率的下降起到刺激总需求的作用，其结果可在利率不变的情况下，抑制经济过度繁荣，使总需求和总产出下降。但这种政策如果长期使用会导致经济衰退，增加失业。在使用时必须满足需求膨胀、物价迅速上涨、经济秩序混乱等条件。

三是“一紧一松”的搭配政策。第一种形式是扩张性财政政策和紧缩性货币政策搭配。这种政策组合的结果是利率上升，总产出的变化不确定。具体来说，这种模式在刺激总需求的同时又能抑制通货膨胀。扩张性的财政政策通过减税、增加支出，有助于克服总需求不足和经济萧条，而紧缩性的货币政策会减少货币供给量，进而抑制由于宽松的财政政策引起的通货膨胀的压力。

第二种形式是紧缩性的财政政策和扩张性的货币政策搭配。同扩张性的财政政策和紧缩性的货币政策相反，其主要作用是在财力不足和储蓄率高且市场疲软时，可以刺激经济增长，减少财政赤字。这种政策组合的结果是利率下降，总产出的变化不确定。一方面，通过增加税收，控制支出规模，压缩社会总需求，抑制通货膨胀；另一方面，采取宽松的货币政策增加货币供应，以保持经济适度增长。

不同组合方式所起的效应，如表9-2所示。

表9-2　财政政策和货币政策混合使用的效应

序号	政策混合	产出	利率
1	扩张性财政政策和扩张性货币政策	增加	不确定
2	紧缩性财政政策和紧缩性货币政策	减少	不确定
3	扩张性财政政策和紧缩性货币政策	不确定	上升
4	紧缩性财政政策和扩张性货币政策	不确定	下降

9.4.2　宏观经济政策的局限性

财政政策和货币政策的实施具有局限性，因为在实际经济中存在着各种各样的限制因素，影响着政策作用的发挥。

信息缺口和信息失真对宏观决策的约束。任何宏观决策都需要决策者以掌握一定量的信息为前提，且一般情况下，信息越充分、真实，宏观决策的正确性就越高。现实中，即使是以足够多的专家组成的政府，也不可能清楚知道每个社会成员需要什么、需要多少，即决策者不可能掌握完全的信息，需要的信息量与掌握的信息量之间总会存在一个或大或小的缺口，这个缺口会影响决策的正确性。政府必须预测总需求水平，通过财政政策的作用，达到预定目标究竟需要多长时间，而在这一段时间内，总需求特别是投资可能会发生变化，这就可能导致决策失误。另一方面，由于技术和体制原因，获得的信息并不总是真实的，总会由于有意或无意加工，使得信息出现失真，而这些失真的信息一旦进入宏观决策的信息系统，宏观决策出现失误的情况也就在所难免。

不同利益群体对宏观政策的干扰。宏观经济管理的过程，实质上是利益重新分配的过程。任何一项宏观政策都会对不同的社会利益群体产生不同的影响。为了维护自身的利益，不同阶层、地区和部门等利益群体都会尽各自可能的方式、力量去影响宏观决策朝有利于自身的方向发展。因而，任何一项宏观政策都是不同利益群体政策影响力博弈的结果，这种结果一定是更有利于政策影响力最大的利益群体，却不一定是完全公正、合理的。

政策的“时滞性”影响宏观管理的效果。从经济出现问题，到决策者制定出相关政策，并付诸实施这中间会存在一定的时间间隔，这种间隔就是内部时滞；从政策实施到政策发生作用之间，或短或长也会存在一个时间差，这个时间差就是外部时滞。无论是内部时滞或是外部时滞，都会让宏观政策错过最佳的作用点，或使得问题加重，或影响宏观政策的效果，甚至起到与预期相反的结果。消除“时滞性”，主要的是要求政府正确地看待、分析当前的经济指标与深层次原因，预测可能的走向，制定具有前瞻性的决策。而实践中预测结果往往具有不确定性，决定了宏观政策效果的不确定性。

决策者偏好对宏观决策的影响。基于宏观决策所需的知识、能力以及效率因素，一般情况下，宏观决策不会采取一人一票制决策，而采取“少数人集中决策”的方式。无论采取哪一种方式，都是由“人”决策宏观经济，由“人”管理宏观经济。既然是人，那么由于知识结构、价值判断标准的不同，决策者——人的政策偏好也就会有所差异，这种差异跟随人渗透进决策过程，必然会导致决策出现偏差。

经济主体的“合理预期”行为对宏观政策产生阻抗作用。在市场经济条件下，经济活动的主体都是有理性的“经济人”，“经济人”有趋利避害的本能，他们会精心研究和分析政府政策的动态和政策变化的规律性，形成理性预期并采取他认为正确的防范措施或对策，以实现更大的利益或避免可能的损失，所谓“上有政策，下有对策”就是这个道理。无疑经济人的这种“合理预期”会使得政府宏观管理的效果大打折扣甚至失败。

了解政府宏观经济管理具有的局限性，并不是否定政府加强宏观经济管理，而是要努力避免或减少政策管理的失效，真正使市场在资源配置中起决定性作用和更好地发挥政府作用。

小结

宏观经济政策的目标有四个方面：充分就业、价格稳定、经济持续增长和国际收支平衡，宏观经济政策就是为了达到这些目标而制定的手段和措施。宏观经济政策可分为需求管理政策和供给管理政策，包括财政政策和货币政策。

财政政策是指为促进就业水平提高，减轻经济波动，防止通货膨胀，实现稳定增长而对政府财政支出、税收和借债水平所进行的政策调节，或对政府财政收入和支出水平所作的决策。货币政策是指一国货币当局运用各种工具，通过货币供应量和利率等中介目标影响宏观经济运行，以实现宏观经济目标的政策和措施的总称。

为了减少宏观政策调节中可能产生的矛盾，达到预期目标，必须采取不同的政策配合和搭配模式。因为在实际经济中存在着各种各样的限制因素，宏观经济政策的实施具有局限性，影响着政策作用的发挥。

练习与实训

一、选择题

1. 宏观经济政策的目标有（　　）。

A. 充分就业和物价稳定　　B. 经济增长

C. 国际收支平衡　　D. 以上都对

2. 下面哪项不属于财政政策的自动稳定器？（　　）

A. 再分配效应　　B. 税收　　C. 政府转移支付　　D. 储蓄自行变化

3. 中央银行在公开市场上买卖有价证券的目的之一是（　　）。

A. 调节货币需求量　　B. 调节货币供应量

C. 调节债券价格　　D. 调节利率

4. "自动稳定器"的作用效果是有限的，因为（　　）。

A. 在经济衰退时内在稳定器会导致财政盈余出现

B. 在通货膨胀时转移支付和补贴会增加，在经济衰退时会减少

C. 其抵消经济波动的功能非常有限

D. 无论处于经济周期的任何阶段都会使价格水平上升

5. 通常认为，紧缩货币的政策是（　　）。

A. 提高贴现率　　B. 增加货币供给

C. 降低法定准备金率　　D. 中央银行买入政府债券

6. 紧缩性货币政策的运用会导致（　　）。

A. 减少货币供给量，降低利率　　B. 增加货币供给量，提高利率

C. 减少货币供给量，提高利率　　D. 增加货币供给量，降低利率

7. 按照凯恩斯货币理论，货币供给增加将（　　）。

A. 降低利率，从而减少投资　　B. 降低利率，从而增加投资

C. 提高利率，从而减少投资　　D. 提高利率，从而增加投资

8. 扩张性财政政策之命名是因为它（　　）。

A. 包含了国家货币供给扩张的内容　　B. 必然使政府支出规模扩大

C. 目的在于使物价更稳定　　D. 是设计用于扩大实际GDP的

9. 属于紧缩性财政工具的是（　　）。

A. 减少政府支出和减少税收　　B. 减少政府支出和增加税收

C. 增加政府支出和减少税收　　D. 增加政府支出和增加税收

10. 中央银行提高再贴现率会导致（　　）。

A. 货币供给量的增加和利率的提高　　B. 货币供给量的减少和利率的降低

C. 货币供给量的增加和利率的降低　　D. 货币供给量的减少和利率的提高

11. 当法定存款准备金率为20%，商业银行最初所吸收的存款为3 000货币单位时，银

行所能创造的货币总量为（　　）。

A. 30 000货币单位　　B. 10 000货币单位

C. 15 000货币单位　　D. 20 000货币单位

12. 公开市场业务是指（　　）。

A. 商业银行的信贷活动

B. 中央银行增加或减少对商业银行的贷款

C. 中央银行在金融市场进行有价证券的买卖

D. 商业银行在金融市场进行有价证券的买卖

13. 政府实行赤字财政是通过（　　）来进行的。

A. 政府支出　　B. 政府税收　　C. 发行公债　　D. 发行股票

14. 以下哪项不能增加政府财政收入?（　　）

A. 税收　　B. 公债　　C. 行政性收费　　D. 转移支付

15. 关于挤出效应，以下表述正确的是（　　）。

A. 是指私人投资把政府支出挤出市场

B. 是指政府提供公共产品把私人投资挤出市场

C. 是指企业发行债券，使市场利率上升，政府支出相应下降

D. 是指政府发行债券，使市场利率上升，私人投资和支出相应下降

二、实训实践

1. 资料分析：搜集最新资料进行分析，加深对“以国内大循环为主体、国内国际双循环相互促进”新发展格局的理解。

2. 小组讨论：面对当前的经济复苏现状，我国采取了哪些针对性的财政政策和货币政策。

3. 小组讨论并回答以下问题。

（1）扩张财政对萧条经济会产生怎样的影响?

（2）需求侧管理和供给侧结构性改革有什么联系和区别?

（3）宏观经济政策的主要目标是什么？为达到这些目标可采用的政策工具有哪些?

项目10

失业与通货膨胀

学习目标

知识目标

理解失业的类型和带来的影响；理解通货膨胀的成因、社会成本与奥肯定律的内容；重点掌握失业与通货膨胀的关系——菲利普斯曲线。

能力目标

能运用菲利普斯曲线分析现实中失业与通货膨胀的问题。

素质目标

准确理解失业的类型及影响，正确对待失业问题；准确把握失业与通货膨胀的关系，认识到改革是社会主义制度的自我完善和发展，理解“就业优先，筑牢民生之本”体现出来的新发展理念；结合当前高校毕业生“就业难”的实际情况，增强忧患意识，认清复杂就业形势，提高自己的综合素质和能力。

思维导图

- 项目10 失业与通货膨胀
  - 任务10.1 失业的类型及影响
    - 失业的类型
    - 失业的影响
    - 奥肯定律
  - 任务10.2 通货膨胀的成因与成本
    - 通货膨胀的衡量
    - 通货膨胀的成因
    - 通货膨胀的社会成本
  - 任务10.3 失业与通货膨胀的关系：菲利普斯曲线
    - 菲利普斯曲线的相关概念
    - 失业与通货膨胀的关系

开篇案例

新形势下高校毕业生“就业难”问题

就业为民生之本，做好高校毕业生就业工作具有十分重大的意义，高校毕业生就业工作成效直接关系个人的成长、家庭的幸福和经济社会的稳定发展。随着大学教育的普及化，每年毕业的大学生数量逐年增加，大学生就业难问题逐渐凸显，特别在当前经济增速放缓的情况下，解决大学生就业难问题变得尤其迫切和重要。

从整体就业环境来看，2020年高校毕业生人数874万，2021年高校毕业生人数909万，2022年高校毕业生人数1 076万，2022年高校毕业生总规模首次突破千万，规模和增量均为历史之最。与此同时，受整体经济形势大环境影响，岗位需求并没有相应的增长，高校毕业生整体就业压力增大，就业供求矛盾突出。

随着我国经济转型升级，国家和社会转向高质量发展，新业态不断涌现，对创新和高端人才渴求不断增大，但很多高校毕业生能力难以满足用人要求。同时，随着国家和经济社会发展，广大中小企业、乡村、基层对人才的需求旺盛，但很多高校毕业生不愿意去基层或艰苦环境就业。由此出现了一边用人单位“用工荒”，一边高校毕业生“就业难”的结构性矛盾。

——资料来源：新形势下高校毕业生就业难问题的原因分析与对策建议[J]. 人才资源开发，2022（09）：54-56.

启发思考

1. 案例中，导致高校毕业生“就业难”问题的主要原因有哪些？
2. 分别从个人、学校、社会角度讨论应如何解决高校毕业生“就业难”问题。
3. 作为大学生的我们，应以什么样的态度面对“就业难”问题？

在宏观经济的运行过程中，失业问题和通货膨胀问题都是一国政府非常关注的宏观经济问题，它们都是伴随着收入的变动而出现的，与总供给和总需求有关。在经济复苏和扩张时，失业减少，价格上涨；在经济收缩和萧条时，失业增加，价格一般会下降。

任务 10.1　失业的类型及影响

大多数人依靠自己的劳动收入维持基本生活，并从中获得个人成就感。失去工作意味着现期生活水平的降低、产生对未来的担忧以及自尊心受到伤害。在宏观经济学上，失业是指处于法定劳动年龄阶段、具有劳动能力且有工作意愿的劳动者找不到工作岗位的经济现象。

一国生活水平较明显的决定因素是它正常情况下所存在的失业人数。虽然某种程度的失业在各个国家是不可避免的，但在不同时期和不同国家，失业人数差别很大。当一国使其工人尽可能充分就业时，它所达到的GDP水平高于许多工人赋闲在家时的状况。

10.1.1　失业的类型

从宏观经济学的角度来看，失业可以划分为摩擦性失业、结构性失业和周期性失业。

（1）摩擦性失业

摩擦性失业是指在生产过程中由于难以避免的摩擦造成的短期、局部性失业，如劳动力流动性不足、工种转换的困难所引致的失业。在现实中，工人具有不同的偏好与能力，工作也有不同的属性，而且求职者与空缺职位的信息流动是不完全对称的，工人在不同地区间的流动也不是即时可以实现的。由于这些原因，找一份合适的工作需要时间和努力，这往往会降低入职率。

一般来说，摩擦性失业是难以避免的，因为经济总是处于变动中。在现实生活中，企业和家庭需要的产品类型在不断变化。随着消费者对产品需求的变动，不同企业间的劳动力需求也在改变。例如，当消费者对新能源汽车的偏好大于燃油汽车时，新能源汽车公司就会增加就业，而燃油汽车公司则会裁减工人。同样，由于一国的不同地区生产不同产品，当一个地区的就业增加时，另一个地区的就业可能减少。各行业或各地区之间的需求构成变动称为部门转移。由于部门转移总在发生，且工人更换部门需要时间，因此，摩擦性失业不可避免。

在劳动力市场上，企业想要找到能够胜任特定工作且接受合理工资安排的员工，而工人想要得到自己满意的高薪工作，两者的目标并不匹配。因此，那些自愿或者被迫离开工作岗位的工人在找到新工作之前，都会经历一段失业的时间。

（2）结构性失业

结构性失业是由于劳动力的结构适应不了经济结构的演变和产业结构的发展，进而导致劳动力的供给与需求不匹配所造成的失业，其特点是存在失业的同时也存在劳动力供给不足。在劳动力市场的具体表现就是一部分工人在找不到工作的同时，却存在着企业招不到员工的现象。失业者或者没有该职位所需要的技能，或者工作地点不匹配，因此无法满足企业的需求。

（3）周期性失业

周期性失业，指在经济周期中的衰退或萧条阶段时，由于需求下降而造成的失业，这种失业是由整个经济的支出和产出水平下降而引起的。当经济中总需求的减少降低了总产出时，会引起整个经济体系较普遍的失业。这种失业与经济周期性波动是一致的，在经济繁荣时周期性失业率下降，经济萧条时周期性失业率上升。在复苏和繁荣阶段，各厂商争先扩充生产，就业人数普遍增加。在衰退和谷底阶段，由于社会需求不足，前景黯淡，各厂商又纷纷压缩生产，裁减雇员，形成大量失业。

周期性失业的原因主要是整体经济水平的衰退，由于它是不可避免的，因而周期性失业也是人们最不想看见的。20世纪30年代经济大萧条时期的失业就完全属于周期性失业。与结构性失业、摩擦性失业等失业状况不同，周期性失业的失业人口众多且分布广泛，是经济发展最严峻的局面，需要较长时间才能有所恢复。

思政园地

党的二十大报告：就业是最基本的民生

党的二十大报告提出"就业是最基本的民生。"这一新理念同十八大提出的"就业是民生之本"，十九大提出的"就业是最大的民生"是一脉相承和延续发展的。就业从"民生之本""最大的民生"成为"最基本的民生"，从重要性理念性概念变为执行力融合力落实落地，"最基本的民生"保证了其重要性不仅得到延续，在执行和融合层面更是得到进一步强化，是把就业政策落实落地的一个重要举措。二十大报告全文出现了19次"就业"，可进一步看出强化就业优先的重要性。

就业是最基本的民生这一理念深刻而精辟地指出了就业对于民生的极端重要性。就业是人民最关心最直接最现实的利益问题，涉及人民群众获得感、幸福感、安全感，关乎人民对美好生活的向往。劳动者就业、参加社会劳动是创造财富的源泉、是收入分配和社会保障的基础，是使劳动者通过勤奋劳动实现自身发展的机会，也是实现共同富裕的基本途径。所以就业不仅是重大的经济问题，也是重大的政治问题。

因为就业是实现人生存和发展的根本途径，是人生存的前提，是融入社会的必要手段，是实现经济社会和人全面发展的基本条件。就业也是实现人基本权利的根本保证，不仅为每个人的生存发展和精神提升提供了保障和空间，也为实现人的经济、政治、社会和文化权利提供了支撑，是最基本的人权。促进就业还是安国之策，解决好亿万劳动者的就业问题，可使得一个国家、一个社会实现人民安居乐业，社会和谐稳定，国家健康发展；反之将导致失业骤增，经济停滞，引发社会动荡。

——资料来源：莫荣. 就业是最基本的民生——学习二十大报告体会[J]. 中国就业，2023（02）：14-15.

启发思考

根据以上内容，总结就业对于民生重要性体现在哪些方面？

10.1.2 失业的影响

失业是市场经济的一种正常经济现象，它会给经济、社会以及个人带来多方面不利的影响。

失业影响经济发展。一方面，从国家的角度来看，当失业增加时，政府的税收亦会减少，将导致财政赤字增加。同时，失业人口增加还将增加政府的社会救助和失业保险等支出，加重财政负担，进一步影响国家经济的稳定。另一方面，失业也影响了一国的产出。失业人口增加会导致劳动力市场供给过剩，从而减少就业机会，进而影响整体经济增长速度。这点可以用机会成本加以衡量。当失业率上升时，经济中本来由失业者生产出来的产品和服务的价值难以实现。从产出核算的角度看，失业者的收入总损失等于生产的损失，因此，损失的产量是计量周期性失业损失的主要尺度，因为它表明经济处于非充分就业状态。此外，失业率的不断上升也会影响整个社会的信心，对投资和消费带来不利影响。由于失业人口无法获得稳定的收入，消费能力下降，将对商品和服务的需求造成负面影响，导致整个消费市场不景气。

失业影响社会稳定。失业人口增加将导致社会不稳定，可能引发社会不满情绪、抗议和社会动荡，进而威胁社会的安全与和谐。同时，由于生活困难和经济压力，失业人口易受犯罪诱因的影响，犯罪率上升，社会治安问题加剧。此外，失业人口的心理压力和经济困难可能导致健康问题的加重，增加社会卫生资源的负担，进一步影响社会福利和人民的生活质量。

失业问题对个人造成的影响也是十分严重的。一是失业影响家庭收入。失业人口无法稳定获得收入，导致经济困境，生活质量下降，可能导致贫困、债务问题和家庭破裂。二是失业影响个人的身心健康。长期失业可能使个人的自尊心受到打击，自信心下降，对未来感到绝望，进而影响身心健康和社交关系。三是失业影响个人发展。由于经济困难，失业人口的子女可能无法获得良好的教育机会，进一步限制了他们的发展前景和社会流动性。

经济观察

我国近年来的失业率

年轻人作为国家的未来和希望，他们的就业问题一直备受关注。然而，随着时代的变迁和社会经济的发展，年轻人面临着越来越多的就业困境。最近网友热议的“孔乙己脱不下的长衫”，其实就是在说明当代年轻人如今的就业现象：在客观就业环境不理想的情况下，许多高学历人才并没有办法找到理想的工作，却又困于高学历而不愿屈从，导致高不成低不就找不到方向。值得我们思考的是“长衫”到底该不该“脱”？如图10-1所示为2018—2023年青年失业率。

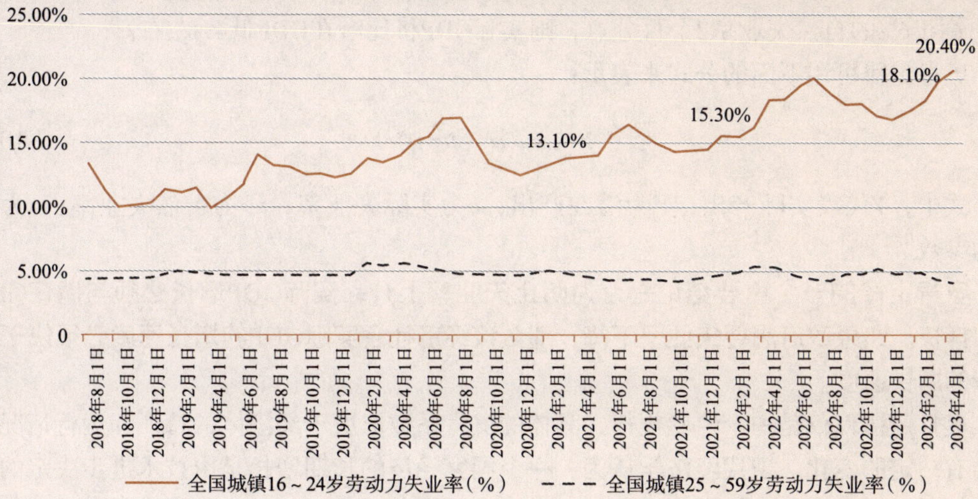

图10-1　2018—2023年青年失业率（%）

资料来源：中国统计年鉴，作者绘制。

学历的价值，只有在创造性的实践活动中，充分发掘自身潜力的情况下才能得以体现。孔乙己之所以陷入生活的困境，不是因为读过书，而是放不下读书人的架子，不愿意靠劳动改变自身的处境。长衫是衣服，更是心头枷锁。但是，读书获取学历，可以丰富我们的灵魂，提升我们的能力，扩充我们的格局，让我们以书本知识为起点，看到更广阔的世界，而不是把人分为三六九等，给自己设置条条框框，让学历成为束缚手脚的“长衫”。总之，职业规划的核心是回归到自己真正感兴趣和适合的方向上，问自己想要成为什么样的人，要把价值扎根在什么地方。

启发思考

1. 国家整体失业率维稳的大环境下，为什么年轻人失业率持续走高？
2. 请对上述现象提出具有针对性的建议？

10.1.3　奥肯定律

失业意味着生产要素的非充分利用，失业率的上升会伴随着实际GDP的下降，描述失

业率与GDP之间关系的经验规律称为奥肯定律。

奥肯定律由美国经济学家阿瑟·奥肯于1962年提出，用来描述失业率和实际GDP之间的交替关系。**奥肯定律指出：失业率每高于自然失业率1个百分点，实际GDP将低于潜在GDP 2个百分点。**根据奥肯定律，可以通过失业率的变动推测或估计GDP的变动，也可以通过GDP的变动预测失业率的变动。例如，假定自然失业率为6%，如果实际失业率为8%，高于6%的自然失业率2个百分点，则实际GDP将比潜在GDP低4%左右。

奥肯定律可用下面的公式来表示：

$$\frac{Y-Y_f}{Y_f}=-\alpha\left(u-u^*\right) \qquad (10\text{-}1)$$

式中，Y代表实际产出；Y_f为潜在产出；u为实际失业率；u^*为自然失业率；α为大于零的参数。

奥肯定律的一个重要结论是：为防止失业率上升，实际GDP增长必须与潜在GDP增长同样快。如果政府想要失业率下降，那么该经济社会实际GDP的增长速度必须快于潜在GDP的增长速度。

奥肯定律仅仅是一个经验规律，具体的奥肯系数取决于经济体的特征和运行情况，可能会有一定的变化。现代经济学认为，一个国家经济的长期增长是由技术进步决定的，与失业率的长期趋势无关。相反，一个国家经济的短期增长则与其劳动力投入量密切相关，此时，奥肯定律在预测失业率和实际国内生产总值之间的变动趋势方面是一个非常有用的分析工具。

知识点滴

自然失业率

自然失业率指充分就业下的失业率，是失业率围绕其波动的平均水平，也就是在没有货币因素干扰的情况下，让劳动力市场和商品市场的自发供求力量起作用时，总需求与总供给处于均衡状态下的失业率。从整个经济来看，任何时候都会有一些正在寻找工作的人，经济学家把在这种情况下的失业率称为自然失业率，所以，经济学家有时又把自然失业率称为“充分就业状态下的失业率”或“无加速通货膨胀下的失业率”。

自然失业率水平及其变化，可以作为中国宏观调控政策的重要参考依据，其意义主要体现在以下两个方面：首先，通过估算自然失业率，可以更明晰地掌握劳动力市场、价格水平和经济增长等重要宏观经济变量之间的关联关系，为宏观经济调控提供更多的参考依据；其次，确定了自然失业率水平，也就明确了调查失业率中自然失业和周期失业的数量关系，有助于决策者理解失业的性质和构成，抓住就业主要矛盾，并根据失业构成的变化确定积极就业政策的方向、力度和手段。

例如，2022年第一季度，中国的周期性失业人数明显增加，依靠以往治理结构性失业的手段，难以解决这一部分新增失业人员的就业问题。宏观经济政策要瞄准周期性失业，加大总量刺激政策的应用力度，有效减少需求缺口导致的失业。2022年第一季度的情形也表明，自然失业率等劳动力市场指标，也应在长期成为中国货币政策和财政政策重要的瞄准目标。《"十四五"规划纲要》和党的二十大报告以及近年的《政府工作报告》都不断强调"实施就业优先战略"。基于现有条件估计自然失业率及对应的周期性失业率，论证其在宏观政策调控中的作用，无疑有助于就业优先战略落到实地。

——资料来源：都阳，张翕. 中国自然失业率及其在调控政策中的应用[J]. 数量经济技术经济研究，2022，39（12）：26-45.

启发思考

1. 思考自然失业率即"充分就业状态下的失业率"的影响因素有哪些？
2. 查阅相关资料了解中国自然失业率的估计与应用。

任务 10.2　通货膨胀的成因与成本

10.2.1　通货膨胀的衡量

当一个经济中的大多数商品和劳务的价格连续在一段时间内普遍上涨时，宏观经济学就称这个经济经历着通货膨胀。如果仅有一种或几种商品的价格上升，或是价格的偶尔上升，都不是通货膨胀。通货膨胀强调的是大多数商品和劳务的价格持续上升。

可以先通过股票市场的情况来理解。我们知道，在开市期间，股票市场中每时每刻都在进行股票交易。在同一时间内，有些股票价格上涨，有些股票价格下跌，且各种股票的涨跌幅度也不同。因此，在股票市场中，单用某一种股票价格的变化来描述整个股票市场的价格变动情况是不合理的。基于此，人们提出了股票价格指数的概念。股票价格指数是股票市场上各种股票价格的一种平均数，利用股票价格指数及其变化，人们就可以衡量和描述整个股票市场的变化情况。

与股票市场的情况相类似，**宏观经济学用价格指数来描述整个经济中的各种产品和劳务价格的总体平均数。**宏观经济学中常涉及的价格指数主要有GDP折算指数、消费价格指数（CPI）和生产者价格指数（PPI），其中GDP折算指数也被称作国内生产总值折算指数，是指名义GDP与实际GDP的比值。就中国而言，GDP折算指数一般涉及了国内全部的商品以及服务，可以作为一个更加准确的指数来反映中国国内价格的整体走向。消费价格指数（CPI）指不同时期为购买一篮子商品所支付的成本的价格指数。这一篮子商品通常包括食品、衣服、住房、燃油、交通运输、教育文化、医疗保健及其他日常生活所必需的商品和服务。而生产者价格指数（PPI）作为衡量生产原材料和中间投入品等价格平均水平的价格指数是对给定的一组商品的成本的度量。与CPI的不同之处在于，它包括原材料和中间产品。

通货膨胀的程度通常用**通货膨胀率**来衡量。**通货膨胀率表示为从一个时期到另一个时期价格水平变动的百分比。**用公式表示为：

$$\pi_t = \frac{P_t - P_{t-1}}{P_{t-1}} \times 100\% \qquad (10\text{-}2)$$

式中，π_t为t时期的通货膨胀率，P_t和P_{t-1}分别为t时期和$t-1$时期的价格水平。

10.2.2　通货膨胀的成因

在西方经济学中，对通货膨胀原因的解释多种多样，可分为三个方面：第一方面是从需求和供给的角度来解释，包括需求拉动型通货膨胀和成本推动型通货膨胀；第二方面是从经济结构因素变动的角度说明通货膨胀的原因，即结构型通货膨胀；第三方面是从货币的供给角度进行解释。

（1）需求拉动型通货膨胀

需求拉动型通货膨胀，是指总需求超过总供给所引起的一般价格水平的持续显著的上涨。供给表现为市场上的商品和服务，需求表现为用于购买和支付的货币，因此这种通货膨胀又称为**“过多的货币追求过少的商品”。**

图10-2常被用来解释需求拉动的通货膨胀。在图10-2中，横轴y表示总产量（国民收入），纵轴P代表一般物价水平。AD为总需求曲线，AS为总供给曲线。总供给曲线AS在产量从0到y_1区间，为水平状。这表明，当总产量较低时，总需求的增加不会引起价格水平的上涨。总需求曲线AD_1与总供给曲线AS的交点E_1决定的价格水平为P_1，总产量水平为y_1。当总产量水平达到y_1以后，继续增加总需求，由于劳动、原料、生产设备等的不足会使生产成本提高，从而引起价格水平的上涨。

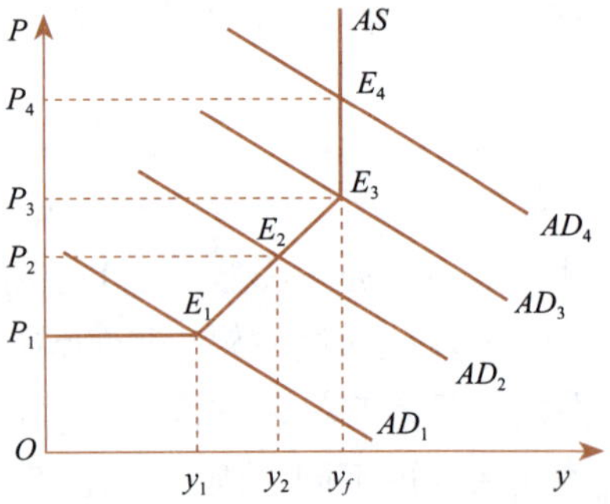

图10-2　需求拉动型通货膨胀

总需求曲线AD继续提高时，总供给曲线AS便开始逐渐向右上方倾斜，价格水平逐渐上涨。总需求曲线AD_2与总供给曲线AS的交点决定的价格水平为P_2，总产量水平为y_2。总需求曲线AD_3与总供给曲线AS的交点决定的价格水平为P_3，总产量水平为y_f。此时达到充分就业，整个社会的经济资源全部得到充分利用。此时，如果总需求继续增加，总供给将不再增加，AS曲线呈垂直状，总需求的增加只会引起价格的上涨。如图10-2中的总需求曲线从AD_3提高到AD_4时，它与总供给曲线的交点所决定的总产量水平并没有增加，仍然为y_f，但价格水平却从P_3上升到P_4，这就是需求拉动的通货膨胀。西方经济学家认为，不论总需求的过度增长是来自消费需求、投资需求，还是来自政府需求、国外需求，都会导致需求拉动的通货膨胀。

（2）成本推动型通货膨胀

成本推动型通货膨胀是从供给方面来解释通货膨胀成因的，是指在没有超额需求的情况下，由于供给方面成本的提高所引起的一般价格水平持续和显著的上涨。生产成本的增加可能来自不同的方面，劳动、原材料、设备等成本的提升都有可能。具体而言，把推动通货膨胀的成本因素归结为工资和利润两个方面，所以，成本推动型通货膨胀主要分为两种类型。

①工资推动型通货膨胀。它以不完全竞争的劳动力市场为假设前提，认为过高的工资将导致一般价格水平上涨。在完全竞争的劳动市场上，工资率完全取决于劳动的供求，工资的提高不会导致通货膨胀；在不完全竞争的劳动力市场上，由于强大的工会组织，工资不再是由劳动力市场供求状况决定，而是工会和雇主集体议价的结果。由工会和雇主集体议定时，这种工资则会高于竞争的工资。面对高工资，企业就会因人力成本的加大而提高产品价格，以维持盈利水平。**即如果工资的增长率超过了生产的增长率，工资的提高会导致成本提高，从而导致一般价格水平上涨，这就是工资推动型的通货膨胀。**工资提高引起物价上涨，价格上涨又引起工资的提高，在西方经济学中将此称为工资—价格螺旋上升。

②利润推动型通货膨胀。利润推动型通货膨胀的前提条件是存在着不完全竞争的产品市场，是指垄断企业和寡头企业为谋求过高利润所导致的一般价格总水平的上涨。在一些自然垄断的行业，这些寡头企业往往拥有控制市场价格的能力，它们为追逐更多的利润，以超过生产成本上升的幅度来提高产品价格，致使价格上涨的速度超过成本增长的速度，进而导致总体物价水平的上升。如在煤气、电力、电话、铁路、通信等公用事业领域，卖方有可能操纵价格，以赚取垄断利润，这就会增大一般部门的成本开支。不少发达工业国家的价格政策，就包括制定反托拉斯法以限制垄断高价的基本内容。

图10-3可以用来说明在总需求曲线不变情况下的成本推动型通货膨胀。在图10-3中，总需求是既定的，不发生变动，变动只出现在总供给方面。当总供给曲线为AS_1时，与总需求曲线AD的交点E_1决定的价格水平为P_1，产出水平为y_1。当总供给曲线由于成本提高而移动到AS_2时，与总需求曲线AD的交点E_2决定的价格水平为P_2，产出水平为y_2。这时，总产量下降，而价格水平上升了。当总

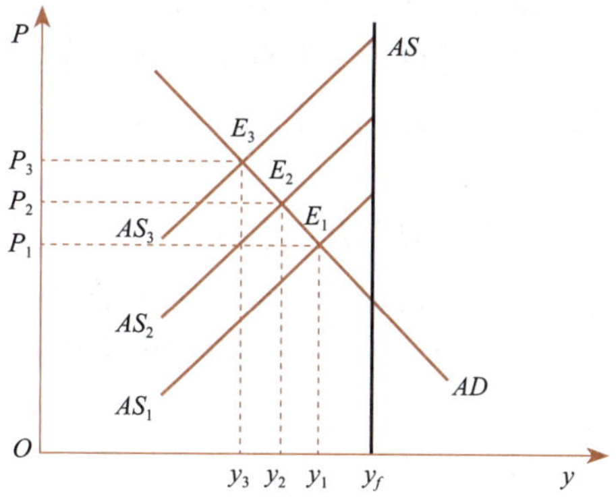

图10-3　成本推动型通货膨胀

供给曲线由于成本进一步提高而移动到AS_3时，与总需求曲线AD的交点E_3决定的价格水平为P_3，产出水平为y_3。这时总产量进一步下降，而价格水平进一步上升。成本上涨属于供给方面的冲击，此时不仅价格上涨，而且产量和就业还在减少，这种情况被称为滞胀。**即在总需求曲线不发生移动的条件下，总供给曲线向左移动会引起滞胀，也就是经济停滞（产出下降）与通货膨胀（价格上升）同时出现。**

（3）结构型通货膨胀

结构型通货膨胀是指在总需求和总供给处于平衡状态时，由于经济结构性因素的变动所引起的物价普遍持续地上涨。这种理论认为，通货膨胀的起因不在于需求增加或成本上升，而在于经济结构本身所具有的特点。这种理论最早出现在20世纪60年代初，到了70年代，结构型通货膨胀理论进一步得到发展。

从经济结构本身所具有的特点来看，国民经济中各个部门各具特点且千差万别，这是导致结构性通货膨胀的根源。在现代社会，由于资本和技术在不同的经济部门具有不同的特征，因此，现代社会的经济结构很难使资本和技术从一个部门流转到另一个部门。

但是，货币工资的增长速度通常是由生产率较高的部门、处于发展上升阶段的部门和开放度较高的部门决定的。如果出现这种情况，在工会追求工资均等化和公平原则的压力下，受到劳动市场竞争影响，那些劳动生产率较低的部门、发展缓慢处在衰退阶段的部门和非开放的部门，其工资的增长速度会向生产率提高较快、正处于上升期和开放度高的先进部门看齐，使整个社会的货币工资增长速度具有同步增长的趋势。如果整个社会的工资增长速度都向那些先进的经济部门看齐，势必会导致全社会的工资增长率高于社会劳动生产率的平均增长率，这必然会导致价格水平的普遍上涨，从而引发通货膨胀，这种通货膨胀就是结构性通货膨胀。

（4）货币主义学派对通货膨胀成因的解释

货币主义学派强调货币是影响总需求的主要因素，认为通货膨胀的根本原因就在于央行发行了过多的货币，所以要想保持经济的稳定性，央行不应该用激进的货币政策来刺激总需求。像是2008年次贷危机时的量化宽松就是货币主义学派的经济学家们最为反对的一种货币政策。货币学派创始人弗里德曼认为，要想达到长期稳定的经济增长，最好的方式就是政府和央行之间配合好来控制市场上的货币供应量，只要把货币供应量控制好了，物价也就稳定了，物价稳定了，人们对于未来的消费和投资信心都会加大从而带动经济增长。这一理论的出发点是美国经济学家费雪提出的货币数量的计算方程式，称为费雪方程式或交易方程式，主要内容为：

$$MV=PT \tag{10-3}$$

式中，M代表货币供给量；V代表货币流通速度，它被定义为名义收入与货币供给量之比，即一定时期（如一年）平均一元钱用于购买最终产品与劳务的次数；P代表平均价格水平；T代表一定时期内产品和服务的交易总量。该方程式是一个恒等式，揭示了四个变量之间的相互关系。

货币供给与通货膨胀存在内在的关系。因对交易总量的衡量有一定的困难，一般用经济中的总产出Y来替换T，则交易方程式为：

$$MV=PY \qquad (10-4)$$

式中，Y代表实际收入水平，其他变量的含义保持不变。方程左边的MV反映的是经济中的总支出，而右边的PY为名义收入水平。由于经济中对产品与劳务支出的货币额即为产品和劳务的总销售价值，因而方程的两边相等。

一般假定一定时期中货币流通速度不变，则一国的产出水平不会明显波动，即V和Y不变，对等号两边各变量分别求导数，就会得到货币增长率等于通货膨胀率，并得到结论：**通货膨胀是一种货币现象，通货膨胀的产生主要是因为货币供给增加，如果中央银行保持货币供给稳定，那么物价水平也将稳定。这就是货币数量论的核心观点。**例如，20世纪70年代美国正经历着严重的停滞性通货膨胀，在大萧条时期解决了严重经济衰退的凯恩斯主义经济学似乎不管用了。弗里德曼指出政府为了让经济脱离衰退所使用的扩张性政策需要大量的财政支持，这无形中就迫使政府增发货币，而这就导致了通货膨胀。从凯恩斯的角度来说，这种通货膨胀不是问题，因为只要人们持续地消费，在物价增高的同时GDP和收入也会上涨。货币主义则认为虽然在短期，人们沉醉于工资上涨的喜悦中，消费可能会增加。但是很快人们就会意识到物价也增加了很多，这个时候人们就会勒紧裤腰，缩减开支了。

拓展阅读

国际原油与黄金价格对我国通货膨胀的影响

经过全球流动性泛滥和俄乌冲突的波及，国际市场上的原油价格与黄金价格涨幅巨大。至2022年年初，NYMEX原油期货价格达到130.5美元/桶，相比疫情前的价格涨了6倍多；COMEX黄金价格最高触及2 078.8美元/盎司，价格相比疫情前也涨了1.3倍。由于原油价格和黄金价格的定价权在国外，所以其价格的大幅上涨使得我国原油价格与黄金价格跟随上涨，甚至出现外溢到其他大宗商品及实体经济的情况。原油与黄金共同作为衡量宏观经济运行的重要指标，对预测宏观经济环境变化有着明显的作用。因此，研究原油价格与黄金价格对我国通货膨胀的影响有助于缓解市场对通胀预期的担忧，对实现我国经济稳定发展具有重要意义。

原油及黄金分别作为各国重要的能源品及信用品，它们自身的属性影响其自身的价格，而价格在不同时期内对通货膨胀又有着不同的影响。短期内：一方面，原油作为全球大多数工业品的上游，供需占主导作用影响其价格的上涨，再沿着产业链进行扩散，持续推动下游工业品的价格跟随上涨。而伴随着原油自身及其下游工业品的持续上涨又会外溢到其他大宗商品价格上，最终PPI及CPI作为通胀指标滞后反映了这种现状。另一方面，黄金作为贵金属，其下游需求主要是避险以及投资，反映更多的是其金融属性的影响，所以黄金价格走势在某些时段独立于工业品价格体系，同样与我国通胀指标出现差异化的表现。在长期中，因为价格变动是受自身供需及货币政策的共同作用，因此，原油与黄金价格在长期中回归均衡并与全球的宏观经济发展形势相适配，国际原油与黄金价格走势与我国的通胀指标走势呈现高度相关。

——资料来源：周子朝. 国际原油与黄金价格对我国通货膨胀的影响[J]. 北方经贸，2022（10）：41-44.

启发思考

1. 总结国际原油与黄金价格对我国通货膨胀的影响。
2. 分析国际原油与黄金价格上涨带来的通货膨胀分别属于哪种类型？

10.2.3 通货膨胀的社会成本

世界各国经济发展的事实表明，通货膨胀对社会的影响总是弊大于利。凯恩斯认为再也没有什么比摧毁一国的货币来摧毁一个社会的基础更容易的事情了。通货膨胀的出现不仅导致市场价格的严重扭曲，而且还会导致一国货币的严重贬值。具体来说通货膨胀给整个经济施加了两种类型的成本：预期到的通货膨胀成本和未预期到的通货膨胀成本。

（1）预期到的通货膨胀成本

①菜单成本。调整价格的成本被称为菜单成本。通常情况下，企业并不是经常调整价格。相反，企业公布的产品价格往往在几周、几个月甚至是几年内保持不变。企业不经常改变价格是因为改变价格有成本。在高通货膨胀下，企业必须每天甚至更频繁地变动价格，以便与经济中所有其他价格保持一致。菜单成本包括决定新价格的成本、印刷新清单和目录的成本、把这些新价格表和目录送给中间商和顾客的成本、为新价格做广告的成本，甚至包括处理顾客对价格变动的恼怒的成本。例如。20世纪20年代德国在通货膨胀期间，一家餐馆服务员每隔30秒就报出一次新的价格。

②鞋底成本。一般而言，通货膨胀越高，人们越不愿意持有货币，因为持有货币会使他们遭受购买能力的较大损失。例如，假设通货膨胀使名义利率从7%上升到12%。放在你钱包中的钱如果存到银行里，现在能够赚取的利率多了5%，这可能会促使你将现金存入银行账户。因此，当通货膨胀持续上升时，为了使财富保值增值，要多次往返各金融机构，经常地去金融机构会使你的鞋磨损得更快。当然，不能只从字面上理解这个术语。**鞋底成本主要指往返金融机构的路上所花的时间和汽油钱，以及由此必须牺牲的时间与便利等开支。**通货膨胀的鞋底成本在经历超级通货膨胀的经济中很重要。

③税收扭曲。在现实中，一个经济的税率不会对预期到的通货膨胀作出充分调整，这会对经济中的当事人产生一种成本。税收扭曲通货膨胀造成了通货膨胀税。当经济中出现

通货膨胀时，受通货膨胀的影响，家庭和企业的交易额和名义货币收入增加，导致纳税人缴纳更多的比例税，或者使纳税所得自动地划入较高的所得级别，形成档次爬升，从而按较高的适用税率纳税，这种由通货膨胀引起的隐蔽性的增税，称为通货膨胀税，无形中增加了公众的税收负担。例如，假设某人在2000年以每股10元的价格买进某公司的股票，并在2020年以50元的价格卖出该股票。但是，假设从2000年至2020年价格水平翻了一倍，那么2000年该人投资的10元就相当于2020年的20元。该人的真实收益仅为30元，然而，税法对该人的40元征税，增加了该纳税人的税收负担。

④相对价格变动导致的资源配置不当。在通常情况下，市场经济依靠相对价格来配置稀缺资源。消费者通过比较各种物品与劳务的质量和价格决定购买什么，以及购买多少。通过这些决策，市场决定稀缺的生产要素如何在个人与企业中配置。由于在同一市场竞争的企业并不总是同时改变价格，更高的通货膨胀会引起更高的相对价格的变动性。由于相对价格可能比没有通货膨胀时更高或更低，当通货膨胀扭曲了相对价格时，消费者的决策也被扭曲了，市场也就不能把资源配置到其最好的用途中。

⑤混乱与不方便。货币是用以衡量经济交易的尺度。这种尺度的一致性使经济当事人能够轻易地比较物品和劳务的价格。当物品和劳务的价格上升时，会计师也会错误地衡量企业的收入。因为通货膨胀使不同时期的货币有不同的真实价值，所以在存在通货膨胀的经济中计算企业的利润更复杂。因此，在某种程度上，通货膨胀掩盖了价格所传递的信息的真实性，使投资者不能区分成功与不成功的企业，降低了整个市场体系的效率。

（2）未预期到的通货膨胀成本

上述说明的预期到的通货膨胀成本可能是巨大的，而意料之外的通货膨胀成本甚至可能更高。具体地说，未预期到的通货膨胀成本有以下几种。

①不确定性的增加。对经济的当事人来说，未预期到的通货膨胀会导致许多不正确的、有代价的决策，包括储蓄、投资以及就业的劳动量等决策。这些决策会导致经济效率降低，对经济当事人来说是成本高昂的。而且，大多数人不喜欢不确定性，因此，未预期到的通货膨胀波动往往会降低经济福利。

②不合意的财富的再分配。未预期到的通货膨胀导致经济的财富重新分配，其具体表现为：首先，通货膨胀不利于靠固定的货币收入维持生活的人。对于固定收入阶层来说，其收入是固定的货币数额，落后于上升的物价水平。其次，通货膨胀对储蓄者不利。随着价格的上涨，存款的实际价值或购买力就会降低，那些口袋中有闲置货币和在银行有存款的人就会受到沉重的打击。再次，通货膨胀靠牺牲债权人的利益而使债务人获利。最后，通货膨胀有利于政府而不利于公众。一般政府是债务人而居民公众是债权人，于是通货膨胀将财富从居民手中转移到了政府手中。同时，通货膨胀增加了隐形通货膨胀税。另外，通货膨胀是政府超额发行纸币造成的，通过发行货币，公众手中的货币贬值，国家则把大量财富转移到自己手中。

③相对价格变动性的增加。面对预期的通货膨胀，市场主体在签订契约时，可以采取一些技术措施来降低通货膨胀的影响。而未预期到的通货膨胀有可能急剧增加相对价格的变动性，带来经济的低效率和资源的不当配置。超级通货膨胀可能会造成经济崩溃，使正

常的生产经营难以进行。在物价飞涨时，产品销售收入往往不足以补偿必要的原材料成本；同时，地区之间上涨幅度极不均衡也是必然现象，这就会造成原有商路的破坏、流通秩序的紊乱；迅速上涨的物价使债务的实际价值下降，如果利率的调整难以弥补由物价上涨所造成的货币债权损失，正常信用关系也会极度萎缩。

任务 10.3 失业与通货膨胀的关系：菲利普斯曲线

10.3.1 菲利普斯曲线的相关概念

（1）菲利普斯曲线的概念与特征

从总供给与总需求模型和奥肯定律可以知道，失业与通货膨胀之间是存在一定关系的。根据总生产函数，总供给来自劳动和资本的投入；按照奥肯定律，失业率与总产出之间存在着负相关的经验关系。这表明，失业率与通货膨胀率之间存在着负向关系。基于此，宏观经济学提出了菲利普斯曲线的概念进行分析。

菲利普斯曲线是描述通货膨胀率与失业率之间负相关关系的曲线，即失业率高，则通货膨胀率低；失业率低，则通货膨胀率高。菲利普斯曲线如图10-3所示。

图10-4中，横轴代表失业率u，纵轴代表通货膨胀率π，向右下方倾斜的曲线PC即为菲利普斯曲线。该曲线显示了失业率与通货膨胀率之间负相关的关系。

若假设u^*代表自然失业率，则可以将菲利普斯曲线表示为：

$$\pi=-a(u-u^*) \qquad (10-5)$$

式中，参数a代表价格对于失业率变动的反应程度。例如，如果a=3，上述方程可以表示为，实际失业率相对于自然失业率每增加一个百分点，则通货膨胀率下降两个百分点。因此，上述方程描述的是，当失业率超过自然失业率，即$u>u^*$时，价格水平就下降；当失业率低于自然失业率，即$u<u^*$时，价格水平就上升。

图10-4 菲利普斯曲线

（2）菲利普斯曲线的推导

菲利普斯曲线可以从总需求—总供给模型中推导出来。菲利普斯曲线表明，经济在短期中出现的通货膨胀与失业的组合是由于总需求冲击导致总需求曲线的移动使经济沿着短期总供给曲线变动。在短期中，产品与劳务总需求的增加引起产量增加，价格水平上升。产量增加意味着就业增多，从而失业率降低。

另外，价格水平上升意味着通货膨胀率上升。

图10-5（a）是用总需求—总供给模型表示的经济。如果经济的总需求较低，如图中的AD_L曲线所示，那么该经济就有图中的A点所显示的结果：经济的产量为y_A，价格水平为P_A。相比之下，如果经济的总需求较高，如图中的AD_H曲线所示，则该经济就有图中B点所显示的结果：经济的产量为y_B，价格水平为P_B。

图10-5（b）显示了上述两种可能结果对失业和通货膨胀的影响。因为当企业生产更多产品与劳务时，相应地会提供更多的就业岗位，所以在结果B时的失业率会低于在结果A时的失业率，即$u_B<u_A$。根据图10-5（a），结果B时的价格水平高于结果A，所以对应的通货膨胀率也比结果A要高，所以在图10-5（b）时，即有$\pi_B>\pi_A$。在图10-5（b）中，连接A点和B点构成的曲线便是反映失业率与通货膨胀率关系的曲线。

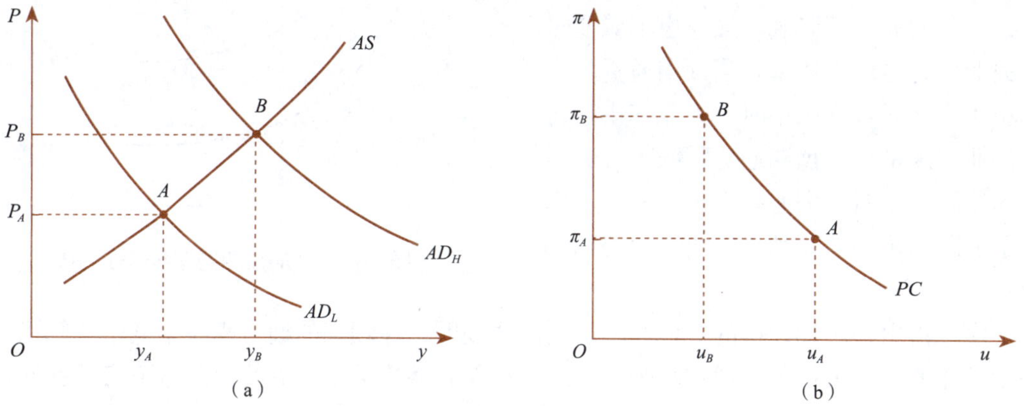

图10-5 菲利普斯曲线的推导

10.3.2 失业与通货膨胀的关系

菲利普斯曲线被政策制定者用来选择不同的失业率和通货膨胀的组合。当通货膨胀率过高时，一国会采取紧缩货币政策压制通货膨胀，但是承担失业率提高的后果。相反，当失业率过高时，一国会扩张货币，采取通货膨胀政策，降低失业率。不过这种需求管理政策后来运用起来越来越吃力，需要容忍高通货膨胀率才能拥有低的失业率，或者通过高失业率来维持低通货膨胀率。这个事实表明，菲利普斯曲线在长期是不存在的，这主要与人们对通货膨胀的预期有关。

（1）附加预期的菲利普斯曲线

随着20世纪70年代石油危机的爆发，通货膨胀在全球范围内蔓延，出现了高失业与高通胀并存的现象，即滞胀现象。现实状况不再支持菲利普斯的论断，作为经验规律的菲利普斯曲线崩溃了，同时附加预期的菲利普斯曲线出现了。

1968年，货币主义的代表人物弗里德曼指出了菲利普斯曲线的一个严重缺陷，即它忽略了影响工资变动的一个重要因素：**工人对通货膨胀的预期。**弗里德曼指出，当企业和工人议定新工资协议时，他们都会对新协议期的通货膨胀进行预期，并根据预期的通货膨胀相应地调整名义工资水平。由此，弗里德曼等人根据从预期到需要根据通货膨胀做出调整的时间间隔，提出了短期菲利普斯曲线的概念。**短期菲利普斯曲线就是预期通货膨胀保持不变时，表示通货膨胀率与失业率之间关系的曲线。**

基于以上说明，将菲利普斯曲线方程改写为：

$$\pi-\pi^e=-a\,(u-u^*)$$

即

$$\pi=\pi^e-a\,(u-u^*) \tag{10-6}$$

式（10-6）被称为附加预期的菲利普斯曲线，其中，π^e表示预期通货膨胀率。从该式中可以看出，当实际通货膨胀率等于预期通货膨胀率时，失业处于自然失业率水平。当π^e等于π时，$u=u^*$，这意味着，经济的通货膨胀既不加速也不减速时的失业率为自然失业率。当预期通货膨胀率小于实际通货膨胀率时，失业率小于自然失业率水平。当预期通货膨胀率大于实际通货膨胀率时，失业率大于自然失业率水平。附加预期的菲利普斯曲线如图10-6所示。

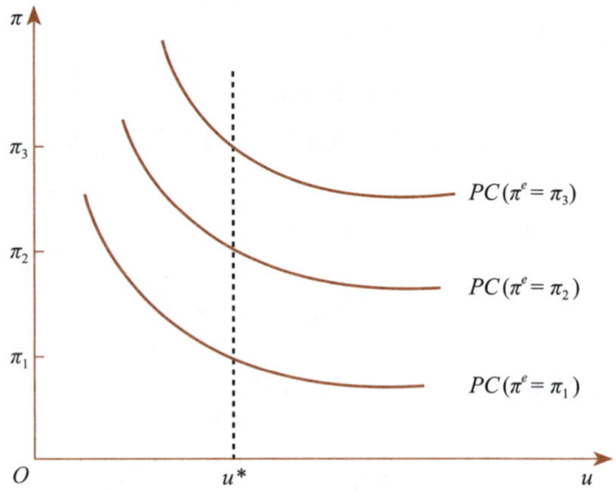

图10-6　附加预期的菲利普斯曲线

应该指出，附加预期的短期菲利普斯曲线表明，在预期的通货膨胀率低于实际通货膨胀率的短期中，失业率与通货膨胀率之间仍存在着替换关系。**由此，向右下方倾斜的短期菲利普斯曲线的政策含义就是，在短期中引起通货膨胀率上升的扩张性财政政策与货币政策是可以起到减少失业的作用的。也就是说，调节总需求的宏观经济政策在短期是有效的。**

（2）长期菲利普斯曲线

在长期中，工人将根据实际发生的情况不断调整自己的预期，**工人预期的通货膨胀率迟早会与实际的通货膨胀率保持一致**，这时工人会要求调整名义工资水平，以使实际工资不变，从而较高的通货膨胀就不会起到减少失业的作用。西方学者认为，**在以失业率为横坐标、通货膨胀率为纵坐标的坐标系中，长期菲利普斯曲线是一条垂直线，表明失业率与通货膨胀率之间不存在替换关系。**而且，在长期中，经济社会能够实现充分就业，经济社会的失业率将处在自然失业率的水平。

可以用图10-7来说明短期菲利普斯曲线不断移动，进而形成长期菲利普斯曲线的过程。

在图10-7中，假定某一经济处于自然失业率为u^*、通货膨胀率为3%的A点。如果这时政府采取扩张性政策，以使失业率降低到u_1。随着扩张性政策的实施，总需求增加，导致价格水平上升，使通货膨胀率上升为6%。此时，在A点处，工人预期的通货膨胀率为3%，而现在实际的通货膨胀率为6%，高于预期的通货膨胀率，使实际工资下降，从而会增加生产，增加就业，失业率减少为u_1。于是就会发生图中短期菲利普斯曲线PC_1（π^e=3%）所示的情况，失业率由u^*下降为u_1，而通货膨胀率则从3%上升到6%。

但这种情况只能是短期的。经过一段时间，工人们会发现价格水平的上升和实际工资的下降，这时他们便要求提高货币工资。与此同时，工人们会相应地调整其预期，即从原来的3%调整到现在的6%。伴随着这种调整，实际工资回到了原有的水平。相应地，企业生产和就业也都回到了原有的水平，失业率又回到原来的u^*。但此时经济已处于具有较高通货膨胀率预期（即6%）的B点。

将以上过程重复下去，可以想象，在短期，由于工人不能及时改变预期，存在着失业与通货膨胀之间的替换关系，表现在图10-7中，便有诸如PC_1、PC_2等各条短期菲利普斯曲线。随着工人预期通货膨胀率的上升，短期菲利普斯曲线不断上移。

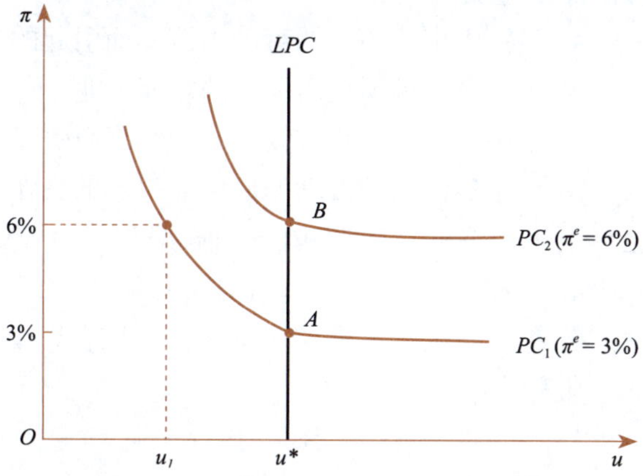

图10-7　短期和长期菲利普斯曲线

从长期来看，工人预期的通货膨胀与实际通货膨胀是一致的。因此，企业不会增加生产和就业，失业率也就不会下降，从而便形成了一条与自然失业率重合的长期菲利普斯曲线LPC。从图10-7可知，**垂直于自然失业率水平的长期菲利普斯曲线表明，在长期中，不存在失业与通货膨胀的替换关系。**

长期菲利普斯曲线的政策含义是，从长期来看，政府运用扩张性政策不但不能降低失业率，还会使通货膨胀率不断上升。

小结

本章详细阐述了失业的三种类型（摩擦性、结构性和周期性），分析了失业对经济、社会和个人的影响，并介绍了奥肯定律。在通货膨胀部分，解释了通货膨胀的衡量方法、成因（需求拉动型、成本推动型、结构型和货币供给角度），并讨论了通货膨胀的社会成本。通过菲利普斯曲线分析了失业与通货膨胀的关系，指出短期内存在失业与通货膨胀之间的替换关系。政府可以采取引起通货膨胀率上升的扩张性财政政策与货币政策来减少失业。长期菲利普斯曲线是一条位于自然失业率水平的垂直线。在长期中，不存在失业与通货膨胀的替换关系。政府运用扩张性政策不但不能降低失业率，还会使通货膨胀率不断上升。

练习与实训

一、选择题

1．周期性失业是指（　　）。

A. 经济中由于正常的劳动力流动而引起的失业

B. 由于总需求不足而引起的短期失业

C. 由于经济中一些难以克服的原因而引起的失业

D. 由于经济周期波动的原因而引起的失业

2．由于经济衰退而形成的失业属于（　　）。

A. 摩擦性失业　B. 结构性失业　C. 周期性失业　D. 自然失业

3．劳动力的供给与需求不匹配，既有找不到工作的劳动者，又有职位空缺的失业现象称为（　　）。

A. 季节性失业　B. 摩擦性失业　C. 结构性失业　D. 周期性失业

4．奥肯定律说明了（　　）。

A. 失业率和实际国民生产总值之间呈负相关关系

B. 失业率和实际国民生产总值之间呈正相关关系

C. 失业率和物价水平之间呈负相关关系

D. 失业率和物价水平之间呈正相关关系

5．某个国家在充分就业情况下的产出是5 000亿美元，而自然失业率是5%。假定现在的失业率是8%，那么奥肯系数为2时，根据奥肯定律，该国目前的产出为（　　）亿美元。

A. 4 500　B. 4 900　C. 4 800　D. 4 700

6．需求拉动的通货膨胀（　　）。

A. 通常用于描述某种供给因素所引起的价格波动

B. 通常用于描述某种总需求的增长所引起的价格波动

C. 表示经济制度已调整过的预期通货膨胀率

D. 以上均不是

7．已知充分就业的国民收入是10 000亿美元，实际国民收入是9 800亿美元，边际消费倾向是80%，在增加100亿美元的投资以后，经济将发生（　　）。

A. 需求拉动的通货膨胀　B. 成本推动的通货膨胀

C. 结构性通货膨胀　D. 需求不足的失业

8．通货膨胀是（　　）。

A. 一般物价水平普遍、持续地上涨

B. 货币发行量超过流通中的黄金量

C. 货币发行量超过流通中的商品的价值量

D. 以上都不是

9. 由于工资提高而引起的通货膨胀是（　　）。

A. 需求拉动型通货膨胀　　B. 成本推动型通货膨胀

C. 需求拉动和成本推动型通货膨胀　　D. 结构型通货膨胀

10. 需求拉动型通货膨胀产生的原因是（　　）。

A. 原材料价格的过度上升　　B. 消费的过度增长

C. 工资的过度增长　　D. 利润的过度增加

11. 结构型通货膨胀是指（　　）。

A. 不同部门或产业不同的劳动生产率所引起的价格上涨

B. 由过多的政府支出引起的价格上涨

C. 由超额的总需求引起的价格上涨

D. 由商品价格上涨而不是实际交易量的增加引起的销售额的增加

12. 未预期到的通货膨胀主要影响体现在（　　）。

A. 影响固定收入的阶层　　B. 影响富人阶层

C. 影响政府收入　　D. 以上都不对

13. “滞胀”是指（　　）。

A. 产出和一般物价水平的同时上涨

B. 产出和一般物价水平的同时下降

C. 一般物价水平上升，同时实际产出和就业下降

D. 一般物价水平下降，同时实际产出和就业增加

14. 通货膨胀会使得下列哪些群体受益？（　　）

A. 债权人　　B. 债务人　　C. 固定工资收入者　　D. 退休人员

15. 菲利普斯曲线是一条描述（　　）。

A. 失业与就业之间关系的曲线　　B. 工资与就业之间关系的曲线

C. 工资与利润之间关系的曲线　　D. 失业与通货膨胀率之间替换关系的曲线

二、实训实践

1. 党的二十大报告指出：“强化就业优先政策，健全就业促进机制，促进高质量充分就业。”请同学们分组讨论：为什么党和国家把就业摆在这么重要的位置？近几年，政府出台了哪些促进就业的政策？年轻人应该秉持怎样的就业观念？

2. 请同学们进行数据调研，分析近5年的通胀率及其成因。

项目11

经济周期与经济增长

学习目标

知识目标

了解经济周期的不同阶段及其特征；理解马克思经济周期理论的现实启示；掌握经济增长的含义和计算方法。

能力目标

能运用经济周期的知识识别危机，并分析背后的原因；能利用经济增长模型分析不同国家或地区经济增长的特点以及背后的因素。

素质目标

感受改革开放40多年来，中国经济取得的巨大成就。

思维导图

- 项目11 经济周期与经济增长
  - 任务11.1 认识经济周期
    - 经济周期的含义
    - 经济周期的类型
    - 马克思经济周期理论
  - 任务11.2 理解经济增长
    - 经济增长的含义与特征
    - 决定经济增长的因素
    - 经济增长的主要模型
    - 促进经济增长的主要政策

开篇案例

如何理解"5%左右"的"稳"与"进"

2024年，《政府工作报告》提出国内生产总值增长5%左右的年度发展预期目标。"5%左右"的增长目标，是党中央、国务院在综合平衡基础上经过科学论证提出的，是一个具有很强预期性、指导性、引导性的合理目标，体现了稳中求进、以进促稳的要求。为什么是"5%左右"？实现这一目标，我们具备哪些有利条件？

从需求侧看，拉动经济的"三驾马车"依然有着充足动力。

消费潜力大。"国货潮品"备受青睐，冰雪经济火热"出圈"，"消费促进年"活动精彩纷呈。2023年，社会消费品零售总额超过47万亿元，最终消费支出对经济增长的贡献率达到82.5%，拉动经济增长4.3个百分点。我国拥有14亿多人口、4亿多中等收入群体，消费提质扩容潜力巨大。

投资空间广。设备更新、厂房焕新，产业升级有条不紊；穿山越海、长虹飞架，交通基建马不停蹄；寻油找气、追风逐日，能源工程扎实推进；改造小区、更新城市，民生投资接续落地。2023年，我国制造业投资持续向好，高技术产业投资占比稳步提高，固定资产投资同比增长3%，对稳增长发挥了关键作用。

外贸韧性足。中欧班列全年开行1.7万列，"新三样"产品出口首次突破1万亿元。2023年，面对外需收缩等不利影响，我国出口实现正增长，国际市场份额总体稳定。

从供给侧看，新质生产力加快形成，发展内生动力在不断积聚。

经济长期发展最终靠供给推动。拥有全球最完备的产业体系、日益完善的基础设施网络，制造业增加值占全球比重约30%，连续14年位居全球首位，强大的供给优势，让中国经济具备了将创新快速转化为生产力的有利条件。

创新是引领发展的第一动力。2023年，科技进步对经济增长贡献率超过60%，战略性新兴产业增加值占国内生产总值比重超13%，数字经济规模占国内生产总值比重超过40%。近年来，抓住全球新一轮科技革命和产业变革机遇，加快实施创新驱动发展战略，中国经济点燃了创新引擎，收获了强劲动能。

——资料来源：节选自金社平. 如何理解"5%左右"的"稳"与"进"，《人民日报》，2024年03月27日第01版.

启发思考

1. 中国制定经济增长目标的主要考虑因素有哪些？
2. 如何从需求侧和供给侧分析经济增长的动力？

经济的周期波动和增长是经济学研究的重要问题。改革开放四十多年来，中国经济经历了起起落落，经济增长呈周期性波动，每一次经济快速增长都是由突破性和大力度的改革开放扭转的，每一次改革推进经济增长的动力不可能永久持续。与此同时，经济增长问题也同样令人着迷。当打开电视、网络阅读新闻的时候，我们发现世界各国（地区）的生活水平有巨大的差别。发达国家的国民拥有更好的营养状况、更高的收入、更便利的出行条件、更高水平的社会福利和医疗条件，而不发达国家的国民则举步维艰。为什么会呈现出这种现象，归根结底在于经济能够持续获得增长。探究经济周期和经济增长问题，有助于我们更好地理解这个世界的运行原理，判断当前的经济形势。

任务 11.1　认识经济周期

经济周期是西方经济学理论中着重研究的一个课题。美国经济学家西蒙·库茨涅兹、瑞典经济学家缪达尔、英国经济学家哈耶克、美国经济学家罗伯特·卢卡斯等人分别从经济增长、货币理论、理性预期等不同的角度展开对经济周期的研究，并获得了诺贝尔经济学奖。由于经济活动中存在的各种不确定性，在这种自我调节的过程中产生的波动可能会让经济增长付出较大的代价，这就需要通过宏观调控的反周期操作抚平波动，以减轻周期性因素负面作用。因此，加强对于经济周期以及对策的研究，是经济理论研究的重要课题，也是政府宏观调控的基本任务[①]。

11.1.1　经济周期的含义

经济周期也称为商业周期（Business Cycle），一般是指经济活动沿着经济发展的总体趋势所经历的有规律的扩张和收缩。它不仅是国民总产出、总收入和总就业的波动体现，而且是国民收入或总体经济活动扩张与紧缩的交替或周期性波动变化的体现。一个经济周期可以分为**繁荣、衰退、萧条、复苏**四个阶段。其中繁荣、萧条是经济周期的两个主要阶段，衰退和复苏是两个过渡阶段。

繁荣阶段：这个阶段因为投资需求和消费需求的不断扩张，而且超过了产出的增长，所以刺激产品的价格就会迅速上涨到较高水平，就业率也相对比较高，公众对未来持乐观态度。繁荣的最高点称为顶峰，是繁荣的极盛时期，也是经济由繁荣转向衰退的开始。

衰退阶段：这一阶段开始于经济周期的高峰之后，当经济运行到高峰期后，必然会逐渐走向衰落。一般是指经济出现停滞或负增长的时期。不同的国家对此有不同的定义，一

① 刘伟，蔡志洲．经济周期与宏观调控[J]．北京大学学报（哲学社会科学版），2005，(02)：109-120.

般来说，经济连续两个季度出现负增长被定义为衰退。这一阶段，市场需求开始不断萎缩，造成供过于求，企业的盈利能力较弱，利润率不断下降，连同大宗商品在内的整体物价水平开始不断下跌，造成企业的产品流通率低，大量产品积压，从而让经济增长速度减缓甚至停滞。还会出现如消费者需求、投资急剧下降、股票价格及利率下降等现象。

萧条阶段：当经济衰退严重后，便发展为经济萧条，也就是规模广且持续时间长的衰退，这阶段供给和需求都处于较低的水平，特别是经济前景还比较迷茫，使得社会需求不足，资产缩水，失业率处于较高的水平。通常在这种情况下，政府的宏观调控就会逐渐出现一定的效果，渐渐地减少社会恐慌情绪，从而让人们对未来的信心逐渐恢复，于是整个社会经济便在探底后开始出现回升的迹象。

复苏阶段：由于经济萧条，政府便通过一系列的调控手段来刺激经济发展，这时调控手段的效果已经初步显现，经济开始复苏，需求开始释放，生产逐渐活跃，价格水平趋稳并进入上升区间。同时GDP的增长率可能由负转正，由慢变快，并且逐渐提高。由于此时企业闲置的生产能力还没有完全释放，周期性的扩张也变得强劲，所以在这个阶段，企业的利润也开始大幅增长。

经济周期与企业的发展息息相关。一个企业生产经营状况的好坏，一方面是受到企业内部条件的影响，另一方面是受到外部宏观经济环境和市场环境的影响。通过对外部环境的研判，改善内部条件，从而适应外部环境，或者是充分利用外部环境，在一定范围内改变企业内部小环境，以增强自身活动，扩大市场占有率。而通过观察经济周期的波动是研判外部环境的重要途径。

在经济繁荣期，市场需求增加，企业销售额上升，利润增加。这为企业提供了扩大规模、开拓市场的良机。企业可以增加生产投入，提高生产效率，进一步提升市场份额。此时，企业管理需要更加注重市场营销，推动新产品的研发和创新。同时，竞争也更加激烈，企业需要加强品牌建设和提升产品质量，以保持竞争优势。

在经济周期的下行阶段，如经济衰退和萧条期，对企业管理带来了许多挑战。在这个阶段，市场需求下降，企业销售额减少，利润减少。这可能导致企业面临裁员、产能过剩、资金短缺等问题。在这种情况下，企业管理需要更加注重成本控制和风险管理。企业需要密切关注市场动向，及时调整产能和市场定位，以应对市场变化。同时，企业还需要加强员工培训和提高员工绩效，以提高企业的竞争力。

在经济复苏期，市场需求开始回升，企业销售额逐渐增加，利润回升。这为企业提供了扩大市场份额和盈利的机会。企业可以加大市场投入和品牌推广，以迎接市场的复苏。同时，企业还可以通过并购、合作等方式拓展业务，加快企业发展速度。在这个阶段，企业管理需要更加注重战略规划和市场预测。企业需要制定明确的发展目标和策略，把握市场机遇，提升品牌影响力。

经济周期也与个人生活息息相关，一般人在一生中都会经历几次经济周期。在复苏和繁荣阶段，投资和消费上升，经济快速增长，市场就业机会增多，家庭和个人财富积累增加。家庭和个人可以增加消费，提高生活质量，享受经济繁荣带来的好处。在衰退和萧条阶段，投资和消费减少，经济低迷，失业增加，家庭和个人财富迅速缩水。家庭和个人消费削减，生活质量下降，忍受经济衰退和萧条带来的痛苦。因此，要读懂和理解宏观经济指标和政策，研判所处的经济发展周期，做到未雨绸缪。

11.1.2 经济周期的类型

从实证研究上看，西方经济学家对于经济周期已经有了很多探索，按照周期的长短，比较著名的有基钦周期（Kitchin，1923），周期为3~5年；朱格拉周期（Juglar，1860），周期长度为9~10年；库兹涅茨周期（Kuznets，1930），周期的长度为15~25年；康德拉季耶夫周期（Kondratieff & Stolper，1935），周期的长度为45~60年，等等。

基钦周期： 1923年英国经济学家基钦提出的一种为期3~5年的经济周期。基钦周期也叫库存周期，基钦根据美国和英国1890年到1922年的利率、物价、生产和就业等统计资料从厂商生产过多时就会形成存货、从而减少生产的现象出发，把这种短期调整称为“存货”周期，在40个月中出现了有规则的上下波动发现了这种短周期。

朱格拉周期： 也称为中周期。1860年法国经济学家朱格拉提出的一种为期10年左右的经济周期。该周期是以国民收入、失业率和大多数经济部门的生产、利润和价格的波动为标志加以划分的。一般认为三个基钦周期组成一个朱格拉周期。朱格拉认为，存在着危机或恐慌并不是一种独立的现象，而是社会经济运动三个阶段中的一个，这三个阶段是繁荣、危机与萧条。三个阶段的反复出现就形成了周期现象。

库兹涅茨周期： 1930年美国经济学家库兹涅茨提出的一种为期15~25年，平均长度为20年左右的经济周期。由于该周期主要是以建筑业的兴旺和衰落这一周期性波动现象为标志加以划分的，所以也被称为“建筑周期”。

康德拉季耶夫周期： 由苏联经济学家康德拉季耶夫在1925年提出。他认为，资本主义的经济发展过程可能存在3个长波：一是从1789年到1849年，上升部分为25年，下降部分为35年，共60年；二是从1849年到1896年，上升为24年，下降为23年，共47年；三是从1896年起，上升为24年，1920年以后是下降趋势。全过程为140年，包括了两个半长周期，显示出经济发展中平均为50~60年一个周期的长期波动。

此外，1936年，熊彼特也提出了周期理论。他认为，每一个长周期包括6个中周期，每一个中周期包括三个短周期。短周期约为40个月，中周期为9~10年，长周期为48~60年。他以重大的创新为标志，划分了三个长周期。第一个长周期从18世纪80年代到1842年，是“产业革命时期”；第二个长周期从1842年到1897年，是“蒸汽和钢铁时期”；第三个长周期从1897年以后，是“电气、化学和汽车时期”。在每个长周期中仍有中等创新所引起的波动，这就形成若干个中周期。在每个中周期中还有小创新所引起的波动，形成若干个短周期。

总的来说，西方经济周期理论提供了可供借鉴之处。例如，经济周期的定义、阶段特征、形成因素、理论假说、经济预测分析方法和技术手段等，为我们深入认识经济周期提供了丰富的理论资料。但西方学者从研究方法上忽视根本制度的分析。他们一般把资本主义理解为一种自然永恒的制度，回避危机同资本主义所有制的内在联系，忽视了从资本主义根本制度的角度对危机的成因进行分析研究。

11.1.3 马克思经济周期理论

马克思对资本主义经济的运行进行了系统深入的研究，发现了经济运行过程中存在的周期性循环的规律，形成了马克思经济周期理论。

（1）马克思经济周期理论的基本内涵

马克思经济周期理论从内涵、阶段、传导机制和产生的根本原因等方面分析它的逻辑蕴涵。

①经济周期的内涵。马克思把资本主义经济周期视为再生产的周期或生产危机的周期，并把经济危机作为经济周期的中心进行理论阐释。所以说，马克思所探讨的经济周期实际上是经济危机的周期。他认为，资本主义周期性爆发的经济危机是生产相对过剩的危机。从这一次危机爆发到下一次危机开始，就是一个经济周期。即一次危机的来临既是原有经济周期的结束，也是新的经济周期的开始。两次危机间隔的时长叫作周期长度[①]。

②经济周期的阶段。马克思通过对现代工业运动的周转周期的考察，认为资本主义经济周期的各个阶段循环交替："它要经过消沉、逐渐活跃、繁荣、生产过剩、危机和停滞等阶段。"按照马克思把经济危机作为经济周期的中心的思想，经济周期各个阶段的排序应该是"危机—萧条—复苏—高涨—危机"，虽然其中并不是每个阶段都有明显的表现，但经济运行的这种顺序是始终如一的，资本主义经济就是在这一周期性的轨道上循环反复地向前发展。

③经济周期的传导机制。马克思认为资本主义再生产周期性进行的物质基础是大规模的固定资本更新。一方面，固定资本更新使危机转入高涨。在危机到来后的萧条阶段，企业为了降低成本，提高生产效率，进行固定资本的更新。固定资本更新的投资首先使生产资料生产部门开始出现复苏，劳动力需求增加，进而带动对消费资料需求的增加，消费资料生产部门也开始出现复苏景象。最终摆脱萧条和停滞状态，走向复苏和高涨。另一方面，大规模的固定资本更新也是下一次危机爆发的隐患。伴随大规模固定资本更新的，往往是企业规模的扩大、技术的进步、效率的提升和竞争的加剧，最终社会总供给又超过了总需求，或社会劳动在各产业部门间的比例失衡，一场新的危机便爆发了[②]。

④经济周期产生的根本原因。马克思主要从消费不足、比例失调和利润率趋于下降角度来解释经济周期产生的根本原因[③]。

---

① 王晓雨，李晓梅．马克思经济周期理论的逻辑蕴涵及其现实启示[J]．经济研究导刊，2024，（01）：1-4.

② 王晓雨，李晓梅．马克思经济周期理论的逻辑蕴涵及其现实启示[J]．经济研究导刊，2024，（01）：1-4.

③ 李娟娟，赵景峰，湛爽．马克思经济周期理论与中国经济新常态[J]．经济学家，2015，（09）：5-10.

消费不足。马克思认为，在资本主义生产制度中，企业追求的是利润最大化，资本家总是希望能获得更多的剩余价值。因此，资本主义企业势必通过提高劳动生产率和降低工人工资来增加产品的剩余价值，同时无限扩大生产力的趋势导致资本家的资本积累中用于直接消费的收入不断减少。同时对于广大劳动者来说，其有限的收入和消费能力与无限扩大的生产力形成矛盾，有效需求与消费的不足导致了生产过剩。消费的不足导致生产过剩，资本的剩余价值没有顺利地进入流通中，无法循序渐进地进行下一次的投资和再生产，导致危机的产生。

比例失调。社会化大生产的资本主义生产要求各部门和企业之间保持紧密的联系，同时也要求社会生产资料和劳动力等在部门和企业间按比例分配。然而，资本是逐利的，它不会考虑社会生产关系中是否存在合理的生产结构和分配比例，由于社会生产力不断扩大，技术不断提高，原本的劳动力以及生产资料在部门间或者企业间的分配比例开始失效，新的比例产生。正是由于个别企业在社会中处于生产无政府状态，从而使投资生产比例失调，经济结构遭到破坏，从而引起经济危机的爆发。换句话说，生产资料的私人所有，导致资本竞争与再生产条件背道而驰，也是导致社会劳动在各部门和各企业失调的根本原因。

利润率趋于下降。伴随着社会生产力的不断发展，不断增加的资本积累提高了生产效率，也使得资本的有机构成不断提高，表现在资本和劳动的比例上，可变的资本投入越来越多，而劳动的需求量相对单位资本越来越少，就业机会减少，劳动力出现相对过剩的现象。劳动力过剩必定带来购买能力的下降，造成供给与需求之间的不平衡。而资本的正常循环是建立在资本盈余被充分吸纳的前提下，很显然在供给和需求失去平衡时，资本盈余只能借助空间或者时间维度进行转移，无法进入下一个再生产环节中。另一方面，利润率趋于下降，意味着单位资本的边际产品收益在递减，在劳动的剥削程度不变或者更甚的情况下，剩余价值率不断下降，导致资本家对于再生产失去信心，因此用于再生产的资本不断减少，出现资本过剩。劳动力过剩和资本过剩使得经济逐渐走向衰落，经济危机爆发。

（2）马克思经济周期理论的现实启示

①谨防货币信用关系引发经济波动和危机。马克思把商品看作社会财富的基本形式，并把资本主义经济同商品经济结合在一起，就商品所反映的经济关系对经济周期进行分析，并由此向纵深方面扩展。马克思指出，商品经济中通过商品与货币的形态表现出来的买卖过程的时空分离以及商品使用价值与价值的对立，带来了商业危机的可能性。由于商业与生产存在密切联系，这种商业上危机可能会因此扩展为整个社会再生产的危机。这种商品经济周期波动的运动形式不是资本主义社会独有的，它具有超社会形态的一般性，社会主义市场经济运行过程中也存在类似于资本主义商品经济周期波动的规律。马克思还指出，货币在两个不同时刻承担着价值尺度和价值实现的职能，这种货币职能的时间分离就潜藏了危机。金融危机通过货币信用关系与商品经济的密切联系，渗透到整体经济中，会导致生产、分配、交换、消费等各个环节都出现大起大落。

②努力促进共同富裕，保持经济健康发展。市场经济是发达的商品经济，我国社会主

义市场经济平稳健康可持续发展需要充分发挥内需拉动作用。因此，公平收入分配，缩小收入差距，实现共同富裕，是减缓经济波动、预防经济损失的有效措施。中国居民收入差距虽然在进入21世纪后一度经历了由上升到下降的过程，但近几年一直在高位徘徊。如果不加大对收入分配的调节力度，低收入群体的消费水平将难以提升，势必抑制经济增长，经济增长将面临更大的挑战。改革开放40多年来，我国要素市场化进程不断加快，市场在资源配置中所起的作用不断增强，但是要素市场的发展程度距离市场经济的要求还有很大差距，要素市场发展不完善的问题带来了初次分配结果在一定程度上存在公平缺少的问题，造成不合理的城乡收入差距和区域收入差距，也构成对实现共同富裕的挑战。通过政府干预、鼓励创业等手段缩小收入差距，促进分配公平，有利于资源配置更优化，保证社会和谐稳定发展。

③稳定和促进就业增加有效需求。马克思在对经济周期的分析中指出，资本有机构成会随着资本积累的增加而不断提高，其直接后果就是失业增加，庞大失业队伍的存在会压低在业工人的工资，因而劳动群众有支付能力的需求具有相对缩小的趋势。而扩大再生产和发展经济都要建立在群众有支付能力的需求增加的基础上。因此，要推动经济繁荣和避免经济大起大落造成不必要的损失，就要千方百计地稳定和促进就业。在未来科技进步、产业结构升级过程中，我国劳动力需求的增长会慢于经济的增长，劳动力需求不会有大的增加，而我国的劳动力总量仍呈持续增加之势，就业压力持续加大。认真解决好就业问题是摆在我们面前的最紧迫的任务。因此，要设法增加就业岗位、稳定劳动关系、鼓励自主创业、强化公共服务，要充分发挥服务业、劳动密集型产业、中小企业、非公有制经济在吸纳就业中的作用。

（3）运用马克思经济周期理论分析中国经济新常态①

①经济新常态是社会主义经济周期波动的必然阶段。马克思经济周期理论认为，经济波动及其周期性是由资本主义基本矛盾所导致，为资本主义社会所特有。虽然社会主义公有制和计划经济可以有效消除资本主义基本矛盾，也就在某种程度上说消除了经济周期波动的可能性，但是由于我国社会主义公有制的不完善，社会主义市场经济发展还处在不断成熟之中，所以，社会主义国家的国民经济同样存在周期性的经济波动。当一个国家或地区经历了一段时间的高速增长后，都会出现经济增长速度的换挡现象，很多国家的经济增速都是从7%以上的高速发展直接切换到3%左右的中低速发展。中国经济周期波动的规律是我国社会主义经济发展不以意志为转移的客观存在，经济波动是绝对的，而高速发展的平衡是相对的。因此，中国经济从过去10%左右的高速增长换挡为7%～8%的中高速增长是新常态的基本特征，是完全符合马克思的经济周期理论的。

②经济新常态的特征是经济中高速增长的常态化。在马克思的经济周期理论里，正常发展的经济周期的长度为10年左右。在传统计划经济体制下，中国经济表现为严重短缺经济，外部供求对经济的影响有限且消费受到严重压抑，国内总需求主要是投资需求；经济

① 李娟娟，赵景峰，湛爽. 马克思经济周期理论与中国经济新常态[J]. 经济学家，2015，(09)：5-10.

周期运行呈现振幅大、峰位高、谷位深、平均位势低的特点，中国经济发展很独特，经济周期的长度比马克思提出的10年要短许多，例如1953—1957年、1958—1962年和1977—1981年持续时间均为5年、1963—1968年持续时间为6年、1969—1972年和1973—1976年持续时间均为4年、1982—1990年、1991—1999年、2000—2009年持续时间均为9年，2010—2020年预测为10年。进入21世纪以来，随着社会主义市场经济体制的不断深化和改革，我国经济运行态势发生实质性转变，由原来的短缺经济变为过剩经济。此时，经济运行态势呈现振幅减小、峰位下降、谷位上升、平均势位提高的局面。由于政府驾驭宏观经济的能力逐渐增强，经济周期的时间与马克思理论的周期时间基本相符。因此，中国经济新常态的基本特征就是经济中高速增长的常态化，这是马克思经济周期理论在中国的准确运用。

③经济新常态下的工作重心是增加有效需求。按照马克思的经济周期理论，在资本主义经济发展过程中，资本家为了追逐更大的利润，通过采取创新技术、变革管理方法，从而使得生产规模不断扩大，但这需要扩大的消费市场来消化；然而由于民众的购买力增长不能与生产的增长达到匹配，从而导致扩大再生产的中断，进而使资本主义再生产呈现出扩张和衰退的交替性现象。当前我国基尼系数已经超过了国际警戒线0.4的标准。从马克思的经济周期理论来看，一方面是少数高收入群体因其财富不断积累导致社会总供给不断增大，另一方面是绝大多数人口因收入偏低而导致总需求不足，当收入差距一旦超越“警戒点”就会出现生产的相对过剩，即总供给严重超过了总需求，从而使得经济出现周期波动。

在新的历史阶段，世界经济不景气，地缘冲突不断，需求大幅减少，我国的外部需求出现常态性萎缩，美欧国家相继提出“再工业化”“重生战略”等措施，国际贸易保护主义盛行，来自欧美等发达国家和地区的贸易壁垒层出不穷，受波及和影响的产业也越来越多。在经济新常态的大背景下，我们要扩大消费需求，尤其是激发广大劳动者的消费需求，这就需要政府逐步扩大低收入者的收入，提高其消费倾向和消费能力，从而推进市场总需求与总供给的均衡，助推国民经济健康平稳发展。

④经济新常态下要坚持创新驱动发展，不断优化经济结构。马克思经济周期理论认为，大规模的固定资产更新为经济创造了活力，为经济复苏提供了条件，是摆脱经济危机的物质基础。固定资产大规模地更新，意味着劳动力在部门间或企业间的重新分布，不同部门间或企业间工人的收入和消费结构发生变化，从而影响供求关系，因此，有序地依次递进地进行固定资产更新，是摆脱危机的一般出路，这能够促使处于失调和阻滞的社会再生产状态恢复常态运转，而且逐渐趋向高涨。中国经济新常态表面上是经济增长速度的换挡，但背后是经济结构的调整。固定资产的更新是与技术创新和管理创新有机结合的，这种固定资产更新是事物形态质的递升，会使得社会经济的有机构成提高到一个新的水平。因此，中国经济要突破和化解常规增长模式下经济的周期性波动，实现长时段的稳定的经济增长，解决经济总量和结构、质量之间的矛盾，必须走出新的增长模式，通过固定资本更新的依次递进实现创新，提升科学技术水平，全面开展制度创新、技术创新、管理创新，更好地满足社会需求。

任务 11.2 理解经济增长

经济增长是一个国家或地区的经济繁荣、发展的重要指标，也是一个国家或地区能否持续发展的关键。经济增长可以使国家的经济总量得到提升，同时也能够带来就业机会，减低贫困率，让人们的生活更加富足。随着经济水平的提升，国家也能够投入更多的资源进行研发、科技创新等工作，推动经济发展。经济增长还是衡量一个国家或者地区的经济发展水平的重要指标之一。同时经济增长还能推动社会进步，经济的繁荣和稳定将激发人们的创造力和发明精神进而促进人们的生活质量得到提升。同时，也将通过教育普及、医疗条件提升等方面来实现长远发展。

11.2.1 经济增长的含义与特征

（1）经济增长的含义

一般情况下，在宏观经济学中，经济增长被定义为产量的增加。产量既可以表示为经济的总产量（GDP总量），也可以表示为人均产量（人均GDP）。

我们用g来表示经济增长率，Y_t表示计算期的经济总量，Y_0表示作为对比的基期经济总量，则经济增长率（g）就可以用下面公式来表示：

$$g=\frac{Y_t-Y_0}{Y_0} \tag{11-1}$$

国内生产总值是一个价值量指标，其价值的变化受价格变化和物量变化两大因素影响。不变价国内生产总值是把按当期价格计算的国内生产总值换算成按某个固定期（基期）价格计算的价值，从而使两个不同时期的价值进行比较时，能够剔除价格变化的影响，以反映物量变化，反映生产活动成果的实际变动。

举例说明，根据统计局年鉴数据，按2020年的不变价格计算，2022年中国的GDP是1 132 053.8亿元，2021年的GDP是1 099 197.9亿元，用式（11-1）计算可知增长率为2.99%，这与官方公布的数据是一致的，也和世界银行WDI数据库的数据完全一致（表11-2）。如果按当年价格计算，2022年的国内生产总值为1 210 207.2亿元，2021年的国内生产总值为1 149 237.0亿元，在没有剔除价格因素情况下，经济增长速度达到5.31%。

如果要计算一个较长时期的年平均增长率，可按以下方法进行。

设Y_t和Y_{t+n}分别是一国t时期和（$t+n$）时期的GDP，则该国n期的GDP年平均增长率可表示为：

$$g=\left(\frac{Y_{t+n}}{Y_t}\right)^{\frac{1}{n}}-1 \tag{11-2}$$

举例说明：按当年价格计算，2012年中国的国内生产总值是538 580.0亿元，2022年则是1 210 207.2亿元，代入式（11-2），可得：

$$g=\left(\frac{Y_{2022}}{Y_{2012}}\right)^{\frac{1}{10}}-1=\left(\frac{1\ 210\ 207.2}{538\ 580.0}\right)^{\frac{1}{10}}-1\approx 0.084\ 3$$

即是从2012年到2022年这10年间，在没有剔除价格因素情况下，中国的国内生产总值年均增长率为8.43%（也可称为经济规模年均增长率），这在世界上属于非常快速的增长水平（同学们可自行搜集数据，测算其他经济体在这个时期的经济规模年均增长率）。

国民经济的长期问题经常涉及两个既有联系又有区别的概念，即经济增长和经济发展。经济增长是一个“量”的概念，而经济发展是涉及比较复杂的“质”的概念。从广泛的意义上说，经济发展不仅包括经济增长，还包括国民的生活质量，以及整个社会各个不同方面的总体进步。总之，经济发展是反映一个经济社会总体发展水平的综合性概念。

经济增长的重要性不言而喻。即使国家间人均收入增长率只有微小的差别，如果长期持续下去，复利①的效果也会导致不同国民之间相对生活水准的显著差别。表11-1假设五个国家的人均收入都以1 000美元作为起点，比较在一个较长时期，不同的增长率所带来的累积效果。

表11-1　不同增长率的累积效果

单位：美元

年数	国家1 增长率 g=1%	国家2 增长率 g=2%	国家3 增长率 g=3%	国家4 增长率 g=4%	国家5 增长率 g=5%
0	1 000	1 000	1 000	1 000	1 000
10	1 100	1 220	1 340	1 480	1 630
20	1 220	1 490	1 810	2 190	2 650
30	1 350	1 810	2 430	3 240	4 320
40	1 490	2 210	3 260	4 800	7 040
50	1 640	2 690	4 380	7 110	11 470

资料来源：《西方经济学》编写组．西方经济学[M]．2版．北京：高等教育出版社，2019。

从表11-1可以看出，随着时间的推移，不同增长率的累积效应差距逐步拉大。以增长率是1%和4%的国家为例，经过40年的发展，增长率4%的国家经济规模达到初始时期的4.8倍，而增长率1%的国家经济规模只有初始时期的1.49倍，差距巨大。

现实中也能找出这样的实例。根据美国学者韦尔提供的数据，1960年韩国和菲律宾

① 复利是指在计算利息时，某一计息周期的利息是由本金加上先前周期所积累利息总额来计算的计息方式，也即通常所说的“利生利”，“利滚利”。例如：本金为10 000元，利率或者投资回报率为3%，投资年限为10年，那么，10年后所获得的本金和利息总收入，按复利计算得到：$10\ 000\times(1+3\%)^{10}=13\ 439.16$。

的人均收入水平相差不大（分别为1 598美元和2 153美元），但是，在随后的年份里，它们的经济增长率差异非常明显，韩国年均增长率达到6.1%，而菲律宾的年均增长率仅为1.3%。到2000年，增长率上的这种差异已经转化成两国间收入水平的巨大差异：菲律宾人均收入只有3 661美元，而韩国人均收入达到16 970美元，是菲律宾的4.64倍。

思政园地

从经济增长之“量”看发展之“质”

GDP每增长一个百分点，对经济发展意味着什么？

看增量，这是体量更大、实力更强的增长。纵向看，我国经济1个百分点增速带来的增量，相当于10年前的约2.1个百分点。随着经济规模持续增大，目前我国每年的GDP增量，已远超20世纪90年代初期全年国内生产总值。

看分量，这是占比更高、贡献更大的增长。即使增速回落，2022年我国GDP增量仍与一个中等国家经济总量相当。作为第二大经济体，我国经济总量占全球经济的比重约为18%，连续多年对世界经济增长贡献率超过30%。

看质量，这是能耗更少、创新更强的增长。单位GDP能耗下降26.4%，单位GDP水耗下降45%，单位GDP二氧化碳排放下降34.4%。2012年至2021年，我国以年均3%的能源消费增速支撑了平均6.6%的经济增长，成为全球能耗强度降低较快国家之一。与此同时，我国在全球创新指数中排名升至第十一位，成功进入创新型国家行列。

当前我国经济正处于转变发展理念、优化经济结构、转换增长动力的关键期，比增长速度更为重要的是发展质量的提升、新旧动能的转换。2023年1～10月，社会消费品零售总额增长6.9%，服务零售额增长19.0%，规模以上工业增加值增长4.1%，服务业生产指数增长7.9%。动力更强、结构更优、效益更高的经济增长，持续提升着经济发展的含金量。

我国经济高质量发展，是驱动力更强的发展。近年来，创新驱动发展战略深入实施，让我国经济每一个百分点增长的科技含量更高。以新产业、新业态、新商业模式为主要内容的“三新”经济快速增长，2022年增加值首超20万亿元，占GDP的比重达17.36%。2023年1～10月，高技术产业投资同比增长11.1%，创新“第一动力”愈发强劲，推动经济在高质量发展之路上行稳致远。

我国经济高质量发展，是获得感更足的发展。国际经验表明，第三产业的就业带动效率高出第二产业20%左右。随着服务业占GDP的比重稳步提升，目前我国1个百分点的GDP增幅，能够创造新增就业岗位约200万个。2023年1～9月，全国城镇新增就业1 022万人，完成全年目标任务的85%。新兴产业蓬勃发展，催生出物联网工程技术人员、大数据工程技术人员等新型职业需求，将有效扩大就业空间。2023年前三季度全国居民人均可支配收入同比实际增长5.9%，增速快于GDP增速。

——资料来源：中国政府网—从经济增长之“量”看发展之“质”[2023-11-20].
https://www.gov.cn/yaowen/liebiao/202311/content_6916110.htm.

启发思考

1. 如何理解经济增长与经济发展的联系与区别？
2. 搜集近年来我国经济增长的各项指标，分析经济增长的“质量”有哪些提升？

（2）经济增长的主要特征

美国经济学家库兹涅茨认为：“一个国家的经济增长，可以定义为给居民提供种类日益繁多的经济产品的能力长期上升，这种不断增长的能力是建立在先进技术以及所需要的制度和思想意识之相应调整的基础上的。”

他总结现代经济增长具有六个特征，可分为三个方面。

①数量特征。第一，按人口计算的产量、人口以及资本形成的高增长率。第二，生产效率的高增长率。从中国改革开放的例子可以看出。改革开放前三十年，中国强力推进工业化进程，推动经济增长最重要的驱动因素——全要素生产率的增速一直保持在4%左右，而这一增速同期贡献了近40%的GDP增长。但很多发达国家在工业化进程结束后，全要素生产率增速下降。一个经济体完成工业化之后，从资本密集型制造业向劳动密集型服务业转型是必然发生的规律，世界主要工业化国家概无例外都经历了这一阶段。统计数据显示，近40年美国的全要素生产率年均增速已下降至1%左右，近10年甚至不到0.7%[①]。

②结构特征。第一，经济结构的快速变革。这种变革包括产业结构、产品结构、就业结构、消费结构、进出口结构等变革。以美国为例：1820年，70%的劳动力集中于农业部门；1940年，这一比率下降到不足20%；1987年，这一比率为3%；到20世纪90年代中期，已降至1%。有关研究资料显示，贫困国家从事农业的劳动力占比为50%以上，收入中上的发展中国家从事农业的劳动力占比为20%～25%，而工业国家从事农业的劳动力占比只有5%左右。第二，社会结构与意识形态的迅速改变，如城市化、教育与宗教的分离等。

③国际扩散特征。第一，经济增长在世界范围内的迅速扩大。发达国家凭借其实力和优势，采用各种手段向世界各地扩张，在争夺其他国家市场和原料的过程中，使经济增长在全球扩散。第二，世界各国经济增长是不平衡的。目前全球有75%的国家处于落后状态，发达国家和落后国家之间人均产出水平有很大差距，全球贫富差距正在不断扩大。

---

① 中国新闻网：中国经济增长的空间有多大？[2023-08-30]https://baijiahao.baidu.com/s?id=1775656369654715016&wfr=spider&for=pc.

经济观察

世界各国的经济增长

世界银行WDI（World Development Indicators，世界发展指标）数据库是世界银行发布的全球最全面、最权威的宏观经济数据库，它收录了来自世界各国的统计数据，包括GDP、人口、贸易、能源、教育、卫生等方面，为研究全球经济、实现可持续发展提供了重要的支持。如表11-2所示，表中列举了经济规模较大的十个国家2013—2022年的GDP增长率。

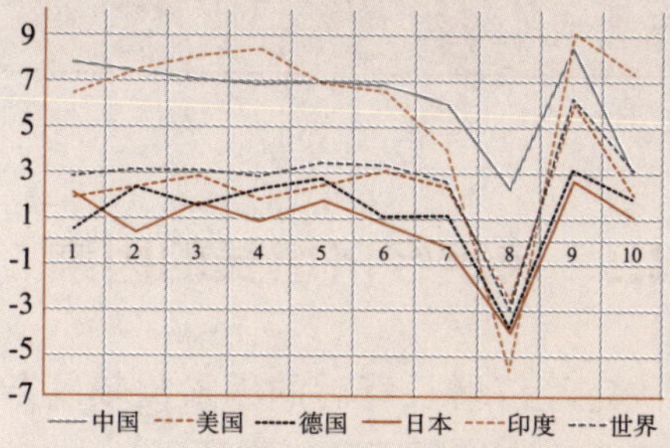

图11-1　2013—2022年六国的经济增长

从表11-2和图11-1可以看出，最近10年，这十个国家的经济基本保持增长，中国和印度的增长速度高于世界平均水平，发达国家的增长势头较弱。2020年，面对新型冠状病毒的全球蔓延，世界经济出现了十年来的首次衰退。在面临困难的情况下，中国经济努力维持了正增长，为世界经济做出了重要贡献。疫情后，各国采取各种刺激政策，确保经济重返增长轨道。

表11-2　2013—2022年十个国家的经济增长

单位：%

国别	2013	2014	2015	2016	2017	2018	2019	2020	2021	2022
中国	7.77	7.43	7.04	6.85	6.95	6.75	5.95	2.24	8.45	2.99
美国	1.84	2.29	2.71	1.67	2.24	2.95	2.29	−2.77	5.95	1.94
德国	0.44	2.21	1.49	2.23	2.68	0.98	1.08	−3.83	3.16	1.81
日本	2.01	0.30	1.56	0.75	1.68	0.64	−0.40	−4.15	2.56	0.95
印度	6.39	7.41	8.00	8.26	6.80	6.45	3.87	−5.83	9.05	7.24
英国	1.79	3.20	2.22	1.92	2.66	1.40	1.64	−10.36	8.67	4.35
法国	0.58	0.96	1.11	1.10	2.29	1.87	1.84	−7.54	6.44	2.45
意大利	−1.84	0.00	0.78	1.29	1.67	0.93	0.48	−8.97	8.31	3.72
巴西	3.00	0.50	−3.55	−3.28	1.32	1.78	1.22	−3.28	4.99	2.90
加拿大	2.33	2.87	0.65	1.04	3.03	2.74	1.91	−5.04	5.29	3.82
世界	2.80	3.07	3.07	2.79	3.40	3.28	2.59	−3.06	6.23	3.09

资料来源：作者根据世界银行WDI数据库整理。

启发思考

1. 熟悉重要国际机构的数据查询方法，对世界各国的经济增长情况有所了解。
2. 分析目前我国经济增长所面临的机遇和挑战。

11.2.2 决定经济增长的因素

决定经济增长背后的因素比较复杂，涉及技术、资本、人力条件、文化和社会制度等，可分为直接原因和根本原因。

（1）经济增长的直接原因

经济总量的增长原因，可以根据宏观生产函数或总量生产函数来说明。经济总量的生产函数可表示为：

$$Y=AF(N, K) \qquad (11\text{-}3)$$

式中，Y代表总产出，N表示劳动生产要素，K表示资本，A为技术知识。作为因变量的Y与作为自变量的A、N和K是呈同方向变动。

资本是指用于生产物品和服务的设备和建筑物存量，是生产各种物品与服务的生产要素。例如，1996年中国上汽集团的年总产量为30万辆。经过多年的发展，特别是汽车流水线优化、工业机器人（资本）的广泛投入，生产能力大幅提升。2022年，上汽集团整车累计产量达到482.75万辆，是1996年的16倍。同样，**人力资本**也是生产率的决定因素。人力资本是指工人通过教育、培训和经验而获得的知识和技能，包括早期的儿童教育、中小学、大学和在职培训等累积的技能。和物质资本一样，人力资本提升了一国生产物品与服务的能力。

劳动生产要素是指在生产过程中发挥作用的各个要素，包括劳动者、劳动对象和劳动资料。劳动者即参与生产活动的人，他们具备生产经验和技能。劳动对象指在生产过程中被加工的物质，如原材料、自然物等。劳动资料包括用于生产过程的工具、机器、建筑物等，这可以指的是上述的资本。

自然资源是自然界提供的生产投入品，如土地、森林和矿藏等。自然资源可分为可再生资源与不可再生资源。比如石油是自然界在几百万年中形成的，供给极其有限，一旦供给枯竭，就不可能再创造出来，因此属于不可再生资源。

技术知识是指关于生产物品与服务的最好方法的知识。以前的农业种植完全依靠人力完成，效率较低产出不高。现在依靠现代化的机械进行耕作，如使用联合收割机收割小麦，在农机驾驶员的操作下，机器在麦田来回穿梭过后留下一排排整齐的麦茬，切割、剥壳、脱粒一气呵成。再如使用无人机喷洒农药。相比传统的人工打药模式，无人机喷洒农药具有速度快、效率高、可规模化作业等特点，在成本、时间和费用上，大大减少了人力成本，不仅节约用水量，还提高了农药利用率30%以上，而且每亩喷药用时只需2分钟，一台无人机一天的作业量可达到400亩，其效率是人工的15倍。利用先进的技术知识，改变了生产方式，促进经济增长。

（2）经济增长的根本原因

不同国家的GDP和生活水平差别很大，就算是具有类似资源禀赋和生产要素的国家，经济增长和发展的程度也千差万别。如果增加生产要素和采用先进技术就能大量增加GDP，那么世界上的所有国家不都想这么做吗？为什么还会存在这么大的差别呢？

所谓经济增长的根本原因是指导致增长的直接原因有所差别的那些根源性原因。当社会拥有充足的生产要素并在生产中有效地使用先进技术时，社会就出现了经济增长。但这只是增长的直接原因，因为生产要素和技术是由其他更深层次的因素决定的。西方学者将增长的根本原因划分为三个方面，即**制度、文化和地理**，如图11-2所示。

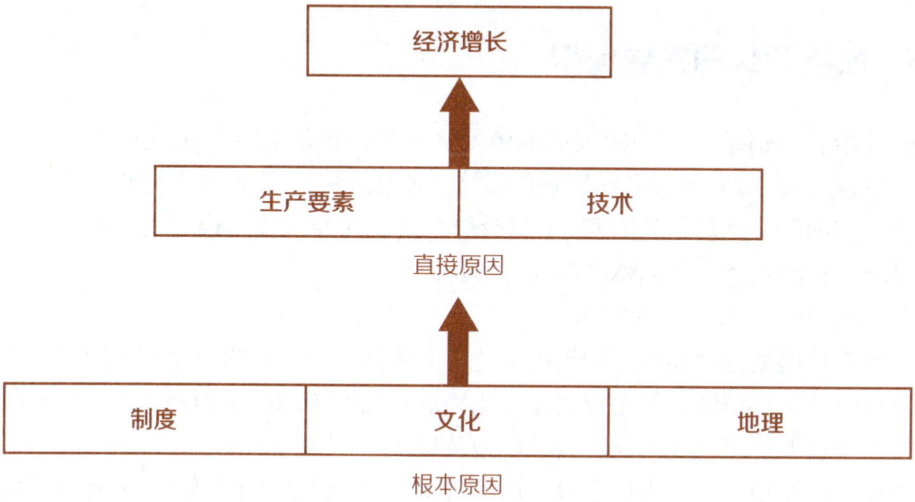

图11-2 经济增长的直接原因和根本原因

①制度因素。美国经济学家道格拉斯·诺斯认为，制度是经济增长的根本原因。北京大学教授姚洋认为中国经济的发展，离不开制度改革。

②文化因素。文化是一种价值观的体现，表现为国家和民族的精神状态、意志品格和内在凝聚力，形成于人民对社会核心价值的归属感。文化影响着社会、组织和个人的行为，文化中的人文精神、科学技术对经济增长的目标、经济结构、经济制度、市场机制的选择起指引作用。文化并非生产中的直接投入要素，文化对经济增长的影响是通过生产要素、技术等因素间接发生作用的。文化与经济的互动形成了当代全新的生产形态和经济增长模式，文化对于经济增长质量提高的理论机理表现在：第一，文化能够提高资本投入要素的使用效率；第二，文化影响着人们对制度要素的选择；第三，文化影响着人力资源和

技术要素的选择；第四，文化影响着微观经济组织的运行和管理[①]。

③地理条件。如果说制度和文化是经济增长的重要中间影响因素，那么，更深层次的初始条件则是地理条件，所以有一种学说称为“经济增长的地理假说”。从历史经济增长来看，内陆国家的土地资源较为丰富，往往以稳固的种植业为主，经济增长稳定但在一定历史时期存在速度缓慢的问题。而半岛、岛屿国家则受限于自身土地资源稀少，只能通过殖民扩张，贸易成为为自己积累资本和劳力的主要途径。海陆兼备的国家则具备较大的优势。随着航海技术的发展，海洋不再成为隔绝各国的阻碍，而成为各国贸易的通道，时至今日，依靠海洋进行货物运输仍然是贸易运输的主要手段。海洋运输运输量大、成本低，是大宗货物贸易的首选。人类深海勘探和开采技术的发展，令人们发现了海洋资源的宝藏。海底石油的开采为经济体提供了丰富的发展资源，可燃冰等新发现的能源，其燃烧效率更高，降低成本的同时也提高了效率。与此同时，铁路的不断完善为经济体贸易提供了陆上的条件，使得海陆兼备的国家在贸易上的话语权越来越大。

11.2.3 经济增长的主要模型

对经济增长的追求，每个国家都不例外。正如诺贝尔经济学奖获得者罗伯特·卢卡斯所说：“这些问题对人类福利的影响简直令人吃惊。一旦开始考虑这些问题，就很难再考虑其他任何问题。”经济学家以数学定量的方法研究经济长期稳定增长所需的要素和条件，以寻求增长的路径，我们称之为经济增长模型。

（1）哈罗德-多马增长模型

哈罗德增长模型，是20世纪40年代末分别由英国经济学家哈罗德和美国经济学家多马根据凯恩斯的理论，即储蓄等于投资才能使经济实现均衡的理论而提出的一种解释经济周期和保持经济长期稳定增长的经济数学模型及理论。

哈罗德增长模型假设：生产中只使用了资本和劳动两种生产要素，而且它们的使用比例不变；生产技术不变，即不考虑技术进步对经济增长的影响。可表示为：

$$G=s/C \tag{11-4}$$

式中，G为国民收入增长率，即经济增长率；s为储蓄率，即储蓄量在国民收入中所占的比例；C为资本—产出比率，即生产一个单位的产量所需要的资本量。

多马模型可表示为：

$$G=s\cdot\sigma \tag{11-5}$$

式中，σ为资本产出率（一单位资本的产出率），即哈罗德模型中资本产出比率的倒数（$\sigma=1/C$）。因此，哈罗德经济增长模型和多马经济增长模型的形式和结论极为相似，且提出的时间也相近，故一般合称为“哈罗德-多马增长模型”。哈罗德-多马增长模型假定资本产出比不变，所以模型中的资本产量比率也不改变，即C不改变。这样，经济增长

---

① 先进文化何以能够提高经济增长的质量，2013年1月3日；共产党员网https://news.12371.cn/2013/01/03/ARTI1357159328415638.shtml

率唯一地取决于储蓄率s的高低。哈罗德-多马增长模型的中心论点是资本（或储蓄）的不断形成是经济持续增长的决定因素。

哈罗德-多马模型表明：一个国家的经济增长率由其储蓄率与资本-产出比率共同决定，经济增长率与储蓄率成正比、与资本-产出率成反比。在资本-产出比率不变的情况下，可通过提高储蓄率来提高经济增长率。

哈罗德还用实际增长率、合意增长率和自然增长率三个概念来说明经济在长期中稳定增长的条件和出现波动的原因。

实际增长率是指实际储蓄率除以实际资本产出率所得的增长率；**合意增长率**是长期中理想的增长率，是指在储蓄率和资本产出率已知的条件下，要把储蓄全部转化为投资所需要的增长率；**自然增长率**是长期中人口增长和技术进步所允许达到的最大增长率。长期中实现经济稳定增长的条件是三种增长率相等。如果这三种增长率不一致，则会引起经济波动。实际增长率与合意增长率不一致，引起经济的短期波动：实际增长率大于合意增长率，厂商增加投资，刺激经济扩张；实际增长率小于合意增长率，厂商减少投资，引起经济收缩。在长期中，合意增长率与自然增长率不一致，也会引起经济波动：合意增长率大于自然增长率，将会出现长期停滞；合意增长率小于自然增长率将会出现长期繁荣。

哈罗德—多马模型为后续经济增长模型的研究奠定了基础。

（2）新古典经济增长模型

新古典经济增长模型是由美国经济学家索洛等人提出的。索洛认为，哈罗德-多马模型只不过是一种长期经济体系中的“刀刃平衡”，其中，储蓄率、资本-产出比率和劳动力增长率是主要参数。这些参数值若稍有偏离，其结果不是增加失业，就是导致长期通货膨胀。用哈罗德的话来说，这种“刀刃平衡”是以合意增长率和自然增长率的相等来支撑的。合意增长率和自然增长率之间的这种脆弱的平衡，关键在于哈罗德-多马模型的劳动力不能取代资本，生产中的劳动力与资本比例是固定的假设。假如放弃这种假设，两者之间的平衡也就随之消失。

新古典经济增长模型通过改变资本产出率来解决这一“刀刃平衡”问题，并考虑技术进步对经济增长的作用。新古典增长模型表达为：

$$\text{经济增长}=\alpha\times\text{资本增长率}+\beta\times\text{劳动增长率}+\text{技术进步率}$$

式中，α、β分别为经济增长中资本和劳动的贡献比例。

新古典经济增长模型表明：决定经济增长的因素是资本的增加、劳动的增加和技术的进步；资本与劳动的比例是可变的，因而资本产出率是可变的，对哈罗德-多马模型进行了重要的修正。资本与劳动配合比例的改变是通过价格调节来进行的，如果资本的相对价格低则更多地投入资本，如果劳动的相对价格低则更多地投入劳动，从而使资本与劳动都得到充分利用，实现经济稳定增长。

长期中实现经济稳定增长的条件是储蓄全部转化为投资。如果储蓄倾向不变，劳动增长率不变，则长期稳定增长的条件就是经济增长率等于资本增长率。经济增长率高于资本增长率，说明资本生产率提高，从而刺激厂商用资本替代劳动；随着资本使用量的增加，资本边际生产率下降，资本价格提高，从而减少资本使用量，使经济在长期中保持经济增长率等于资本增长率，最终实现稳定增长。

11.2.4 促进经济增长的主要政策

（1）鼓励技术进步

索洛模型表明，人均收入的持续增长必定来自技术进步。然而，索洛模型把技术进步视为外生的，没有对它作出解释。尽管对技术进步的决定因素理解有限，但许多政策仍然鼓励技术进步。例如专利制度，专利保护是激励近代技术进步的重要制度创新。专利制度与工业革命相伴而生，现代专利制度起源于17世纪早期的英国，1624年英国议会颁布了《垄断法》，禁止一切垄断行为，但保留了一个例外，即发明者对自己的发明的垄断在一定时期内受到保护，这被认为是现代专利制度的起源。1852年英国《专利法修正案》标志着现代专利制度的确立，英国随后成立了专利局，此后专利申请量开始大幅增长，在电力、信息等后续科技革命中发挥了重要作用。

专利通过赋予发明人对其发明的排他性使用权，为创新成果提供了法律保护。这种保护可以有效地防止他人未经授权而使用、复制或转让发明成果，从而保障了发明人的合法权益。在竞争激烈的市场环境中，拥有专利意味着拥有了一种具有法律约束力的竞争优势。这不仅可以防止竞争对手抄袭，还可以为技术的进一步研发提供保障，促进技术的持续创新和发展。

税法为进行研究与开发的企业提供税收优惠。我国税法规定，高新技术企业可以享受所得税优惠政策，“国家需要重点扶持的高新技术企业，减按15%的税率征收企业所得税”。对高新技术企业的研发费用，可以在计算企业所得税时进行税前扣除。

这些政策提高了企业和个人进行创新活动的积极性，促使技术进步，推动经济增长。

（2）鼓励资本形成

资本存量的上升会促进经济增长。从直观的角度看，由于资本是被生产出来的生产要素，因此，一个社会可以改变它所拥有的资本量。如果一个经济体生产了大量新资本品，那么它就有大量资本存量，并能生产出更多的产品与服务。另外，资本存量的增长是储蓄和投资推动的，因此鼓励资本形成便主要归结为鼓励储蓄和投资。这是政府促进经济增长的一种方法，而且从长期看，这也是提高一国公民生活水平的一种方法。

（3）增加劳动供给

增长核算方程表明，增加劳动供给会引起经济增长。容易理解，所得税的提高减少了工人的工作所得从而会降低工作的积极性；与之相反，所得税减免是加强激励、促使人们努力工作的一个途径。与劳动供给相关的一个概念是人力资本，它是指劳动者通过教育和培训所获得的知识和技能。尽管基本的新古典增长模型只包括物质资本，而且没有努力去解释劳动效率，但人力资本在许多方面与物质资本类似。与物质资本一样，人力资本也提高了一国生产产品和服务的能力。20世纪90年代的一项研究强调了在解释各国生活水平的差别中，人力资本至少与物质资本同样重要。因此，政府政策可以提高生活水平的一种方法是提供良好的教育、培训体系并鼓励人们利用这样的体系。

（4）支持促进增长的文化

一国的文化是指该国人民的价值观、态度和信念，但文化有很多方面，难以量化。经济学家认为文化可能对经济增长有着重要影响。文化差别以一些明确的方式有助于解释为什么这些国家富裕而另一些国家贫穷。例如：

不同社会对创新的态度不同。一些国家文化包含丰富的历史文化底蕴，这些文化资源可以激发创造力和创新精神，有助于促进经济发展。

不同社会中女性的待遇不同。在一些国家，盛行的文化规范不让女性接受良好的教育，不让女性参加工作，这降低了生活水平。

不同社会对新思想，特别是来自海外的思想，所持的开放程度不同。更开放的国家能迅速地吸纳任何地方的技术进步，而欠开放的国家则发现它们离世界技术前沿越来越远。

不同社会中人们相互信任的程度不同。由于司法系统是一种成本高昂和不完美地执行协议的机制，因此，当信任程度高时，协调经济活动更为容易。

（5）建立适当的制度

研究生活水平国际差异的西方学者把这些差异部分归因于物质和人力资本的投入差别，部分归因于使用这些投入的生产效率。各国生产效率水平不同的一个原因是指导稀缺资源配置的制度不同。因此，建立适当的制度对经济增长是非常必要的。制度是指能支配个人和企业行为的一套规则、体制和惯例。

中国实行改革开放就是最好的例证。新中国成立后，实行高度集中的计划经济，是根据当时中国的现实需要作出的选择。在一穷二白的条件下，采取统一的计划管理体制，对于合理配置有限的资源，迅速建立起工业化初步基础，具有历史性作用。然而，随着经济社会发展，计划体制的弊端日益明显暴露出来：政企职责不分、条块分割，国家对企业统得过多过死，分配中平均主义严重，严重束缚了各方面的积极性和主动性，使本应生机盎然的社会主义经济失去活力[①]。

计划经济的老路行不通，经典著作上也找不到答案，理论和实践呼唤着突破。1978年12月，党的十一届三中全会提出改革开放，开始了从计划经济到社会主义市场经济的不懈探索。社会主义市场经济体制建立并运行一段时间之后，一些矛盾和问题逐渐暴露，进一步完善社会主义市场经济体制成为一项重大的理论和实践课题。党的十八大提出，“更大程度更广范围发挥市场在资源配置中的基础性作用”。党的二十大报告进一步强调，“充分发挥市场在资源配置中的决定性作用，更好发挥政府作用”。这是中国人民对中国特色社会主义建设规律认识的一个新突破，标志着社会主义市场经济发展进入了一个新阶段。

---

① 从计划经济到社会主义市场经济，中国纪检监察报，2019-08-28，https://www.ccdi.gov.cn/special/lz70/lz70_wqhg/201908/t20190829_199509.html.

思政园地

“一带一路”：与世界分享中国红利

2013年，中国国家主席习近平首次提出“一带一路”倡议，一个“政策沟通、设施联通、贸易畅通、资金融通、民心相通”的共同发展之路。“一带一路”共有两个组成部分，首先是陆上经济带，另外一条是海上丝绸之路，它们将沿线各国人民紧密联系在一起，让广大民众成为“一带一路”建设的主力军和受益者。

目前已有100多个国家和国际组织共同参与“一带一路”建设，其中80多个国家和国际组织与中国签署合作协议，这份名单还在增长中。“一带一路”倡议提出以来，中国和相关国家一道，坚持共商共建共享原则，推动“硬联通”“软联通”和“心联通”，取得了实打实、沉甸甸的成就。一系列重大工程和项目与“一带一路”国家分享中国红利。被誉为丝路“钢铁驼队”的中欧班列累计开行数量已达10 000列，联通亚欧大陆，为沿线产业、经济的发展带来了新的机遇。

2021年，“一带一路”经贸合作克服疫情等困难，为全球开放合作、世界经济复苏注入了新动能。我国与沿线国家贸易达到了1.8万亿美元，同比增长32.4%；对沿线国家直接投资214.6亿美元，增长15.3%；自沿线国家吸收外资112.5亿美元，增长36%；增速均高于总体增速。在沿线国家承包工程完成营业额897亿美元，占我总体比重达到57.9%。

“一带一路”建设迈出坚实步伐，相关各国共享发展成果，让我们记录努力与收获，推动“一带一路”建设国际合作不断取得新进展，为构建人类命运共同体注入强劲动力。

小结

经济周期是西方经济理论中着重研究的一个课题。一般来说，一个经济周期可以分为繁荣、衰退、萧条、复苏四个阶段，不同阶段具有不同的特点，需要采取不同的宏观经济政策。马克思对资本主义经济的运行进行了系统深入的研究，发现了经济运行过程中存在周期性循环的规律，形成了马克思经济周期理论，对当前的现实有启示作用。运用马克思经济周期理论可以分析中国经济的新常态。

经济增长是一个国家或地区的经济繁荣、发展的重要指标，也是一个国家或地区能否持续发展的关键。决定经济增长的要素有劳动、资本（包含人力资本）、自然资源和技术知识等。哈罗德–多马模型和索洛模型是经济增长中的基本模型。分析发现，鼓励技术进步、资本形成、劳动供给、支持促进增长的文化和建立适当的制度是促进经济增长的主要政策。

练习与实训

一、选择题

1. 经济周期波动的中心是（　　）。

A. 利率　　B. 价格　　C. 就业率　　D. 国民收入

2. 市场需求开始不断萎缩，造成供过于求，企业的盈利能力较弱，利润率不断下降，经济出现停滞或负增长的时期是指（　　）。

A. 繁荣　　B. 衰退　　C. 萧条　　D. 复苏

3. 马克思主要从消费不足、比例失调和（　　）角度来解释经济周期产生的根本原因。

A. 利润率趋于下降　　B. 投资波动

C. 利率波动　　D. 人口变化

4. 国民经济的长期问题经常涉及经济增长和经济发展两个概念，以下表述正确的是（　　）。

A. 经济增长是一个完美的指标

B. 经济增长指标能够反映一国国民的幸福程度

C. 经济增长是一个“量”的概念

D. 经济增长包含了经济发展的概念

5. 引起经济长期增长的关键因素是（　　）。

A. 提高本国的生产能力　　B. 增加总需求，扩大市场

C. 以通货膨胀为代价换取高经济增长率　　D. 增加进口

6. 下面哪项不是决定经济增长的直接原因？（　　）

A. 资本　　B. 劳动　　C. 自然资源　　D. 文化因素

7. 哈罗德-多马增长模型的中心论点是（　　）。

A. 一国的经济增长率与它的资本产出率成正比

B. 资本（或储蓄）的不断形成是经济持续增长的决定因素

C. 一国的经济增长率与它的储蓄率成反比

D. 一国的人口增长率决定了经济增长率

8. 在新古典模型中，决定经济增长的因素不是下列哪一项（　　）。

A. 劳动的增加　　B. 技术的进步　　C. 国际市场扩大　　D. 资本的增加

9. 以下说法，哪一项是正确的？（　　）

A. 专利制度形成了垄断，抑制了创新

B. 文化是隐性因素，一国的经济是否增长与文化无关

C. 经济增长中资本的作用非常重要，而人力资本则无关紧要

D. 为高新技术企业提供税收优惠，鼓励技术进步从而促进经济增长

10．我们通常用（　　）来研究国民生活水平的变化。

A. 实际国内生产总值　　B. 名义国内生产总值

C. 人均实际国内生产总值　　D. 人均实际储蓄额

11．一般指为期3～5年的经济周期，也称为“存货”周期的是（　　）。

A. 基钦周期　　B. 朱格拉周期

C. 库兹涅茨周期　　D. 康德拉季耶夫周期

12．马克思认为经济周期产生的根本原因是（　　）。

A. 消费不足　　B. 比例失调　　C. 利润率下降　　D. 以上都对

13．在（　　）时期，企业可以增加生产投入，提高生产效率，进一步提升市场份额。

A. 繁荣　　B. 衰退　　C. 萧条　　D. 复苏

14．为提高经济增长率，可采取的措施是（　　）。

A. 加强政府对市场的干预　　B. 抑制消费水平

C. 减少工作时间　　D. 加强基础科学和应用研究的发展

15．有关经济增长与经济发展的关系，表述正确的是（　　）。

A. 动用所有资源确保高速增长　　B. 经济增长是经济发展的重要保障

C. 经济发展与经济增长没有关系　　D. 只有依靠外部市场才能获得经济增长

二、实训实践

1．资料分析：搜集历次经济危机的表现与成因，并进行对比分析。

2．小组讨论：从我国改革开放40多年经济增长的事实，分析增长背后的因素。

参考文献

[1] N. 格里高利·曼昆. 经济学原理[M]. 梁小民，梁砾，译. 8版. 北京：北京大学出版社，2020.

[2] 阿林·J. 霍格约翰·H. 霍格. 经济学导论[M]. 陈默，魏怡，译. 北京：电子工业出版社，2014.

[3]《西方经济学》编写组. 西方经济学[M]. 2版. 北京：高等教育出版社，2019.

[4] 陈学忠，黄慧化. 经济学基础[M]. 2版. 北京：电子工业出版社，2020.

[5] 邓先娥，袁芬. 经济学基础[M]. 4版. 北京：人民邮电出版社，2022.

[6] 邓先娥. 经济学基础——理论·实务·案例·实训[M]. 2版. 北京：人民邮电出版社，2020.

[7] 冯瑞. 经济学基础[M]. 2版. 北京：高等教育出版社，2019.

[8] 高鸿业. 西方经济学[M]. 8版. 北京：中国人民大学出版社，2021.

[9]《经济学原理》编写组. 经济学原理[M]. 4版. 北京：中国人民大学出版社，2022.

[10] 郭福春，潘静波. 经济学基础[M]. 北京：高等教育出版社，2022.

[11] 马海英. 项目预算与成本管理[M]. 上海：华东理工大学出版社，2020.

[12] 唐树伶. 经济学基础[M]. 3版. 北京：高等教育出版社，2018.

[13] 魏江，等. 数字战略[M]. 杭州：浙江大学出版社，2022.

[14] 徐辉，刘元发. 经济学基础——“理论·案例·实训”一体化教程[M]. 2版. 北京：电子工业出版社，2018.

[15] 薛灵粹. 经济学基础[M]. 北京：化学工业出版社，2020.

[16] 杨丹，喻文丹. 经济学基础[M]. 北京：人民邮电出版社，2018.

[17] 陈乐一. 进一步激发市场活力和发展动力坚持社会主义市场经济改革方向[N]. 人民日报，2023-07-05（9）.

[18] 都阳，张翕. 中国自然失业率及其在调控政策中的应用[J]. 数量经济技术经济研究，2022，39（12）：26-45.

[19] 高卷，陈眷京. 中国的自然失业率水平及变化：一个文献综述[J]. 经济问题探索，2017（10）：184-190.

[20] 李娟娟，赵景峰，湛爽. 马克思经济周期理论与中国经济新常态[J]. 经济学家，2015（9）：5-10.

[21] 李义平. 福利经济学：庇古的开拓性、系统性贡献[EB/OL].（2023-08-02）. [2023-12-20]经济观察报https://m.thepaper.cn/baijiahao_24095052.

[22] 刘利. 新形势下高校毕业生就业难问题的原因分析与对策建议[J]. 人才资源开发，2022（9）：54−56.

[23] 彭凯平. 经济人的心理博弈：社会心理学对经济学的贡献与挑战[J]. 中国人民大学学报，2009，23（3）：61−69.

[24] 孙婧毅. 古希腊和古罗马的经济伦理思想研究[D]. 武汉：武汉大学，2013.

[25] 王静峰. 宏观经济调控思想的中国起源[J]. 湖北经济学院学报，2021，19（4）：29−36.

[26] 王晓雨，李晓梅. 马克思经济周期理论的逻辑蕴涵及其现实启示[J]. 经济研究导刊，2024，（1）：1−4.

[27] 王艺璇，安真真. 注意力经济：电商直播中消费者注意力的生产与控制[J]. 中国青年研究，2021（2）：14−21.

[28] 徐生钰，葛扬. 马克思主义与凯恩斯主义经济周期理论比较[J]. 经济学家，2017，（3）：5−10.

[29] 杨宜勇，黄燕芬. 高质量更加充分就业是中国式现代化的显著特色[J]. 人口与经济，2023（2）：13−19，26.

[30] 张鑫. 经济学思维方式到底有哪些？[EB/OL].（2023−04−17）[2023−07−27]. https://m.yicai. com/news/101732244.html.

[31] 政研室. 国家发展改革委出台“十四五”时期深化价格机制改革行动方案[EB/OL].（2021−05−25）. [2024−03−20]. https://www.ndrc.gov.cn/fzggw/jgsj/zys/sjdt/202105/t20210528_1281690_ext.html.

[32] 周子朝. 国际原油与黄金价格对我国通货膨胀的影响[J]. 北方经贸，2022（10）：41−44.